중국어학입문

중국어학입문

김현철·김시연·김태은 지음

學古房

중국언어학을 공부하려는 사람들에게 길라잡이 역할을 할 수 있는 도움을 주고자 이미 오래 전에 작업을 하여, 『중국어학의 이해』라는 책을 세상에 내 놓은 지 어언 17년의 성상이 지났다. 그리고 중간에 세 번이나 고치면서 최선을 다해 전공지식을 최대한 쉽게 전달하려고 노력하였다.

이 책이 『중국어학입문』이라는 옷을 입고 다시 세상에 나왔다. 기존의 내용에 새롭게 음운체계 내용이 삽입되었다. 가려움을 긁어 줄 수 있는 장치가 보완된 것이다.

급변하는 국제정세 속에서 '중국'이라는 거대한 공룡을 이해하는 데는 언어와 문자가 필수요소이다. 즉 중국 언어와 문자를 이해하는 것이 광대한 중국 대륙, 그리고 그 속에서 살아 숨 쉬는 사람들이 유구한 세월 동안 지켜 온 문화를 이해하는 첫걸음인 것이다.

언어와 문자에 대한 연구를 중국어학 혹은 중국언어학이라고 한다. 다시 말해 중국인의 언어를 체계적으로 연구하는 학문인 것이다. 그리고 이 중국어학의 대상이 바로 중국인의 언어이다. 이 중에서 세부 분야인 문자학(文字學 : 한자학(漢字學)), 음운학(音韻學), 훈고학(訓詁學), 어법학(語法學) 등의 영역으로 나누어 이 책에 담았다.

이 책은 말 그대로 중국어학에 입문하는 사람들을 위한 책이다. 이제 막 중국언어학에 관심을 갖고 중국언어학에 대해 기본적인 지식부터 이해하려는 학습자와 독자에게 쉽게 접근하고자 풀어 쓴 책이다.

즉 부담 없이 쉽게 읽을 수 있으면서도 중국언어학에 대해 알아야 할 기본적인 내용은 소홀히 하지 않는, 그래서 일반 독자들과 전공자들 모두에게 한번쯤 읽어보라고 권하고 싶은 내용들만 모았다.

　이 작은 결실이 세상에 나오기까지 수고해 주신 학고방 식구들에게도 진심으로 감사의 말을 전한다.

2019년 여름의 마지막 날

저자 일동

제1장
중국어학입문을 시작하며

1 들어가기

　중국어학연구는 곧 중국언어를 연구대상으로 한다. 다시 말해 중국어를 표기하는 글자, 즉 한자가 어떻게 이루어졌으며, 중국어의 발음이 어떻게 형성되었고, 또한 그 말의 규칙은 어떤 모습인가를 공부하는 것을 말한다. 따라서 여기에서는 중국의 유구한 역사와 더불어 발전된 중국언어학의 발전과정 및 각 시기마다의 언어학 저작과 이론을 중심으로 실질적으로 중국어를 학습하고 활용하는데 도움이 될 수 있는 내용을 중심으로 전개해 나간다.

　예로부터 중국은 언어학을 그다지 중시하지 않았다. 역사서 중의 유림전(儒林傳)에도 언어학자에 관한 기록이 매우 적다.『한서(漢書)』에「양웅전(揚雄傳)」이 있고,『후한서(後漢書)』에「허신전(許愼傳)」이 나오는데, 이것은 양웅(揚雄, B.C.53~A.D.18)이 사부(辭賦)의 작가이고, 허신(許愼)이 경학가(經學家)였기 때문일 것이다.

　일반적으로 언어학은 문헌언어학(文獻言語學, philology)과 언어학(言語學, linguistics) 두 가지로 구분된다. 문헌언어학은 말 그대로 문자로 기록된 언어를 연구하는 학문으로 문헌자료의 고증과 고어의 해석 등과 같은 것을 다루는 분야를 말하여, 언어학은 언어 자체에 대한 체계적인 연구와 이론을 탐구하는 학문을 이른다.

중국에서는 전통적으로 문헌언어학을 '소학(小學)'이라고 불렀다. 이 '소학'이라는 명칭[1]은 본래 어린아이들을 교육하던 학교를 가리키는 말이었다. 옛날 중국에서는 8세 때 '소학(小學)'에 입학하고, 15세 때 '대학(大學)'에 들어갔다는 기록들이 있다.[2] 이것으로 보면 이른바 '소학'이라는 명칭은 '대학'이라는 명칭과 대비해서 쓰는 오늘날의 초등학교에 해당하는 교육기관의 이름이었음을 알 수 있다. 그런데 '대학'이라는 이름은 교육기관으로서만이 아니라 '큰 학문' 즉 중국사람들이 정통학문으로서 중시하는 '경학(經學)'을 가리키기도 한다. 따라서 '소학'은 '큰 학문'을 연구하는데 도움을 주는 '작은 학문'이라는 뜻으로도 쓰이게 되었다. 이 보조적인 역할이 바로 문자에 대한 해석, 글귀에 대한 정확한 설명 등이므로 '소학'이 문자학[3], 훈고학[4], 음운학[5] 등 언어학분야를 가리키는 말로도 쓰이게 된 것이다.

2 고대 중국에도 언어학이 존재했을까?

고대 중국에 있어서 과연 언어학(linguistics)이 존재했을까? 일반적으로 중국사람들은 19C 이후의 언어 연구만이 진정한 과학적 언어 연구라고 인식하였으며, 중국의 '5·4'운동 이전의 언어 연구는 문헌언어학의 범주에 속한다고 인식하였다. 또한 아편전쟁 이전의 중국 언어학은 기본적으로 문헌언어학이고, 이 문헌언어학은 약 2,000년간 중국 언어 연구의 주요 대상이었다.

즉 문헌언어학은 주로 문자나 서면언어(書面言語)의 연구, 다시 말해 문헌 자료의 고증과 훈고적 탐구가 중심을 이루며 체계적이거나 과학적이지 못한 경향을 보인다. 반면 언어학은 언어 그 자체를 연구 대상으로 하며 과학적이고 체계적인 연구를 통하여 치밀하고 전면적인 언어 이론의 결과를 얻어낼 수 있다.

이로 인해 많은 사람들은 고대 중국에는 문헌언어학만이 있었을 뿐, 언어학은 없었다고 생각하게 되었는데, 그 이유는 다음과 같다.

첫째, 중국 고대 언어학 연구의 대상은 문자이지 언어가 아니라는 점이다.

둘째, 중국 고대 언어학은 경전을 해석하기 위한 것이라는 점이다.

셋째, 이러한 연구의 성과는 비교적 단편적이고 체계적이지 못하다는 점이다.

그러나 이러한 이유는 겉보기에는 옳은 것 같으나 설득력이 부족하다. 왜냐하면 문자가 생기기 이전에는 단지 구어[口語 : 입말]만 있었고 문자가 생기고 나서야 서면어[書面語 : 글말]가 있게 되었다. 이렇듯 언어는 구어와 서면어라는 두 가지 존재형식으로써 사람과 사회에 이바지해 온 것이다. 그러므로 고대 언어학 연구의 주요 대상은 문자이고 또한 서면어를 연구하는 것이라고 하여 언어 자체에 대한 연구가 없었다고 할 수는 없는 것이다. 더욱이 서면어는 구어에 비해 규범적이다. 고대에는 과학적인 조건의 제약으로 인하여 구어를 기록할 방법이 없었다. 그러므로 서면어, 즉 문자를 연구 대상으로 삼았던 것이다. 과학이 발달한 오늘날 설령 녹음기 같은 기계의 도움을 받아 언어를 연구한다 하더라도 그 기계의 작용은 단지 구어를 기록하는 데 있다. 그러므로 어떤 면에서 보자면 기계의 작용과 문자는 서로 유사한 것이다. 따라서 문자와 서면어를 언어, 그 자체와 대립시킨다는 것은 타당하지 않다는 것을 알 수 있다. 왜냐하면 이 두 가지는 사실상 나눌 수도 없고 대립될 수도 없는 것이기 때문이다. 문자가 있는 언어를 연구함에 있어 문자와 서면어는 필수적인 요소이며, 문자가 없는 언어를 연구할 때는 온갖 방법을 동원하여 언어를 기록한 후에야 비로소 연구를 진행할 수 있는 것이다. 심지어는 외국의 고대 언어학도 문자와 서면어를 연구 대상으로 삼고 있으므로, 중국 고대 언어학 연구 대상이 문자와 서면어라고 하여 중국 고대 언어학이 언어과학의 분야에 속하지 않는다고 보는 것은 타당하지 않은 것이다.

또한 중국 고대 언어학은 경전 해석을 위한 것으로 경학의 예속물로 여겨졌기 때문에 단지 문헌언어학일 뿐이지 언어학은 아니라고 생각하였다. 중국 고대 언어학 연구의 시작은 사실상 경전 해석을 위한 것이었다. 그러나 어떠한 학문 분야의 흥기에는 언제나 그 목적이 있는 것이며 언어학도 예외는 아닌 것이다. 이런 상황은 중국 고대 뿐만 아니라 외국의 고대에 있어서도 마찬가지였다. 외국의 언어 연구도 처음 시작은 고전 문헌을 강독하기 위한 것이었다.

3 중국언어학은 어떻게 발전해 왔나?

각 나라마다 언어와 사회 발전 상황이 다르기 때문에 언어학의 시작과 발전의 양상도 다르다. 중국 고대 선진(先秦)시기에는 '말은 소리가 다르고 문자는 형태가 달랐고[語言異聲, 文字異形]', 진한의 통일 이후 '문자를 같이 쓰는[書同文]'[6] 업적이 이루어졌다. 이로 인해 고대 중국 언어학의 발전은 먼저 자서(字書)의 흥기에서 시작되었다. 한자가 표의문자인 까닭에 한대에는 금문경(今文經)[7]과 고문경(古文經)[8]의 문제가 있었다. 이 때문에 고전 문헌을 배우고 유가 경전을 강독하고 해석하는 데에 많은 문제가 생겨나게 되었다. 따라서 훈고학과 문자학이 가장 먼저 발전하게 되었다. 반면 고대 인도와 그리스 언어학에서는 어법 연구가 가장 먼저 시작되었는데, 이는 서로 다른 언어 구조를 가진 두 언어의 차이 때문이다. 그러나 고전 문헌 강독을 위주로 한 최초의 연구 목적은 일치하고 있다. 중국 고대 언어학 연구는 경전 해석을 하기 위해 시작되었으며, 또한 이것은 언어의 실제적인 문제를 해결하기 위한 것으로 당연한 일이라 하겠다.

더욱이 중국 고대 언어 연구가 비교적 단편적이고 체계적이지 못하므로 문헌언어학에 속할 뿐 언어학이라고는 부를 수 없다는 견해 역시 중국 고대 언어 연구의 실제와 부합되지 않는다고 할 수 있다.

중국의 언어 연구는 유구한 역사를 지니고 있어 세계적인 언어 연구와 비교하여 볼 때 조금도 손색이 없다. 예를 들어, 선진 시기에 순자(荀子)[9]가 언어의 사회적 본질에 대해 명백히 서술한 것은 매우 과학적이었다.

한대(漢代)에 이르러 중국에서는 이미 양웅(揚雄)과 허신(許愼) 같은 뛰어난 언어학자와 그들의 언어학 저술인 『방언(方言)』[10], 『설문해자(說文解字)』 등이 출현했다. 방언은 살아 있는 언어를 대상으로 하였고, 각지의 방언을 수집하여 조사하고 연구하였으며, 또한 시간과 공간을 결합한 연구를 진행하여 한대의 공동어와 방언의 기본 현황을 반영해 내었다. 기원 초기에 양웅이 이러한 언어학 저작을 써낼 수 있었다는 것은 놀라운 일이다. 세계 언어학사에 있어 양웅의 방언은 처음으로 '공동어'와 '방언'의 개념을 제시하였고, 아울러 공동어와 방언 사이의 복잡한 발전과 변화의 관계를 지적해 내었다. 그러나 유럽에서는 19C 말에 이르러서야 비로소 방언사전이 출현하였다. 중국 고대 언어학에 있어 방언으로부터 『설문해자』에 이르기까지 중국 언어학은 큰 발전 단계를 거쳤다. 『설문해자』에서는 자의 뿐 만 아니라 자형과 자음도 다루었다. 또한 『설문해자』는 한자에 대한 과학적인 연구를 진행하여 한자의 구조 법칙을 연구해 냈고 과학적 체계를 이루어 중국 고대 최초의 자전이 되었다.

표의문자인 한자는 그 자체로 음을 나타내지 못하기 때문에 중국 고대 언어학의 연구에는 어느 정도 제한이 있었다. 그러나 어음연구를 가지고 말한다면 세계 언어학사상 중국 고대의 어음연구가 비교적 빠르고 연구 성과도 뛰어나다고 할 수 있다. 한말과 위진남북조(魏晉南北朝)부터 불교의 전래와 산스크리트(Sanskrit)어의 영향으로 중국에서는 어음연구가 시작되었다. 중국 고대 어음학자들은 외부로부터 영향을 받고 거기에 중국어의 실제 상황을 연계시켜 중국어의 성모(聲母)·운모(韻母)와 성조(聲調) 계통을 분석해 내었다.

이렇듯 중국 언어학은 유구한 역사와 빛나는 업적을 가지고 있다. 다만 사회 발전과 언어 특징이 서로 달랐기 때문에 중국 고대 언어연구는 자기만의 발전 과정을 가지게 되었던 것이다. 중국 고대 언어학자들은 중국어와 한자를 연구 대상으로 하였고, 중국어와 한자의 객관적 규율에 대한 연구를 과제로 삼았다. 과학적인 임무란 바로 객관적인 사물의 본질을 나타내고 객관적인 사물 자체의 발전 규칙을 발견하고 인식하는 것이다.

4 중국언어학은 무엇을 연구하고 또 어떻게 연구해야 하나?

중국 언어 연구의 대상과 임무는 바로 중국 언어학의 역사 발전을 통한 성과를 연구하는 것이며, 각 시기의 언어학자와 언어학 저작, 그리고 그 시기의 언어학 이론을 연구하는 것이다. 중국 언어학의 역사 발전은 독립적인 것이 아니므로 사회 발전의 역사와 연계시켜야 하며, 중국어를 사용하는 사람의 역사를 토대로 하여 연구해야 한다. 각 시기의 정치 상황이나 철학 사상 및 사회 사조와 문학의 발전은 언어학의 발전에 어느 정도 영향을 미쳤다. 예를 들어 선진 제자의 '이름과 사실의 다툼[名實之爭][11]'은 언어 사회의 본질에 대한 인식과 관계가 있으며, 위진남북조 시기에 중국 고대 언어학이 어음 연구로부터 발전한 것은 당시의 불교 유입과 산스크리트어의 영향 및 당시 문학계에서 성률(聲律)을 중시한 것과 무관하지 않으며, '5·4'운동은 중국 현대 언어학의 형성과 발전에 많은 영향을 주었다. 그러므로 언어학의 역사와 발전을 연구함에 있어 이러한 사실들에 세심한 주의를 기울여야 한다.

5 나가기

중국어학의 이해는 먼저 중국 고대 언어 연구의 기초인 한자로부터 출발하여, 중국어의 일반적인 특징 및 현재 통용되는 발음기호 체계에 대해 알아보고, 말의 규칙인 어법[12]을 통해 실제적으로 중국어를 사용하고 익히는 데 중점을 두고 진행한다.

―― 주석 ――――――――――――――――――――――――――――――――

[1] '소학'이 현재와 같이 문자학·음운학·훈고학 등을 가리키는 말로 쓰이기 시작한 것은 대체로 송(宋)나라 때부터이다. 송 왕응린(王應麟)의 『옥해(玉海)』를 보면 소학을 '체제(體製)'·'훈고(訓詁)'·'성운(聲韻)' 등 세 분야로 나누었다. 청대(淸代)의 『사고전서총목제요(四庫全書總目提要)』에서도 소학을 훈고(訓詁)부분, 자서(字書)부분, 운서(韻書)부분으로 구분하였다. 그런데 소학은 때로는 문자학을 가리키기도 한다. 이것은 중국문자가 형(形)·음(音)·의(義)를 한 몸에 가지고 있기 때문에 자형(字形)을 연구할 때에도 자음과 자의에 대한 설명을 하지 않을 수 없을 뿐만 아니라 이 세 가지의 한계도 그렇게

명백하지 않기 때문이다. 따라서 여기에서 문자학이란 문자의 형태학이 아니라 넓은 의미의 문자학을 가리키는 것이라고 할 수 있다. 송 조공무(晁公武)의 『군재독서지(郡齋讀書志)』에서는 "문자지학(文字之學)에는 세 분야가 있으니 그 하나는 체제요, 그 둘은 훈고(訓詁)요, 그 셋은 음운이다."라고 하였을 때의 '문자지학'이 바로 넓은 의미의 '문자에 관한 학문'을 뜻하는 것임을 알 수 있다.

[2] 『주례(周禮)·지관(地官)·보씨(保氏)』: "8살에 소학에 들어가면, 보씨(保氏)는 아이들에게 먼저 육서(六書)를 가르쳤다.(「八歲入小學, 保氏敎國子先以六書.」)"

『대대례기(大戴禮記)·보부(保傅)』: "옛날에는 8살이 되면 외사(外舍)로 나가 그곳에서 작은 학문과 작은 예절을 배웠다. 머리를 묶을 만큼 크면 대학(大學)에 가서 큰 학문과 큰 예절을 배웠다고 한다(「古者年八歲而出就外舍, 學小藝焉, 履小節焉. 束髮而就大學, 學大藝焉, 履大節言.」)."

주희(朱熹)의 『대학장구(大學章句)·서(序)』: "사람이 8살이 되면 … 모두 소학(小學)에 들어간다. … 15세가 되면 … 모두 대학(大學)에 들어간다.(「人生八歲, … 皆入小學. … 及其十有五年, … 皆入大學.」)"

[3] 문자학은 중국언어학에서 가장 기본이 되는 분야라고 할 수 있다. 중국의 문자는 한 글자 안에 모양·소리·뜻을 모두 가지고 있기 때문에 하나의 글자를 알기 위해서는 세 가지를 다 알아야 한다. 지금은 문자학이라고 할 때 문자의 형태를 다루는 학문을 가리키지만 예전에는 문자학은 넓은 의미로 곧 중국언어학을 가리키기도 하였다.

[4] 훈고학은 글자의 뜻을 연구하는 학문이다. 글자의 뜻에는 그 글자가 만들어질 그 당시의 뜻[本義]이 있고, 그 뜻에서 파생되어 나온 뜻[引申義]이 있으며, 그리고 발음이 비슷하여 빌려서 쓰는 경우[假借義와 通假義]도 있다. 또한 글자의 의미는 시간이 지날수록 확대되거나 좁아지기도 하며, 아예 다른 뜻으로 바뀌기도 한다. 이렇게 변화하고 발전하면서 내려온 글자의 뜻을 어떻게 오늘날 우리가 쓰는 말에 가장 가깝게 해석하느냐 하는 것이 훈고학을 공부하는 목적이라고 할 수 있다. 한편, 중국의 훈고학은 세 단계를 거쳐 발전되어 왔다고 할 수 있다. 그 첫 번째 단계는 한대(漢代)이다. 진시황의 분서갱유(焚書坑儒) 사건과 항우와 유방이 다투었던 초한전(楚漢戰)으로 말미암아 많은 책들이 불에 타고 없어졌기 때문에, 한나라 때는 이를 다시 모으고 정리하는 시책을 폈다. 이 과정에서 자연히 훈고학이 싹트게 되었다. 두 번째 단계는 송대이다. 송나라 때는 성리학이 매우 발달하였다. 성리학은 형이상학적이면

서 매우 이론적인 학문이다. 따라서 이러한 학문의 영향으로 송대의 훈고학은 자구 하나 하나를 따지고 분석하였던 한대의 학풍에 얽매이지 않고 다분히 이론적이고 사변적인 경향을 띠게 되었다. 세 번째 단계는 청대(淸代)이다. 청대는 고증학이 발달되었던 시기였던 만큼 고고와 증거를 중시하였다. 따라서 훈고학의 경우에서도 역시 옛 것을 연구하되 한나라 학자들처럼 무조건 경전을 따르지 않았고, 송나라 학자들처럼 필요한 경우 경전을 마음대로 해석하지도 않았다. 청대의 학자들은 옛 것을 모으고 정리하면서 때때로 의심이 가는 부분에 대해서는 분명한 근거를 제시하여 자신의 의견을 밝혔다. 다시 말해 중국의 훈고학은 청대에 들어 꽃을 피웠다고 해도 과언은 아니다.

[5] 음운학(音韻學)은 소리를 연구하는 학문이다. 중국에 있어서 소리에 관한 학문이 시작되게 된 직접적인 동기는 무엇보다도 불교의 전래라고 할 수 있다. 중국의 문자는 뜻글자이기 때문에 소리에 대해서는 그다지 관심을 가지지 않았던 사대부 계급의 학자들은 불교가 황제의 관심을 끌고 사회 각계 각층에 퍼지자 소리글자인 불경의 언어 즉 범어(梵語, Sanskrit)를 연구하기 시작하였다. 그 과정에서 자신들의 언어를 분석하게 되었고, 이에 따라 음운학이란 학문도 나타나게 된 것이다. 중국문자는 소리글자가 아니라 뜻글자이므로 현재 발음하고 있는 것 이외에 그 어느 곳에도 음가를 표시한 기록이 없다. 따라서 어떤 글자가 과거 어느 시대에 어떠한 발음이었는지 정확하게 알 수 있는 길은 없다. 그래서 현재음을 기초로 하여 소리의 변화 규칙에 따라 과거로 거슬러 올라가는 방법으로 과거 어느 시대의 소리체계를 추측한다. 이 때 가장 중요하게 이용되는 자료는 '시운(詩韻)'이다. 시운은 그 시대 사람들이 당시의 발음에 기초하여 시의 운을 맞춘 것이므로 이것을 이용하면 그 시대의 소리체계에 대한 어느 정도의 윤곽을 파악할 수 있다. 따라서 어느 시대의 소리체계를 알아보려면 그 시대를 대표하는 시운집(詩韻集), 즉 운서(韻書)의 음운체계를 분석하는 것이 긴요하다. 현재 그 시대의 발음체계를 반영하는 중요한 운서로는 수대(隋代) 육법언(陸法言) 등이 만든 『절운(切韻)』과 원대(元代) 주덕청(周德淸)의 『중원음운(中原音韻)』을 들 수 있다.

[6] 진나라는 중국을 통일한 후 강력한 중앙집권적인 국가를 이루었다. 진시황은 국가통일 사업의 일환으로 통일 이전의 서로 다른 제도를 모두 진나라의 제도에 맞추어 고치도록 조치하였다. 그 가운데 언어와 문자에 대한 조치는 '서동문자(書同文字)'정책이라고 하여 전국의 문자를 진나라의 문자로 통일하였다.

진나라의 글자체는 '소전(小篆)' 또는 '진전(秦篆)'이라고 한다. 이것은 주(周)

나라의 글자체인 '대전(大篆)'(또는 '주문(籀文)'이라고 부르기도 한다)을 줄여서 쉽게 쓰도록 만든 것이다. 대전은 필획이 많고 복잡하여 쓰기에 불편하였으므로 진시황은 이사(李斯)의 건의를 받아들여 소전(小篆)을 국가의 공식 글자체로 정하고 다른 지역에서 쓰였던 글자체들은 사용을 금지시켰다.

그리고 이와 같은 언어·문자 정책을 보다 근본적으로 실천하기 위하여 당시 집권층에서는 글자공부책을 직접 펴내기도 하였다. 예를 들어 승상(丞相) 이사(李斯)의 『창힐편(倉頡篇)』 7장(어린이를 위한 글자교본), 차부령(車府令) 조고(趙高)의 『원력편(爰歷篇)』 6장(옥리(獄吏) 강습용), 태사령(太史令) 호무경(胡毋敬)의 『박학편(博學篇)』 7장(역법(曆法) 강습용) 등이 그것인데, 이 책들은 모두 소전(小篆)으로 쓰여졌다.

이러한 진나라의 이러한 문자통일정책은 한자를 규범화하고 어법과 어휘방면의 표현법을 통일하였을 뿐만 아니라 나아가 나라 전체에서 두루 쓰일 수 있는 언어, 즉 공통어의 통일성에 이바지하였다고 할 수 있다. 다시 말해서 뜻글자인 한자의 글자체를 통일함으로써 다른 지방에서 다른 말을 하는 사람일지라도 통일된 하나의 글자체로 서로 의사소통을 할 수 있는 발판이 마련되었다고 할 수 있는 것이다.

[7] 한대에 예서(隸書) 쓰여진 유가(儒家)의 경전을 말한다.

[8] 한나라 때 선진(先秦)문자로 쓰여진 유가의 경전을 말한다. 공자의 집 벽에서 나왔다고 전해진다.

[9] 순자(荀子, B.C.298?~B.C.238?)는 성이 순(荀)이고 이름은 황(況)이며, 조(趙)나라 사람이다. 그의 언어관은 『순자(荀子)·정명(正名)』편에 잘 나타나 있는데, 그것을 몇 가지로 요약해 보면 다음과 같다. 첫째, 순자는 언어의 사회성을 천명했다.

이름은 본래 그 실질적인 뜻이 있었던 것이 아니라, 약속해서 그렇게 부르자고 한 것이다. 약속해서 정해지고 오랫동안 써서 굳어진 것은 맞다고 하고, 약속한 것과 다른 것은 틀리다고 한다. 이름은 원래 실물이 있는 것이 아니고, 약속을 하여 그에 따라 그 실물을 부르는 것이니, 약속이 확정되어 관습이 형성되면 그것을 그 실물의 이름이라고 하는 것이다. 이름은 본디부터 좋은 것이 있으니, 쉽고도 어긋나지 않으면, 그것을 좋은 이름이라고 하는 것이다. (「名無固宜, 約之以命, 約定俗成謂之宜, 異於約則謂之不宜. 名無固實, 約之以命實, 約定俗成謂之實名. 名有固善, 徑易而不拂, 謂之善名.」) 여기에서 순자는 중요한 두 가지 사실을 지적하고 있다. 하나는, 처음 이름을 지을 때는 이름과 사물 사이에 본질적이거나 필연적인 관계가 없다는 것이고,

다른 하나는, 사물의 명명(命名)은 개인의 임의에 따른 것이 아니라 사회의 약속에 의해 규정되는 것으로서 일단 사회적 관습으로 정해지면 개인에 대해서는 일종의 강제성을 띄게 된다는 것이다. 순자의 이러한 언어의 사회성에 대한 인식은 현대의 언어학이론과도 그대로 부합되는 것이어서, 지금으로부터 약 2,000년 전에 이미 이러한 견해를 가지고 있었다는 것은 놀라운 일이다.

둘째, 언어의 지속성과 변화를 아울러 지적했다.

만약 왕이 일어날 경우에는 반드시 옛 이름들을 따르는 동시에 새 이름들을 지어야 한다.(「若有王者起, 必將有循於舊名, 有作于新名.」)

순자는 어휘의 유지와 창조를 왕의 역할로 규정하고 있는데, 이것은 언어학적인 관점에서 본다면 잘못이지만, 그 당시의 상황에서 본다면 이렇게 생각하는 것도 무리는 아니라고 여겨진다. 그러나 어휘가 유지되고 창조되는 것이란 견해는 옳은 것이다.

셋째, 공용어와 방언의 관계에 대해 언급했다.

만물에 붙이는 여러 가지 이름은 한족(漢族, 諸夏)의 습관에 따른 것으로서, 먼 지방 다른 풍속을 가진 동네의 경우에는 이것에 의거하여 서로 통할 수 있다.(「散名之加於萬物者, 則從諸夏之成俗曲期, 遠方異俗之鄕, 則因之而爲通.」)

이것은 한어 중에는 지역 방언도 있고 통용 범위가 비교적 넓은 아언(雅言), 즉 공용어인 하어(夏語)도 있다는 사실을 지적함과 아울러 각 방언은 마땅히 아언(雅言)에 의해 소통되어야 한다는 것을 말한 것이다.

넷째, 순자는 이름을 붙이는 방식을 제시하고, 포괄 범위에 따라 이름을 분류했다. 순자는 이름을 붙이는 방식에 따라 단명[單名, 단음절어(單音節語)]과 겸명[兼名, 복음절어(複音節語)]으로 나누었는데, 단명으로 할 수 있으면 단명으로 하고, 단명(單名)으로 할 수 없으면 겸명(兼名)으로 한다는 것이다.(「單足以喻則單, 單不足以喻則兼.」)

또한 그는 개념의 범위에 따라 이름을 대공명(大共名), 대별명(大別名)으로 나누었다.

그래서 만물은 비록 많으나, 때로는 그것들을 총괄하고자 해서 그것을 이름하여 물(物)이라고 한다. 물이란 대공명(大共名)이다. 그것을 구별하는데 같은 것은 같이 놓고 같은 것이 없을 때까지 계속한다. 때로는 그것들을 총괄하고자 해서 그것을 이름하여 조수(鳥獸)라고 한다. 조수는 대별명(大別名)이다. 그것을 통합하는데 구별되는 것은 구별하고 구별되는 것이 없을 때까지 계속한다.(「故萬物雖衆, 有時而欲徧擧之, 故謂之物. 物也者, 大共名也. 推而別之, 共則有共, 至于無共然後止. 有時而欲徧擧之, 故謂之鳥獸. 鳥獸也

者, 大別名也. 推而共之, 別則有別, 至于無別然後止.」)

일찍이 기원전 3세기에 나온 이와 같은 순자의 통찰은 매우 정확하고 탁월한 것으로서 세계 언어학사에서도 유례를 찾아보기 어려울 만큼 뛰어난 것이다.

[10] 한나라 때 양웅(揚雄)이 각 지방에서 올라온 사람들을 만나 그들의 낱말과 중앙에서 쓰는 낱말을 서로 비교하여 『방언(方言)』이라는 책을 지었다.

[11] 언어에 대하여 선진(先秦) 시대의 철학자들은 언어 자체에 대한 연구와 분석을 하기보다는 대체로 자기 자신의 철학적인 주장을 펴기 위하여 언어를 그 수단의 하나로 이용하였다. 그들의 주된 주제는 바로 "사물의 이름과 그 실질적인 내용과는 어떠한 관계가 있을까?"하는 문제였다. 이름과 실질의 관계는 언어의 본질에 관한 문제이자 언어학이론 가운데서도 중요한 기초이론의 하나이다. 이 문제에 대하여 몇 몇 춘추전국 시대 철학자들의 견해를 알아보도록 한다.

언어와 그 실질과의 관계에 대하여 공자(孔子, B.C.551~B.C.479)는 이른바 '정명(正名)'의 문제를 제기하였다. 『논어(論語)·자로편(子路篇)』에 보면 자로(子路)가 공자에게 정치를 하신다면 제일 먼저 무엇을 하시겠느냐고 묻자 공자는 "반드시 이름을 바로잡겠다.(「必也正名乎!」)"라고 하였고, 그 구체적인 내용으로 『논어·안연편(顔淵篇)』에서 공자는 "임금은 임금다워야 하고, 신하는 신하다워야 하고, 아버지는 아버지다워야 하고, 자식은 자식다워야 한다.(「君君, 臣臣, 父父, 子子.」)"라고 하여 이름한 것은 그 실질적인 내용이 따라가도록 해야 한다고 주장하였다. 이러한 주장은 언어학적 관점에서 보면 수긍하기가 어렵다. 사물의 이름은 그 실질적인 내용과는 무관하게 지어지는 것이며, 그 지어지는 과정 역시 임의적이기 때문이다. 그러나 공자는 당시 사회 현실에 대하여 자신의 정치적·철학적 견해를 표현한 것일 뿐 언어 자체를 놓고 그 형성과정을 말한 것은 아니다.

노자(老子, B.C.580?~B.C.500?)는 그의 『도덕경(道德經)』 제1장에서 "도라고 할 수 있는 도[可道]는 영원불변의 상도(常道)가 아니고, 이름지어 부를 수 있는 이름[可名]은 그 이름[常名]이 아니다.(「道可道, 非常道; 名可名, 非常名.」)"라고 하였다. 여기에서 '상명(常名)'은 객관적인 사물이 갖는 실질적 개념이고, '가명(可名)'은 그 사물의 이름, 즉 단어이다. 이렇게 볼 때 노자는 사물의 이름과 실질과는 관계가 없다고 여겼다. 즉 하늘을 하늘이라고 하고, 땅을 땅이라고 부르는 것과 하늘과 땅 그 자체와는 아무런 연관관계가 없다는 것이다. 중국 역사상 사물의 이름과 그 실질과의 관계를 이와 같이 간단하나마 비교적 논리적으로 언급한 학자는 아마도 노자가 첫 번째 사람일 것이다.

노자 이후 양주(楊朱)와 공손룡자(公孫龍子, B.C.325~B.C.250) 등도 이 문제를 제기하였다. 양주는 노자의 견해를 따라 사물의 본질과 이름과는 관계가 없으며, 이름은 그 사물을 나타내기 위한 부호일 뿐이라고 하였다.

이름과 실질과의 관계에 대한 문제는 공손룡자에 이르러 한 걸음 더 나아가게 된다. 그는 『공손룡자·명실론(名實論)』에서 다음과 같이 말하였다.

그 실질을 바르게 한다는 것은 그 이름을 바르게 하는 것이다. 그 이름을 바르게 한다는 것은 단지 이것과 저것을 구분하는 데 있다. 저것을 저것이라고 하면 저것이 되지만, 저것이 아닌 것을 저것이라고 하면 안된다. 이것을 이것이라고 하면 이것이 되지만, 이것이 아닌 것을 이것이라고 하면 안된다.(「正其所實者, 正其名也. 其名正則唯乎其彼此焉. 謂彼而彼, 不唯乎彼, 則彼謂不行. 謂此而此, 不唯乎此, 則此謂不行.」)

이 뜻은 객관적인 사물의 이름은 사람들이 정하기 나름이라는 것이다. 어떤 사물의 이름이 아직 정해지지 않았을 때는 하늘을 땅이라고 부르면 하늘이 땅이 되는 것이고, 땅을 하늘이라고 부르면 땅이 하늘이 되는 것이므로, 이것과 저것의 구분은 본래 없다는 것이다. 그러나 사물의 이름이 이미 정해진 다음에는 하늘은 하늘이고 땅은 땅이므로 바꾸어서는 안된다고 하였다.

사람들이 처음 사물의 이름을 지을 때 모든 사물에 대해 그 이름과 실질적인 내용을 고려해서 지을 수는 없었을 것이다. 어떤 것은 생긴 모양을 따라 짓기도 하였을 것이고 또 어떤 것은 그 소리를 듣고 지었을 수도 있다. 그러나 대부분의 것들은 임의로 약속해서 정해진 것들일 것이다. 그러나 한 번 정해진 이름들은 특별한 경우가 아니고는 변하지 않으며 그 뒤 새롭게 만들어지는 이름들은 먼저 있던 이름들을 참고하여 불리어지게 된다. 따라서 이렇게 지어진 이름들은 먼저 있던 이름들과 어느 정도 연관이 있게 되는 것이다.

[12] 문법(文法 : grammar)이란 글자 그대로 '글의 법칙' 또는 '말의 법칙'을 일컫는 용어로서, 이것은 근본적으로 인간에게 주어진 고유한 '언어 능력' 또는 인간의 '언어적 특성'에 대한 연구라고 할 수 있다.

'grammar'는 그리스어의 'gramma(쓰여진 것, 글자)', 혹은 'grammatikos(글자를 알다)'에서 유래하였다. 따라서 원래 문법이란 문자 또는 글에 대한 학문을 뜻하였음을 알 수 있다. 그리스와 로마 시대의 문법은 물론, 그 이후 대부분의 전통문법은 주로 글에 대한 법칙 또는 규범을 논하고 있으며, 예문도 과거 유명 문인들의 글에서 인용하고 있다. 이런 식의 문법은 글을 읽거나 쓰는 데 유용한 내용을 다루었으며, 따라서 그 내용이 그 시대에 실제로 말해지는 입말[口語,

spoken language]에 부합되지 않는 경우도 있었다.

따라서 중국에서도 일찍이 1960년 11월 진망도(陳望道), 오문기(吳文祺), 등명(鄧明)이 『문회보(文匯報)』에 「'文法', '語法'名義的演變和我們對文法學科定名的建議」라는 글을 발표하여 '文法'이라는 술어가 수사기능이 더욱 뛰어나고 '어음'이나 '어휘' 등과 쉽게 어울리며, 역사적으로도 통상 '문법'이라는 용어를 사용하였기 때문에 '문법'으로 통일하여 사용하자고 주장하였다. 그러나 이 문장이 발표된 후 중국문헌언어학계에 큰 반향을 일으켰는데, 상해문헌언어학회(上海語文學會)에서는 여러 차례의 토론을 거쳐 반박하였다. '어법'이라는 용어를 찬성하는 쪽은 '어법'이라는 용어의 사용이 1949년 이후 중국언어학계에 이미 약정속성(約定俗成)화된 용어라고 주장하였다. 또한 진병초(陳炳超)는 1961년 『학술월간(學術月刊)』 제 12기에서 '어법'이라는 말은 일차적으로 구어[口語 : 입말]에 대한 술어이며, 이차적으로는 서면어[書面語 : 글말]에 대한 인식이 더욱 심화된 표현이라고 지적하였다. 또한 '문법'이라는 용어는 술어 자체의 치명적인 결함으로 인해 쇠퇴의 길을 걷게 되었다고 말하고, '정명(定名)'이라는 것은 결국 어떤 것이 널리 통용되느냐에 달렸다고 보았다. 그 후 대부분의 서적에서는 '어법'이라는 용어를 더 많이 쓰게 되었고, 일부 문언문(文言文)의 경우 '문법'이라는 용어를 쓰기도 하였다.

한편, 중국의 어법학은 중국언어학의 여러 분야 가운데 가장 최근에 들어서서 비로소 연구되기 시작한 분야이다. 1898년 마건충(馬建忠, 1845~1900)의 『마씨문통(馬氏文通)』이 출간되면서부터 시작되어 약 100년이 채 안된 신흥 학문이라고 할 수 있다. 이런 얼마 되지 않는 역사 속에서도 현재 중국의 어법학은 중국 당국의 언어 대중화 정책에 힘입어 질적인 면이나 양적인 면 모두 눈부신 발전을 하고 있다.

제2장
한자와 한자학에 관한 소개 및 고대 서사 자료

1 한자漢字? 한자漢字!
– 한자라고 해서 다 같은 한자가 아니다.

　한자가 한중일 3국에서 공통적으로 사용되는 문자이기 때문에 한중일 3국은 '한자문화권'이라고 통칭된다. 우리나라에서는 기원전 2~3세기 무렵 중국에서 한자가 들어온 이후, 한글이 만들어지기 전까지 우리의 말을 기록하는 문자로 한자가 사용되었고, 한글이 만들어진 이후에도 광복 이전까지 공용문자로 사용되었다.

　1945년 광복 이후 정부에서 한글 전용화 정책을 추진하였으나 신문이나 관공서 문서 등에서는 한자가 지속적으로 사용되었고, 현재까지도 많은 한자 어휘가 우리말 속에 녹아 사용되고 있다. 한글학회에서 펴낸 『큰사전』의 통계에 의하면 총 16만여 개의 우리말 어휘 가운데 한자어의 비중이 60% 이상이다.

　이처럼 우리말 어휘의 과반 이상이 한자어로 구성되어 있기 때문에 한자만 제대로 알면 말은 달라도 필담의 방식으로 중국인들과 의사소통이 가능할 것이라고 생각하는 사람들이 있다. 또 어느 정도 한자 실력을 갖춘 사람들은 중국어를 본격적으로 배우기도 전에 중국어를 만만하게 보기도 한다. 하지만 정말 그럴까?

　다음의 예들을 보자.

우리말	중국말
계단(階段)	樓梯(루제)
귀국(歸國)	回國(회국)
기차(汽車)	火車(화차)
사진(寫眞)	相片(상편)
소개(紹介)	介紹(개소)
수영(水泳)	游泳(유영)
영화(映畵)	電影(전영)
오후(午後)	下午(하오)
우유(牛乳)	牛奶(우내)
월요일(月曜日)	星期一(성기일)
자전거(自轉車)	自行車(자행거)
졸업(卒業)	畢業(필업)
회사(會社)	公司(공사)

　이처럼 동일한 한자문화권임에도 불구하고 우리말과 중국어는 서로 다른 어휘를 사용하는 경우가 많기 때문에 한자 지식만으로는 중국인과 의사소통을 할 수 없다.

　물론 우리말과 중국어에서 동일한 의미로 사용되는 한자어도 많으므로 한자에 대한 지식이 중국어 학습에 많은 도움을 준다는 말은 사실이다. 문제는 중국에서 현재 사용되는 한자의 형태는 우리나라에서 사용하는 한자 형태와 다른 경우가 많다는 데 있다.

　한 중국어 초급 교재 제 1과의 대화문을 보자.

A: 你好吗?   B: 很好。

A: 请坐!   B: 谢谢。

A: 谢谢你。   B: 不客气。

이 중국어 교재에 사용된 한자는 우리가 사용하는 한자와 모양이 다른 것들이 많다. 중국어에 문외한인 사람들은 이게 정말 한자가 맞나 싶어 어리둥절하겠지만, 다음 대화문을 보면 생각이 달라질 것이다.

A: 你好嗎?   B: 很好。

A: 請坐!   B: 謝謝。

A: 謝謝你。   B: 不客氣。

위의 대화문은 우리의 한자 실력으로 대강의 의미를 추측할 수 있다. 우리말 한자어에서 잘 쓰이지 않는 '你'와 '嗎', '很' 등을 제외하면 '好'는 '좋아하다'라는 뜻이므로, '很好'는 대충 '좋습니다'라는 뜻이 될 것이고, '請'은 '청하다', '坐'는 '앉다'라는 의미이므로 '請坐'는 '앉으세요'라는 의미이며, '謝'는 '감사하다, 사례하다'라는 뜻이므로 '謝謝'는 '고맙습니다'라는 뜻이라고 짐작할 수 있을 것이다.

하지만 이렇게 '미루어 짐작하는' 일도 바로 두 번째 인용문에서처럼 우리가 사용하는 한자로 써 있는 경우에나 가능하지, 첫 번째 인용문만 가지고서는 도저히 추측할 방법이 없다.

그럼 첫 번째 인용문에서 사용된 한자는 중국어에서 사용되는 한자이고, 두 번째 인용문은 중국에서 사용된 한자를 우리나라에서 사용하는 한자로 바꾸어 놓은 것일까? 그렇지 않다. 첫 번째와 두 번째 인용문의 모두 중국어에서 사용되는 한자로 쓴 것이다.

두 인용문에 사용된 한자를 비교해 보면 첫 번째 인용문의 한자 형태는 두 번째 인용문보다 간단한 편이다. 첫 번째 인용문에서 사용된 한자는 '형체가 간단한 글자'라 하여 간체자(簡體字)라고 하고, 두 번째 인용문에서 사용된 한자는 '형체가 복잡한(번잡한) 글자'라 하여 번체자(繁體字)라고 하는데 간체자는 중국 대륙에서, 번체자는 대만과 홍콩, 우리나라 등에서 사용되고 있다.

우리나라는 1992년에 대만과의 국교를 단절하고 중국 대륙과 정식으로 수교를 맺었다. 그로 인해 1990년대 이전까지 대만의 한자(번체자)와 발음 기호(주음부호), 대만식 어휘를 중심으로 행해졌던 중국어 교육은 1992년 이후부터 대륙의 한자(간체자)와 발음 기호(한어병음), 그리고 대륙식 어휘를 학습하는 방식으로 바뀌게 되었다.

간체자는 번체자의 형태를 간략화 하여 만든 것이지만 번체자와 형태 차이가 심해서 완전히 다른 글자처럼 느껴지는 것들이 많다. 이처럼 중국에서 사용되는 한자는 우리가 아는 한자와 형태가 다를 수도 있고, 동일한 한자 단어가 한중 양국에서 서로 다른 의미로 사용되기도 한다는 점을 꼭 명심하도록 하자.

2 한자라는 말은 중국에서 언제 처음 사용되었을까?

한자라는 말은 중국 명대(明代)의 기록에 처음 등장한다. 진대(秦代) 이전에는 한자라는 말 대신 서(書)·명(名)·문(文)·자(字) 등의 용어를 사용했고, 진대 이후에는 문(文), 자(字), 문자(文字)라는 용어가 함께 사용되었다.

한자라는 명칭이 뒤늦게 등장하게 된 이유는 한자 외에 다른 문자를 사용하는 주변 국가가 적었던 탓에 단순히 문(文)이나 자(字), 문자(文字)라는 용어만으로도 한자를 지칭할 수 있었기 때문이다. 그러다가 서구 문물이 급속히 유입된 명대부터 자신들의 문자를 별도로

부를 이름이 필요하게 되어 한자라고 불렀던 것인데, 여기에서의 한은 한(漢)나라의 이름에서 따온 것이다.

그렇다면 왜 명자(明字)가 아닌 한자일까? 만약 명대 이전 왕조의 이름을 붙이고 싶었다면 한대 외에도 이상적인 성현의 나라였다는 주대(周代), 진시황(秦始皇)이 각종 제도를 정비하여 국가의 기틀을 세웠던 진대(秦代), 이백(李白)과 두보(杜甫), 소식(蘇軾) 등 많은 예술인들이 살았던 당대(唐代)와 송대(宋代) 등, 명대(明代) 이전에 다양한 왕조들이 존재했었는데 주자(周字), 진자(秦字), 당자(唐字), 송자(宋字)라고 부르는 대신 굳이 한대를 대표로 삼아 중국의 문자를 대표하는 용어로 한자를 사용했던 이유는 무엇일까?

그 이유는 문자학적인 각도에서 살펴보아야 한다. 한자는 시기와 형태에 따라 갑골문(甲骨文), 금문(金文)과 같은 고문자와 예서(隸書), 해서(楷書)와 같은 근대문자로 분류된다. 그런데 근대문자의 시작인 예서가 본격적으로 사용된 왕조가 바로 한대이다.

또한 중국 최초의 통일 왕조는 진대에서 시작되었지만 진대는 존속기간이 너무 짧았고 진정한 중국의 통일국가로 오랜 시기 존속하면서 최초로 대외적인 입지를 굳힌 나라가 바로 한대였다.

이러한 두 가지 이유 때문에 한(漢)나라의 '한(漢)'과 문자를 의미하는 '자(字)'를 합쳐 자신들의 문자를 나타냈던 것으로 생각된다.

3 고대 중국의 한자학 – 소학小學

한자라는 말을 쓴 것이 명대부터이니 고대 중국에서 한자에 관한 학문을 한자학이나 중국문자학으로 불렀을 리는 만무하다. 그렇다면 고대 중국에서는 한자에 관한 학문을 무엇이라고 불렀을까?

중국에서 한자에 관한 연구는 기원전 1~2세기 경, 즉 한대부터 시작되었는데 당시 한자에 관한 학문을 소학(小學)이라고 불렀다.

소학은 본래 어린 아이들을 모아 가르치는 초등 교육기관을 가리키는 말이었다. 주대에는 여덟 살이 되면 소학에 입학하고 열다섯 살이 되면 고등 교육기관인 대학(大學)에 들어갔다고 하는데, 소학에 입학하면 우선 글자부터 배웠기 때문에 언어와 문자에 대한 학습을 "소학"이라고 부르게 된 것이다.

또 한대 이후 경전을 연구하는 경학(經學)을 "큰 학문"이라는 의미의 대학(大學)으로 숭상하게 되면서부터 언어와 문자에 대한 연구는 "미언대의(微言大義)" 즉, "미묘한 말 속에 깊은 뜻이 담긴" 경학을 해석하기 위한 수단으로 보는 경우가 많았다. 따라서 대학에 상대되는 의미, 즉 보잘 것 없는 학문이라는 어감도 담아 소학으로 불렀을 것으로 생각된다.

이처럼 한자는 소학이라는 이름으로 한대부터 본격적으로 연구되기 시작하였다. 중국 최초의 통일 정부는 진시황이 세운 진대(秦代, B.C. 221~B.C. 206)로, 이 때 화폐와 도량형은 물론 문자의 통일까지 이루어졌다. 하지만 지속 기간이 너무 짧아서 이 시기에는 지속적이고 집중적인 학문 연구가 불가능했다.

그 뒤를 이어 세워진 한대는 진대와 마찬가지로 통일 정부였고, 존속 기간이 400년 이상(B.C. 206~A.D. 220)이었기 때문에 학문 연구에 적절한 시기였다. 특히 이 시기부터 경서(經書)에 대해 연구하는 경학이 국학(國學)으로 자리를 잡으면서 문장에 담긴 의미를 제대로 파악하기 위한 목적에서 글자의 의미에 대한 심도 깊은 연구가 시작되었다.

한대에 한자 연구가 활발해진 데는 또 다른 배경이 있다. 소위 "금고문경(今古文經) 논쟁"이 그것이다.

진대를 계승하여 천하를 통일한 한대 초기에는 유가(儒家)를 포함한 여러 학술사상이 함께 흥성하다가, 정치적 통일을 위해 사상적인 통일이 요구되면서 한무제(漢武帝) 때 통치 계급의 정치적 목적에 적합한 유가가 한대의 정통 사상으로 확립되고 유가 외의 다른 사상들은 퇴조하게 되었다.

그 후 유교의 경전을 연구하는 경학이 관학(官學)이 되면서 경학 전수를 담당하는 오경박사(五經博士)라는 관직도 만들어졌다. 그런데 진대에 있었던 그 유명한 분서갱유(焚書坑儒)로 인해 경전은 모두 불타 없어졌기 때문에, 경학 연구자들은 자신들의 기억에 의존하여 당시에 통용되던 예서라는 글자체로 경전을 새로 쓰고 거기에 통치자의 정치적 요구에 합당한 방향으로 주석을 붙였다.

이렇게 만들어진 경전은 당시에 통용되던 글자[今文]로 쓴 경전이라는 의미에서 금문경(今文經)이라 불렸으며, 금문경을 중심으로 금문경학파(今文經學派)가 형성되었다.

한편 한초(漢初)인 혜제(惠帝) 4年(B.C. 191)에 진대(秦代)의 분서(焚書)를 피해 감춰뒀던 『효경(孝經)』과 『좌전(左傳)』이 발견되었고, 경제(景帝) 때는 옛 노(魯)나라 지역에 위치한 공자의 옛집의 벽 속에서 『상서(尙書)』, 『예기(禮記)』, 『춘추(春秋)』, 『논어(論語)』, 『효경(孝經)』 등 수십 편의 경전이 발견되었는데 이를 '(공자네) 벽 속에서 나온 책'이라는 의미에서 '벽중서(壁中書)'라고 불렀다.

그런데 이 수십 편의 경전에 사용된 글자체는 진(秦)에서 사용되던 대전(大篆)이나 소전(小篆)이라는 글자체와도 다르고, 당시에 통용되던 예서와도 다른 이상한 문자였다. 따라서 학자들은 이 경전에 사용된 문자를 아주 오래된 상고 시대의 글자체로 오인하여 고문(古文)이라고 부르고 그 고문으로 쓰인 경전들을 고문경(古文經)이라고 지칭했다. 그리고 고문경을 연구하는 학자들을 중심으로 고문경학파(古文經學派)가 생겨났다.

서한(西漢) 말기에 사회 전반이 혼란해지면서 고문경학파는 통치 계급의 지배 사상에 반기를 들고 당시 정부의 학문인 관학(官學)의 지위를 차지하고 있던 금문경학파와 맞서게 되었다. 그런데 금문경과 고문경의 가장 기본적인 차이는 문자에 있었기 때문에 금고문학파(今古文學派)의 논쟁 속에서 문자에 대한 논의가 활발히 일어나게 되었던 것이다.

고문경학가들은 당시 통용되던 문자인 예서에 대해 비판적이었다. 예서는 예전의 자형(字形)에서 형태가 많이 변화되었기 때문에 금문경학가들처럼 예서를 근거로 한자의 자형과 의미를 설명하면 많은 오류를 범할 수밖에 없다고 생각했던 것이다.

그들은 고문이 예서보다 시대적으로 앞선 문자라고 생각했다. 또 금문경은 구전되던 것을 기록한 것이므로 불완전한 것이고 고문경은 옛 경전 그대로 발견된 것이므로 고문경이야말로 성인의 말씀이 보다 온전하게 기록된 것이라고 여겼다.

하지만 고문에는 그들이 알고 있던 소전이나 예서와 다른 괴이한 자형이 많았기 때문에 학자들이 쉽게 해독하기가 어려웠다. 따라서 고문경학자들은 고문경의 가치를 확실하게 주장하기 위해서 어쩔 수 없이 그 문자의 자형과 의미 연구에 매진하게 된다.

그리하여 고문경학을 처음 제창했던 서한(西漢) 말의 유흠(劉歆)이 한자 자형의 구성 원리를 연구하여 한자를 처음 만들 때 사용된 조자법(造字法)으로 육서(六書)를 주장했고, 이러한 고문경학자들의 연구 성과를 바탕으로 허신(許愼)이 중국 최초의 문자학 전문저서인 『설문해자(說文解字)』를 저술하는 등, 한대에는 글자의 의미와 자형 연구에서 많은 발전을 이루게 되었다.

한편 위진남북조(魏晋南北朝) 시기에는 중국에 불교가 들어오면서 불교 경전도 함께 유입되었는데, 불경은 표음문자인 산스크리트

(Sanskrit)어로 되어 있었기 때문에 산스크리트어를 연구하던 학자들은 그동안 주의를 기울이지 않았던 중국어의 음운 체계와 성조에 대해 새롭게 인식하기 시작했다.

또 위진남북조 시대에는 이전 시대보다 시문(詩文)에서의 운율을 중시했기 때문에 시의 압운을 정할 때 도움이 되는 운서(韻書)가 만들어지기 시작하였고, 이러한 배경 속에 음운에 대한 연구도 발달되기 시작하였다.

이처럼 한대에는 주로 자형과 의미 측면에서의 한자 연구가 처음으로 시작되었고, 위진남북조 시대부터는 한자의 음운 방면도 본격적으로 연구되기 시작하였다. 한자의 형태와 소리, 의미 즉 형음의(形音義)에 관한 연구는 이후 문자학·음운학·훈고학으로 각각 독립적으로 발전하게 되는데, 중국에서는 한자의 형음의를 연구하는 근대까지의 전통 언어학을 소학(小學)이라고 통칭하기도 한다.

4 한자는 언제, 무엇으로, 어디에 썼을까?
- 한자 서사書寫 도구에 관하여

흔히 인류 최고의 발명품이라고 불리는 문자를 쓰기 위해서는 필기도구가 필요하다. 그렇다면 21세기에 가장 많이 애용하는 필기도구는 무엇일까?

어린아이들에게는 벽과 바닥을 포함하여 자기의 생활 반경에 있는 모든 사물이 쓰기 도구가 될 수 있다. 그러다가 글자를 학습하기 시작하면 펜과 종이가 공식적인 필기도구가 되고, 컴퓨터를 본격적으로 다루는 10대부터는 펜과 종이뿐만 아니라 데스크탑 컴퓨터나 노트북의 자판과 모니터를 이용하여 기록하기도 한다. 또한 이제는 휴대성이 간편한 태블릿 PC나 스마트폰을 필기도구로 사용하는 사람들도 상당히 많아졌다.

하지만 아직까지도 종이와 펜은 대중에게 외면 받지 않는 필기도구이다. 전자우편이 보편화되면서 기존의 일반 우편량이 극감한 것은 사실이지만, 그만큼 희귀해진 손 편지는 사람들에게 그 무엇보다 소중한 선물로 인식될 정도로 가치가 상승되었다. 따라서 펜과 종이라는 필기 수단은 모니터와 자판이라는 새로운 필기 수단에 밀리지 않고 그 긴 생명력을 한동안 더 지속할 것으로 생각된다.

그렇다면 이처럼 대중에게 사랑 받는 펜과 종이는 언제 처음 등장했을까?

글자를 쓰는 데 사용되는 소재부터 이야기해 보자.

종이는 한대(漢代)에 채륜(蔡倫)이 처음 발명했다고 전해져 왔지만, 전국시대(戰國時代)의 것으로 보이는 종이가 발견된 후로 종이의 발명 시기는 한대 이전이고 한대 이후부터 글자를 쓰는 소재로 종이가 사용되었다고 본다. 채륜이 종이의 발명자라고 일컬어지는 이유는 제지법을 개량하여 글자를 쓰기 편하게 만듦으로써 종이를 대중적으로 널리 보급하는데 공헌한 인물이었기 때문이다.

종이의 발명이 전국시대에 이루어졌든 한대에 이루어졌든 글자를 쓰는 소재로 종이를 사용하게 된 것은 한대에 와서의 일이 분명하다. 그렇다면 한대 이전에는 한자를 어디에 썼을까?

인류의 문명은 석기시대 → 청동기시대 → 철기시대의 발전 과정을 거쳤으므로, 돌은 원시시대부터 그들 삶에서 각종 다양한 소재로 이용되었다. 따라서 중국도 석기시대부터 돌이 글자를 쓰는 소재로 이용되었을 것 같지만, 석기시대의 중국에서는 돌에 새겨진 글자가 보이지 않는다.

중국의 문자, 즉 한자의 원형은 신석기 중기부터 보이기 시작하는

데, 주로 깨진 도기(陶器) 파편에 한 두 글자를 써 넣은 것이다. 이를 '도기에 쓰인 문자'라는 의미의 '도문(陶文)'이라고 부르는데 학계에서는 이것을 갑골문 이전의 문자로 보는 입장과 문자가 아닌 단순한 부호로 보는 입장이 대립하고 있다.

도문을 문자라고 본다면 신석기 시대의 문자는 도문밖에 보이지 않으므로 새로운 문물이 발견되기 전까지는 글자를 쓰는 데 이용된 가장 오래된 소재로 도기를 꼽아야 할 것이다. 그런데 신석기 시대에는 저장용, 취사용, 제사용으로 만들어진 각종 도기가 사용되었을 뿐만 아니라 돌과 뼈, 나무, 조개껍질로 만든 다양한 형태의 농기구가 대량으로 출토되고 있으므로 이들 모두 글자를 쓰는 소재로 사용될 수 있었다. 그런데 왜 하필 도기에만 문자를 쓴 것일까?

이는 인류가 문자를 처음 만들어 사용했을 때 문자의 사용 목적과 밀접한 연관을 지닌다. 흔히 문자는 의사소통에 사용되는 언어를 시각화한 부호라고 설명되지만, 상고시대의 문자는 인간과 인간 사이의 의사소통에 사용되는 언어를 시각화한 부호가 아니라 인간과 신 사이의 의사소통에 사용되는 언어를 시각화한 부호라고 보는 편이 옳다.

은대(殷代)에 사용된 갑골문(甲骨文)은 조상신에게 점을 친 내용이 주를 이루고, 주대(周代)에 주로 사용된 청동기물(靑銅器物)은 본래 조상을 제사지내는 종묘(宗廟)에 바침으로써 조상의 영혼을 위로하고 신의 가호를 비는 데 이용되었던 것이다.

이처럼 고대인들에게 문자가 신성한 것이었다면, 신석기 시대의 각종 사물 중에서 제사용으로 사용된 도기에 문자를 새겨 넣었을 가능성이 높다.

청동기 시대인 은대에 들어오면 갑골문이 사용된다. 돌이나 청동기, 도기에 새긴 문자도 극소수 있기는 하지만 은대의 문자는 대다수가 갑골문이다.

갑골문은 지금으로부터 약 3,000여 년 전인 상대(商代) 후기에 사용된 문자로 거북의 배 껍질과 동물 뼈, 심지어는 사람의 두개골을 사용한 것도 있으므로 은대에는 글자를 쓰는 소재로 거북껍질과 뼛조각이 주로 사용되었다고 할 수 있다.

주대에는 갑골문의 수가 줄어들고 대신 청동기물에 글자를 새긴 금문(金文)이 주로 사용되었으므로 주대에는 청동기물이 글자를 쓰는 소재로 주로 사용되었다고 할 수 있다.

하지만 청동기물의 글자는 기물을 만들 때 우선 찰흙이나 나무판에 글자를 새긴 후 말렸다가 그것을 청동기 거푸집에 끼워 주조하는 과정을 거친 것이므로 보다 정확히 말하자면 주대에 글자를 쓰는 소재는 청동기물이 아니라 찰흙이나 나무판이라고 할 수 있다.

전국시대부터는 청동기물 대신 새로운 소재에 글자를 쓰기 시작하였다. 호남성(湖南省) 장사(長沙)에 있는 전국시대 초(楚)나라 무덤에서 글자가 쓰인 대나무 조각과 비단이 출토되었고 전국시대 진(秦)나라의 유물로 큰 북 형태의 돌에 글자를 새긴 석고(石鼓)가 발견되었다. 이러한 유물들을 볼 때 전국시대 이후에는 대나무조각과 비단, 돌 등이 글자를 쓰는 주 소재로 사용되었음을 알 수 있다.

전국을 통일한 진대에는 대나무 조각과 돌이 글자를 쓰는 주 소재로 사용되었다. 현재까지 발견된 죽간(竹簡)의 총수량은 약 2,000여 점인데 그 중 호북성(湖北省) 운몽현(雲夢縣)에서 발견된 죽간 1,100여 점이 진대의 것이다. 2000년대 초에 호남성(湖南省) 서부 용산현(龍山縣) 리야(里耶)의 고성(古城)에서도 진대의 죽간 2만여 점이 발견된 것을 볼 때, 진대에는 글자를 쓰는 소재로 대나무 조각이 광범위하게 사용되었음을 알 수 있다.

그밖에 진시황(秦始皇)이 여러 산에 세운 돌비석도 유명하다. 진시황은 태산(泰山)을 비롯한 일곱 개의 산에 자신의 공적을 칭송하는 문장을 돌에 새겨 세워 놓았는데 이를 진각석(秦刻石)이라 한다. 진 시황 이후부터 중국에서는 돌에 글자를 새기는 풍습이 유행하여 현재 까지 이어지고 있다.

한대에 들어와 종이가 대중적으로 사용되기 전까지는 비단과 대나 무 조각, 나무 조각, 돌 등이 계속해서 글자를 쓰는 소재로 사용되었 다. 대표적인 유물로는 호남성(湖南省) 성도(省都) 장사시(長沙市) 동쪽 마왕퇴(馬王堆)에서 발견된 비단인 마왕퇴백서(馬王堆帛書)와 돈황(敦煌) 동굴 속에서 발견된 돈황한간(敦煌漢簡) 등이 유명하다.

그리고 한대에는 경학이 발전하면서 경서의 내용을 돌에 새겨 비석 으로 세우는 석경(石經)이 만들어지기 시작하였는데, 동한(東漢)시대 희평년간(熹平年間)에 채옹(蔡邕)이 세운 희평석경(熹平石經)이 유 명하며, 개인의 공적을 돌에 새긴 돌비석도 많이 남아 있다.[1]

이처럼 서사 도구로 종이가 실용화되기 이전에 한자를 쓰는 도구로 는 도기, 뼛조각, 돌, 청동기, 비단, 대나무 조각, 나무 조각 등이 사용 되었는데, 글자를 쓰기 편할 정도의 너비와 기록한 내용을 오래 보존 할 수 있는 내구성을 갖춘 것 중에서 주변에서 쉽게 구할 수 있는 것 이라면 무엇이든 다양하게 이용되었음을 알 수 있다.

발굴된 유물을 근거로 이들 도구들을 시간 순서대로 나열하자면 도 기 → 돌 → 뼛조각 → 청동기(내의 찰흙) → 대나무 → 비단 → 나무 → 종이의 순이 되겠지만, 꼭 이들 순서대로 소재가 변화되었다고 말할 수는 없다.

갑골문(甲骨文)과 금문(金文)에 죽간(竹簡)이나 목간(木簡)을 나 란히 묶은 형태를 본떠 만든 '책(冊 : 冊)'이라는 글자가 있다. 따라서 대나무나 비단, 나무 등은 썩기가 쉽기 때문에 현재 발견되지 않고 있 는 것일 뿐, 갑골문과 금문 시대에도 대나무나 나무가 소재로 사용되 었을 가능성은 충분하다. 다만 주대까지는 문자 기록이 신과 관련된 신성한 행위였으므로, 썩기 쉬운 대나무나 비단, 나무 같은 소재가 그리 많이 사용되었을 것 같지는 않다.

글자를 쓰는데 사용된 소재가 이처럼 다양했던 것에 비해 도구의 종류는 상대적으로 간단하다.

도기의 경우에는 붓으로 그려 넣거나 돌칼처럼 뾰족한 도구를 이용하였을 것으로 생각된다. 붓으로 글자를 쓴 대문구(大汶口) 유적지의 도문은 약 4,300년 전의 것으로 추정되므로 붓은 아주 오래 전부터 사용되었던 필기 도구였다는 점을 알 수 있다.

은대의 갑골문은 거북껍질이나 뼛조각이 주 소재였는데, 거북껍질이나 뼛조각은 워낙 단단한 소재이고 또 은대의 유적지인 은허(殷墟)에서 옥이나 구리로 만든 칼이 발견된 것으로 보아 갑골문에 글자를 기록할 때는 칼이 주로 사용되었을 것으로 보인다.

또한 갑골문에는 먹을 사용하여 써넣은 글자도 있고, 갑골문에 손으로 붓을 잡은 모양을 본 뜬 '붓 율(聿 : 𦘫)'자도 있으므로, 은대에는 붓도 많이 사용되었을 것으로 생각된다.

주대에 많이 사용된 청동기물에서는 찰흙에 글자를 먼저 새겼으므로 대나무나 나무로 만든 주걱이 이용되었을 것으로 추정되고 있다.

죽간(竹簡)과 백서(帛書)에서도 붓이, 석각(石刻)에서는 칼이 사용되었으며, 한대 이후 종이가 널리 보급되면서부터 글자를 쓰는 도구 중에서 붓이 우세를 점하게 된다.

한자학을 공부하기 위해 필수적으로 알아야만 하는 중국 왕조의 변천 순서

신석기시대	BC 2183 ~ BC 1752	夏	
청동기시대	BC 1751 ~ BC 1100	殷(商)	
	BC 1100 ~ BC 771	周(西周)	周
철기시대	BC770 ~ BC221	東周(春秋/戰國)	
	BC 221 ~ BC 206	秦	
	BC 206 ~ AD 8	西漢	
	(AD 8 ~ 23)	(新)	漢
	25 ~ 220	東漢	
	220 ~ 280	三國(魏·蜀·吳)	
	265 ~ 420	晋(西晋)	魏晋南北朝
	402 ~ 581	南北朝	
	581 ~ 618	隋	
	618 ~ 907	唐	
	907 ~ 960	五代	
	960 ~ 1126	北宋	
	(1115 ~ 1234)	(金)	宋
	1127 ~ 1279	南宋	
	1279 ~ 1368	元	
	1368 ~ 1644	明	
	1644 ~ 1911	淸	
	1912 ~ 1949	中華民國	
	1949 ~ 현재	中華人民共和國	

[1] 글자를 쓰는 소재로 돌이 각광받게 된 이유에 대해 일본의 아쯔지데쯔지(阿辻哲次)는 다음과 같이 설명하였다.

> 고대 중국에서는 갑골이라든가 청동기라든가 글자를 쓰는 데에는 꽤 특수하다고 해도 좋을 소재가 처음으로 사용되었는데, 그것은 선택된 결과가 아니고 처음부터 선택의 여지가 없는 것으로서 설정되어 있었으며, 거기에 글자가 적힌 것이다. 거꾸로 말하면, 글자란 무릇 무엇에 써도 좋다는 그런 성격의 것이 아니고, 처음부터 소재가 결정되어 있었던 것이다. 그러나 시대와 더불어 사회의 종교성이 희박해지고, 인간과 글자와의 관계도 변화해 갔으며, 글자가 말을 거는 상대, 곧 글자를 '읽는 쪽'은 신에게서 인간으로 옮아왔다. 글자는 오로지 언어를 기록하기 위한 부호가 되었으며, 글자를 쓰는 소재도 특수한 것에 한정시킬 필요가 없게 되었다. 그 때 글자를 적는 사람의 눈에 비친 것은, 근처 어디에라도 있고 내구성도 뛰어난 돌의 존재였다. 이래서 돌은 이후 글자를 쓰는 소재로서 차츰 많이 사용되었으며, 마침내 후한(後漢) 시대에는 경서(經書)의 석경이 세워지고 개인의 공적을 기리는 석비가 흔히 만들어지게 되었다.
> 석고(石鼓)와 진시황(秦始皇)의 각석(刻石)은 글자가 신의 것으로부터 인간의 것으로 된 것을 보여주는, 말 그대로 기념비라고 해도 좋다.(『한자의 역사』, 학민사, 265-266쪽)

제**3**장
한자의 기원

1 **한자가 만들어지기 이전에 사용된 기억보조수단**
- 결승結繩과 서계書契에 관하여

전 세계 역사의 발달과정을 보면 인류가 언어를 처음 쓰기 시작한 것은 의미체계의 습득을 가능케 하는 두뇌와 음성체계를 가능케 하는 발성기관이 진화되는 시기, 호모이렉투스[HomoErectus, 立人, 直立猿人]에서 호모사피엔스[Homo Sapiens, 賢人, 人類]로 바뀔 즈음인 4~5만년 전 경으로 추정되고 있고, 문자를 처음 만들어 쓰기 시작한 것은 기원전 4,000~5,000년경이라고 하므로, 문자를 만들어 쓰기 훨씬 이전부터 언어는 이미 존재하고 있었음을 알 수 있다.

언어의 기능은 의사소통이다. 우리가 일상생활을 할 때 주위 사람들과 의사소통을 가능케 하는 것이 바로 언어의 주요 기능이며, 언어의 발생 동기 및 목적 역시 이러한 의사소통의 필요성에서 시작되었다고 볼 수 있다. 인류의 문화가 아주 원시적이었던 선사시대에는 단순한 의사소통만으로도 별 문제가 없었겠지만, 인간의 사회구조가 점차 복잡해지고 인류 문화가 발달되면서, 자기 바로 앞에서 자신의 말을 듣는 청자(聽者)와의 직접적인 의사소통뿐만 아니라 말하는 사람,

즉 화자(話者)의 음성이 미치지 못하는 거리나 시간에 처해 있는 어떤 보이지 않는 청자와도 의사소통을 해야 할 필요성이 생기게 되었다. 하지만 음성이란 것은 일단 입 밖으로 발화(發話)되면 더 이상 저장이 불가능한 채 바로 소멸된다는 시간적인 제약을 받고, 또 멀리 떨어져 있는 사람이나 후대 사람에게는 전달이 불가능하다는 공간적인 제약도 지닌다. 사회가 발달되면서 인간이 기억해야 하는 사건이나 개념들도 증가되었는데 인간의 기억 용량에는 한계가 있었으므로 사람들은 기억할 필요가 있는 내용을 기록하여 그 기억을 보존케 해주는 방법을 찾게 되었다.

이러한 필요성, 즉 시공간의 제한 없이 의사를 전달하고 기억을 저장하는 도구로서 탄생된 것이 바로 문자언어이다. 하지만 음성언어를 사용하다가 곧바로 문자언어를 만들어 쓴 것은 아니다. 처음에는 문자 이외의 다른 방법으로 의사를 전달하고 전달받다가, 그것만으로는 부족했기 때문에 문자가 만들어지게 된 것이다.

문자 발명 이전의 인류 문명 초기에 전 세계적으로 사용되었던 기억 보조 수단으로는 결승(結繩)이나 서계(書契)와 같은 것이 있는데, 이는 중국에서도 마찬가지로 사용되었다.

페루의 결승(結繩)

결승은 여러 색깔의 끈이나 새끼를 매듭지음으로써 그 색깔과 매듭의 수, 모양, 매듭 사이의 거리 등을 이용하여 일정한 의미를 표시하는 것으로, 인류 문명 초기에 거의 모든 종족들이 의사를 전달하는데 이용했던 방법이다. 가장 완성된 형태의 결승으로는 고대 잉카 제국의 페루인들이 사용하던 퀴푸(Quipu)가 유명한데, 퀴푸는 '매듭'이라는 의미이다. 고대 페루 외에 중국, 티베트, 일본, 시베리아, 아프리카, 캘리포니아, 폴리네시아 제도에서도 결승이 사용되었고, 솔로몬 군도에서는 지금까지도 사용되고 있다고 한다.

서계(書契)에서 서(書)는 '쓰다'라는 의미이고 계(契)는 '새기다'라는 의미로, 이는 막대기나 나무봉에 틈이나 홈을 파서 어떤 물건의 수량이나 개념, 약속, 사건을 표시하는 것이며, 다른 말로 부절(符節)이라고도 한다. 이 부절은 주로 두 사람 사이의 금전적인 거래가 있을 때 사용되었다고 하는데, 하나의 막대기에 눈금을 표시한 후 그것을 세로로 쪼개면 빌린 사람이나 빌려준 사람 모두에게 동일한 수량이 표시되므로 두 사람이 거래한 내용을 확인하는데 유용한 방법이었다. 이 역시 전 세계적으로 사용되었던 방법이다.[1]

중국에서 결승(結繩)과 서계(書契)는 『주역(周易)』, 『장자(莊子)』등에 관련 기록이 보이며, 동한(東漢)시대 허신(許愼)의 『설문해자·서(說文解字序)』에서 한자(漢字)의 기원과 역사에 대해 설명하면서 결승과 서계를 언급한 이후, 사람들은 결승과 서계를 한자의 기원으로 생각하기도 했다.[2]

하지만 결승과 서계를 문자, 혹은 문자의 기원으로 여겼던 중국인들의 생각은 단순한 의사 전달 수단과 문자는 다른 것이라는 점을 미처 깨닫지 못한데서 비롯된 착각이다. 무엇보다도 문자란 한 사회 속에서 통용되는 형체와 의미, 독음, 즉 형음의(形音義)라는 세 가지 요소를 반드시 가지고 있어야 한다. 그것을 '쓰는' 사람은 전달하려는 내용을 문자라는 추상적인 '부호'로 바꾸고, 그것을 '보는 사람'은 문자에 의해 전달된 메시지를 '보고 그것을 해독함'으로써 내용을 이해하며, 문자를 보고 해독할 때에는 그 시각적인 정보를 바로 해독하는 것이 아니라 자신이 본 것(즉, 문자)을 다시 구체적인 음성으로 전환시켜서 그 음성을 머리 속에서 해독하는 과정을 거치게 되므로, 이 세가지 요소 중 어느 하나라도 빠져 있다면 문자라고 할 수 없다.

해군에서는 낮에 양손에 작은 깃발을 들고 여러 모양으로 흔들어서 원하는 뜻을 전달하고, 밤에는 등불을 켰다 껐다 하면서 신호를 전달한다. 농아들은 두 손을 이용한 수화로 의사를 전달하고, 어떤 사람들은 모스부호를 이용하여 다른 공간의 사람에게 메시지를 전달한다. 또 각종 도로표지판의 그림은 운전자들에게 '멈춤', '보행자도로', '급커브' 등의 의미를 알려 준다. 이처럼 음성이나 문자 이외에도 많은 수단들이 의사를 전달하는데 동원될 수는 있다. 하지만 이들은 형음의(形音義)라는 문자의 3요소를 구비하고 있지 못하기 때문에 문자로 간주되지 않는다.

형태, 독음, 의미 중 한 요소가 결여되어 문자로 성립되지 않는 예가 바로 각종 도로표지판의 그림이나 수학 부호들이다. 일례로, 부등식 부호 '≠'에는 '≠'라는 형체와 '같지 않다/다르다/동일하지 않다/똑같지 않다…' 등의 의미는 존재하지만 특정한 음이 존재하지 않으므로 문자라고 부를 수 없는 것이다.

이러한 세 가지 기본 요소 외에 문자가 갖추어야 하는 기타 요소들이 있다. 문자는 언어의 결점을 보완하기 위해 생겨난 것이므로 감정과 사상의 교류가 가능해야 하고, '현재'와 '이 곳'의 제한을 받는 음성언어의 단점을 보완하기 위해 만들어진 것이므로 시공간을 초월하여 광범위한 사회성을 지녀야 하며, 실제 사물이 아닌 일종의 약정된 부호로 존재해야 하고, 형태상 후대 문자와 일정한 계통성을 지녀야 한다. 일반적으로 이러한 특징들을 갖추어야만 문자라고 인정되는데, 이와 같은 문자의 특징을 전제로 할 때 결승(結繩)이나 서계(書契)는 추상적인 부호 형태와 고유한 독음, 특정한 의미라는 문자의 특징을 지니고 있다고 보기 어렵고, 또 한 두 사람이나 특정 지역 내에서 기억을 저장하는 도구로 사용되었을 수는 있어도 후대나 다른 지역으로 동일한 의미를 전달해주지 못하므로, 시공간의 제한 없이 의사를 전달하고 기억을 저장하는 문자의 역할을 해냈다고도 볼 수 없다. 특히 결승은 실제 사물로 존재하는 것이므로 더더욱 문자와는 거리가 먼 것이다.

그러나 음성언어로 의사를 소통한 이후 문자가 만들어지기까지는 상당 기간이 존재하므로 이 동안 아무런 의사 전달 수단도 사용하지 않고 있다가 곧바로 문자를 만들어 사용했다고 보기는 어렵다. 쉽게 만날 수 있는 어떤 사물을 이용하여 의사를 전달하고자 노력했을 것이 분명하며, 결승과 서계는 한자가 만들어지기 이전, 전 세계 다른 나라에서와 마찬가지로 사람들의 기억을 보존하고 부분적이나마 의사를 전달해주는데 유용하게 사용된 방법이었음에는 틀림이 없다.

2 한자는 창힐倉頡이 만들었다?

한자의 창조나 기원 문제와 관련하여 어디에서나 꼭 등장하는 창힐이라는 인물이 있다. 그는 황제 때의 사관(史官)이라고도 하고 고대의 제왕이었다고도 하는데, 중국의 각종 기록에서는 눈이 네 개 혹은 여섯 개였다고 하며, 그 많은 눈으로 윗쪽으로는 해와 달, 별자리의 운행을 관찰하고, 아래쪽으로는 지상의 날짐승, 길짐승 등 각종 동물의 동

창힐(倉頡)

태를 파악한 후 그것에 근거하여 한자를 창조했다고 전해져 왔다.

창힐이 한자를 만들었다는 창힐조자설(倉頡造字說)은 전국시대의 문헌 기록에서부터 보이기 시작하여 많은 사람들이 사실로 받아들였

지만, 도문(陶文)이나 갑골문(甲骨文)처럼 한자의 초기 단계를 연구할 수 있는 고고학적 자료들이 속속 발굴되고 언어와 문자의 본질에 대한 이해가 깊어지면서, 이 창힐조자설(倉頡造字說)은 이제 하나의 전설로 남아 있을 뿐이다.

문자란 본래 한 사람이 어느 한 순간에 만들어낼 수 있는 것이 아니며, 그 사실은 갑골문으로도 증명된다. 뒤에서 다시 다루겠지만, 갑골문에서는 하나의 동일한 글자를 여러 가지 다양한 형체로 쓰고 있는데, 만약 문자를 어떤 한 사람이 만들었다면 한 글자를 그렇게 다양한 형태로 썼을 리가 없다.

그럼에도 불구하고 창힐이 한자를 만들었다는 얘기가 여러 중국 고서에 기록되어 후대로 전해져 온 이유는 무엇일까? 혹시 창힐이 한자를 만든 것은 아니더라도, 만들어진 한자를 정리하여 규범화하거나 보급하는데 일조했던 인물은 아니었을까? 창힐의 실존 여부를 확인할 방법이 없으므로 이 모든 것은 추측으로 남아 있을 뿐이다.

3 한자 중에서 가장 오래된 한자는 갑골문甲骨文인가?
– 도문陶文에 관하여

1899년에 갑골문이 발견된 이후 학계에서 갑골문은 한자 자형 중 가장 오래된 형태로 인정받긴 했으나, 갑골문은 글자수가 상당히 많고 복잡한 자형 구조를 지니고 있으며 일련의 어법 구조까지 지니고 있다는 점이 밝혀지면서, 이처럼 성숙한 문자 체계를 갖추기 위해서는 갑골문이 사용되기 이전 상당 기간 문자가 발전해 왔을 것으로 추정되어 왔다. 그리고 1930년대 이후 황하 유역을 중심으로 신석기 시대의 것으로 추정되는 도기 파편에서 문자로 볼 수 있는 기호들이 발견되면서 그 추정은 사실로 받아들여지게 된다. 이것들은 '도기에 새겨진 문자'라는 의미에서 도문(陶文)이라 불리는데, 가장 오래된 것으로는 신석기 중기 앙소문화(仰韶文化)에 속하는 섬서성(陝西省) 서안(西安) 반파(半坡) 지역의 도문과 임동현(臨潼縣) 강채(姜寨) 지역의 도문이 있고, 다음으로 신석기 후기 대문구문화(大汶口文化)에 속하는 산동성(山東省) 태안현(泰安縣) 대문구(大汶口) 지역의 도문, 거현(莒縣) 능양하(陵陽河) 지역의 도문, 제성현(諸城縣) 전채(前寨) 지역의 도문 등이 있으며, 역시 신석기 후기에 속하는 용산문화(龍山文化) 유적지인 산동성(山東省) 장구현(長丘顯) 성자애(城子崖)에서도 도문이 발견되었다. 또한 그 이후 시기인 상대(商代)의 것으로 밝혀진 도문도 다수 출토되었다.

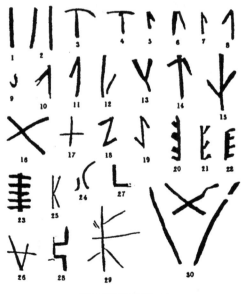

반파도문(半坡陶文)

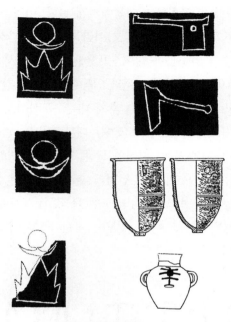

대문구도문(大汶口陶文)

상대는 이미 갑골문이 사용된 시기인데다가 상대의 도문 중에는 갑골문과 자형이 일치되는 경우가 많았기 때문에 상대 이후의 도문에 대해서는 문자로 보는 것이 정설이다. 하지만 그 이전 시기인 신석기 중기와 후기의 도문에 대해서는 학자에 따라 도문을 문자로 보지 않는 견해와 문자로 보는 견해, 또 도문을 문자로 보더라도 신석기 중기의 도문은 문자로 보지 않고 신석기 후기 대문구문화 유적지에서 출토된 도문은 문자로 보는 견해 등, 아직까지도 이견이 남아 있다.

만약 신석기 중기의 반파도문(半坡陶文)을 문자로 본다면 한자의 기원은 지금으로부터 약 6,800년 전인 B.C. 4800년까지로 거슬러 올라갈 수 있고, 신석기 후기의 대문구도문을 문자로 본다면 한자의 기원은 지금으로부터 5,000년 전인 B.C. 3000년경으로 거슬러 올라갈 수 있는 셈인데, 현재까지의 연구 결과를 통해 최소한 대문구도문은 문자라고 인정되는 추세이므로, 한자의 기원은 최소한 5,000년 전, 혹은 그 이상으로 볼 수 있을 듯싶다.

─ 주석 ─

[1] 인류 문명 초기에 사용된 결승(結繩)과 서계(書契) 및 기타 기억 보조 수단에 관해서는 앨버틴 가우어, 강동일 역(1995:35-54),『문자의 역사』, 도서출판 새날과 조선일보 2005년 8월 13일자(전병근 기자 bkjeon.chosun.com) "잉카제국 결승문자 뜻 풀었다" 칼럼을 참고할 것.

[2] 결승과 서계에 관한 중국 고대의 기록들은 다음과 같다.
『周易·繫辭下』: "上古結繩而治, 後世聖人易之以書契."(上古 시기에는 結繩으로써 통치했는데, 후세에 성인이 그것을 書契로 바꾸었다.)
『莊子·胠篋』: "昔者鏞成氏大庭氏伯皇氏中央氏栗陸氏驪畜氏軒轅氏赫胥氏尊盧氏祝融氏伏羲氏神農氏當時是也民結繩而用之."(옛날 鏞成氏·大庭氏·伯皇氏·中央氏·栗陸氏·驪畜氏·軒轅氏·赫胥氏·尊盧氏·祝融氏·伏羲氏·神農氏 시대에 백성들은 結繩을 사용하였다.)
『說文解字·序』: "古者庖羲氏之王天下也, 仰則觀象於天, 俯則觀法於地, 視鳥獸之文與地之宜, 近取諸身遠取諸物, 於是始作以八卦而垂憲象. 及神農氏結繩爲治而統其事." (옛날에 伏羲氏가 천하를 통치할 때, 위로는 하늘의 현상을 관찰하고, 아래로는 땅의 모양을 살폈다. 새와 짐승의 문채와 땅의 생김새를 보고, 가까이로는 신체에서 취하고, 멀리는 사물에서 형상을 취하여 처음으로 易의 八卦를 만들어서 그 이치를 후세에 전하였다. 神農氏에 이르러서는 結繩으로 나라를 다스려 그 일을 기록하였다.)

제**4**장
한자 자체字體의 변천 과정

1 중국의 고문자에는 어떠한 것들이 있나?
　　- 갑골문甲骨文에서 소전小篆까지

　일반적으로 중국의 고문자(古文字)는 소전까지를 말한다. 소전의 다음 단계인 예서부터는 필획(筆劃)의 개념이 생기고 형태가 간략해지면서 고문자에서 보이는 한자의 상형성이 급격히 감소되었기 때문이다.

　중국의 고문자 단계는 갑골문에서 시작된다. 갑골문 이전 시기의 문자로 추정되는 도문은 발견된 수량이 극히 적은데다가 낱글자로 추정되는 개별 부호만이 발견되어 학자들 사이에 이견이 있기 때문에 아직까지는 현존하는 중국 최고의 고문자는 갑골문으로 보는 것이 일반적이다.

　갑골문 이후 한자는 매 시대마다 그 시대를 대표하는 형태가 바뀌어 왔다. 한자의 형태를 자체(字體)라고 하는데, 상대에는 갑골문이 주요 자체였고, 주대에는 금문이, 춘추전국 시대의 각 제후국에서는 육국고문(六國古文)이 사용되었으며, 진대에는 공식적으로는 소전을 사용한 동시에 일상적으로는 예서를 사용했다.

그러나 각 시대마다 주로 사용되는 자체가 있다고 해서 기존의 자체가 완전히 폐기된 것은 아니었다. 예를 들어 한대에는 전서의 일종인 소전이 더 이상 통용되지 않았지만 한대에 나온 자전인 『설문해자(說文解字)』에서는 소전을 대표 자체로 사용했고, 위대(魏代)에 만들어진 삼체석경(三體石經)에서도 전서가 보이고 있다.

시대별로 대표 자체가 있었지만 그 이전 시대에 사용되었던 자체가 완전히 폐기되지는 않았다는 점에 유의하면서 시대별로 주로 사용되었던 한자 자체의 전반적인 특징을 살펴보기로 하자.

1) 갑골문甲骨文

1899년, 중국에서 용골(龍骨)이라 불리던 갑골문(甲骨文)이 왕의영(王懿榮)이라는 한 학자에 의해 실체가 드러나게 되었다. 갑골문이 발견되면서 중국의 고문자학이 본격적으로 연구되고, 중국 상고시대에 대한 역사를 재조망하게 되었으며, 지하 세계에 파묻혀 있던 소중한 중국 고대의 유물들을 본격적으로 발굴·연구하는 계기가 되었으므로 갑골문의 발견은 단순한 발견 그 이상을 넘어 중국 고문자학과 역사학, 고고학에 한 획을 긋는 기념비적인 사건이라고 할 수 있다.

이처럼 중요한 의미를 지니는 갑골 조각들, 즉 갑골편(甲骨片)은 본래 약재상에서 거래되던 품목이었다. 명청대(明淸代)부터 사람들은 이 갑골편을 용골(龍骨)이라 부르면서 각종 질병의 특효약이라 여겨 발견하는 대로 약재상에 팔았다고 한다.

그러다가 1899년의 어느 날, 약재로 구입해 온 소위 용골에 글자가 새겨져 있는 것을 발견한 왕의영이 본격적으로 갑골편을 사들여 연구를 시작하면서 용골은 효험을 지닌 약재에서 중국 고대사의 비밀을 담은 중요한 연구 자료로 탈바꿈하게 된다.

갑골문이 중국의 고문자라는 것을 처음으로 깨달았던 왕의영은 2년 여 간 많은 갑골편을 수집했지만 1901년 의화단 사건에 연루된 후 자살하고, 그가 수집했던 1,500여 편의 갑골이 유악(劉鶚)의 손에 넘어가면서 유악과 손이양(孫詒讓)에게서 갑골문 연구가 본격적으로 시작되었다.

현재까지 고문자학자들은 갑골문의 연구를 통해 고대부터 현대에 이르는 한자의 자형 및 의미 변화를 연구하고, 기존의 문자학 연구에 있어서의 오류를 수정하는 동시에 고고학적 자료를 이용하여 고대 사회를 재구성하는 등 문자학과 역사학, 고고학에 있어 많은 공헌을 남겼다.

현재까지 갑골편은 총 16만여 편이 발견되었는데, 절반인 8만여 편은 중국 내에, 나머지 8만여 편은 외국에 보관되어 있으며, 글자가 없는 갑골편이 약 6만여 편, 글자가 있는 갑골편은 10만여 편 가량이 출토되었다.

갑골문은 명칭이 정말 다양한데, 주재료가 거북의 껍질이나 짐승의 뼈였기 때문에 귀(龜), 귀갑(龜甲), 귀갑수골(龜甲獸骨), 귀판문(龜版文), 귀갑문자(龜甲文字), 골각문자(骨刻文字), 귀갑수골문자(龜甲獸骨文字)라고 불렸고, 거북 껍질이나 짐승 뼈에 주로 칼로 새긴 글자였기 때문에 계문(契文), 서계(書契), 도필문자(刀筆文字)라고도 했다. 또한 점친 기록을 적은 것이라는 의미에서 복사(卜辭), 정복문자(貞卜文字)라고도 했고, 출토된 위치가 은허(殷墟)였기 때문에 그 지명을 따서 은허문자(殷墟書契), 은계(殷契), 은허정복문자(殷墟貞卜文字), 은허복사(殷墟卜辭)라고도 불렸다.

그러다가 1921년 육무덕(陸懋德)이라는 사람이 최초로 갑골문이라는 명칭을 썼고, 그 이후 여러 갑골문 연구의 대가들이 이 용어를 사용함으로써 점차 보편화되어 현재에는 갑골문 혹은 갑골문자라는 용어가 가장 일반적으로 사용되고 있다.

은상대(殷商代)의
갑골편(甲骨片)

갑골문은 크게 상대(商代)의 갑골문과 주대(周代)의 갑골문으로 나뉜다. 상대의 왕인 반경(盤庚)이 홍수의 범람을 피해 B.C. 1384년 은(殷)으로 도읍을 옮긴 이후의 상대를 은대(殷代), 혹은 은상대(殷商代)라고 하는데, 은상대의 갑골문은 반경이 은(殷)으로 도읍을 옮긴 후부터 상대의 마지막 왕인 제신(帝辛)이 주(周)나라 무왕(武王)에게 망한 B.C. 1121년까지 273년 동안 은상대(殷商代)

왕실에서 점쳤던 내용을 기록한 것이 대부분이며 , 1,899년 하남성(河南省) 안양현(安陽縣) 소둔촌(小屯村)에서 처음 발굴된 이래 최근까지 끊임없이 새로운 갑골편이 출토되고 있다.

주대(周代)의 갑골문은 1950년대 이후에야 발굴되기 시작하였다. 출토지는 섬서성(陝西省) 기산현(岐山縣) 봉추촌(鳳雛村)과 산서성(山西省) 홍동(洪洞) 방퇴촌(坊堆村) 및 북경시(北京市) 창평(昌平) 백부촌(白浮村) 등지인데, 출토 지역이 다양하고 상대의 갑골문에 비해 자형이 아주 미세하다는 특징을 보이고 있다.

상대 갑골문은 자료도 많고 연구 기간도 제법 길기 때문에 많은 연구 성과가 나와 있으나, 주대의 갑골문은 발견된 지도 얼마 되지 않고 글자가 새겨진 갑골편 역시 소량인 300여 편뿐이기 때문에 아직도 연구가 진행 중에 있다.

갑골문의 주재료는 거북껍질과 짐승 뼈인데, 여기에서 말하는 껍질은 피부껍질이 아니라 거북의 등딱지와 배딱지이며, 그 중 등딱지는 너무 단단하여 글자를 새기기 어려웠기 때문에 재료로는 대부분 배딱지가 사용되었다. 짐승 뼈로는 소의 어깨뼈, 즉 우견갑골(牛肩胛骨)이

가장 많이 사용되었다.

갑골문은 점을 친 기록에 사용된 문자이므로 우선 점을 치는 과정부터 간단히 살펴보자. 점을 치기 전에 먼저 거북껍질이나 짐승 뼈를 깨끗하게 다듬은 후, 그 안쪽에 타원형의 홈과 원형의 홈을 겹치게 판다. 타원형의 홈을 착(鑿)이라 하고 원형의 홈을 찬(鑽)이라 하는데 홈을 팔 때는 정 가운데 부분에 얇은 층을 남겨 두었다.

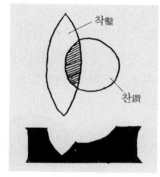

착찬(鑿鑽)

이렇게 만들어 놓고 점칠 내용을 말하면서 착찬(鑿鑽)의 가운데 부분에 약쑥을 넣고 불을 지피면 가운데 부분의 얇은 층이 열을 받아 터지면서 그 반대편 표면에 금이 나타나게 되는 것이다.

타원형의 홈과 원형의 홈을 겹쳐서 팠기 때문에 바깥쪽 면에는 일반적으로 타원형의 홈을 따라 생기는 세로선과 원형의 홈을 따라 생기는 가로선이 함께 나타나게 되는데 이 선의 형태를 본떠 만든 글자가 바로 '점치다, 길흉을 알아내다'라는 의미의 '복(卜)'자이다.

갑골문은 일반 사회에서 대중적으로 사용된 문자가 아니라 상대 왕실에서 조상신이나 자연신의 생각을 묻기 위해 점을 치면서 점친 내용 및 점친 날짜와 점친 사람, 점괘에 대한 판단, 그 점괘가 실제로 맞아 떨어졌는지에 대한 결과 여부 등을 기록해 둔 것이다. 그렇기 때문에 내용이 아주 제한적이라고 생각하기 쉽다.

하지만 상대 왕실에서는 일상생활에서 일어날 수 있는 모든 사건들, 예를 들면 왕이 조상신이나 자연신에게 제사를 드릴 때 제수품은 어떤 것을 얼마나 사용하면 좋을지, 어떠한 제사를 드리려고 하는데 괜찮을지, 올 한해 농사는 풍년이 들지, 주변 국가와의 전쟁이나 교섭에 있어 길할지 흉할지, 왕이 사냥이나 행차를 나가려고 하는데 괜찮을지, 왕이 병에 걸렸는데 괜찮을지, 왕비가 임신을 했는데 아들을 낳을지, 심지어는 오늘 날씨가 어떨지의 여부와 앞으로 열흘 간 전반적인 운세가 길할지 흉할지 등 여러 가지 사건에 관해 점을 쳤기 때문에 내용이 상당히 다양한 편이다.

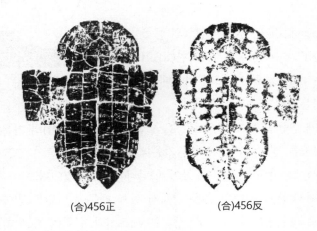

(合)456正　　　　　　　　(合)456反

상대 사람들이 점친 내용 중에는 다음과 같은 내용이 있다.

癸卯卜 : 今日雨? 其自東來雨? 其自南來雨? 其自西來雨? 其自北來雨?

계묘일(癸卯日)에 점칩니다. "오늘 비가 올까요? 동쪽에서 오는 비일까요? 남쪽에서 오는 비일까요? 서쪽에서 오는 비일까요? 북쪽에서 오는 비일까요?"

또 이런 내용도 있다.

甲午卜, 賓貞 : 西土受年?
貞 : 西土不其受年?

갑오일(甲午日)에 점치면서 빈(賓)이 묻습니다. "서쪽 지방에 풍년이 들까요?"

묻습니다. "서쪽 지방에 풍년이 들지 않을까요?"

상대 왕실을 대표하여 점을 쳤던 사람은 이런 내용을 질문하면서 바깥쪽의 금이 어떤 형태로 나타나면 길하고 어떤 형태로 나타나면 불길하다고 판단했을까? 참으로 궁금한 문제이지만, 안타깝게도 이에 관해서는 대답할 수 있는 사람이 아무도 없다.

글자가 있는 10만여 편의 갑골편에서 중복되는 글자를 제외하면 갑골문 낱글자의 수량은 총 4,600여 자라고 하는데, 이 중 고석(考釋)된 글자는 1,700여 자이고, 나머지 2,900여 자에 대해서는 아직까지도 어떠한 의미와 독음을 가지고 있는지 밝혀내지 못하고 있다.

1990년대 이후 중국에서 편찬된 자전에 수록된 글자 수가 5만여 자에서 8만여 자에 이른다는 점을 생각해 볼 때 하나의 문자 체계를 이루는 글자 수가 4,600여 자뿐이라면 너무 적다고 생각될 수 있다. 하지만 현재까지 발굴된 갑골편의 글자 수가 4,600여 자일뿐, 은상대에 실제로 사용된 갑골문의 총수는 그보다 훨씬 많았을 것이다.

명대부터 용골이라는 약재로 거래되었던 갑골편은 표면에 뭔가가 새겨져 있으면 약효가 떨어진다고 생각하여 가격이 낮아졌기 때문에 사람들은 갑골편을 약재상에 넘길 때 표면의 글자들을 긁어낸 후 파는 경우가 많았다고 한다.

또한 20세기 이후 갑골편이 중요한 고문자 재료라는 것이 밝혀지고 학자들이 연구 목적으로 고가에 갑골편을 사들이면서 많은 사람들이 은허 지역에서 마구잡이로 갑골편을 파내어 팔았는데 그 과정에서 안 그래도 부서지기 쉬운 갑골편이 훼손되고 부서지는 경우가 많았다.

이런 과정을 거치면서 많은 갑골문이 세상의 빛을 보지 못한 채 사장되었을 수도 있고, 또 어쩌면 아직 지하 세계에서 발굴의 손길을 기다리고 있을지도 모르는 일이므로 4,600여 자라는 수량은 아주 유동적인 숫자에 불과하다.

갑골문의 가장 큰 특징은 그림의 성격, 즉 회화성(繪畵性)이 농후하다는 것이다. 다음 장의 사진은 제남(濟南) 산동성 박물관(山東省博物館)에 소장된 월(鉞)이라는 고대 청동 도끼날인데 사람 얼굴 모양으로 되어 있다. 이 사진과 함께 갑골문의 '목(目)', '이(耳)', '치(齒)', '미(眉)'자를 비교해 보자.

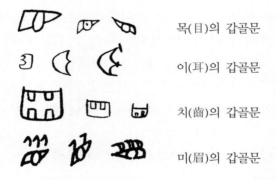

목(目)의 갑골문

이(耳)의 갑골문

치(齒)의 갑골문

미(眉)의 갑골문

갑골문과 아래 사진을 비교해보면 갑골문의 자형이 얼마나 비슷한지 쉽게 알 수 있을 것이다.

또 다른 사진을 보자.

갑골문에서 '배'를 의미하는 '주(舟)'자는  등으로 썼는데, 배 모양을 위에서 찍은 사진과 비교해 보면 그 형태가 얼마나 비슷한지 실감할 수 있을 것이다.

갑골문에는 사물의 형상 그대로를 본떠 만든 글자가 많기 때문에 갑골문을 전혀 모르는 사람들도 상상력을 동원하여 어떤 글자인지 추측할 수 있는 경우가 있다. 우리도 그 상상의 세계에 한번 동참해보는 의미에서 다음 질문에 답해보도록 하자.

[질문1]　과　중 코끼리를 의미하는 '상(象)'자는?

[질문2]　과　중 물고기를 의미하는 '어(魚)'자는?

[질문3]　과　중 달을 의미하는 '월(月)'자는?

위의 질문 1, 2, 3에서 각각 첫 번째 글자가 정답이라는 것은 금방 알 수 있을 것이다. 그럼 두 번째 글자는 어떤 글자일까? 각각 호리병 '호(壺)'와 거북 '구(龜)', 산 '산(山)'자이다. 갑골문에는 이처럼 실제 사물의 형상과 유사한 글자가 많다.

갑골문의 회화성은 상형문자라는 한자의 본질적 특성에서 기인하는 것이다. 스페인의 알타미라(Altamira) 동굴벽화나 프랑스의 라스코(Lascaux) 동굴벽화 같은 암벽화가 우리나라를 포함하여 유럽, 아프리카, 아메리카, 아시아, 오스트레일리아 등지에서 보이는데 이러한 암

벽화, 즉 그림이 바로 상형문자의 전신이다.

실제 사물을 있는 그대로 구체적으로 묘사하던 것에서 일부 특징만을 추상적으로 부호화시켜 나타내게 되고, 거기에 음(소리)이 부여되고, 형체 별로 특정한 의미를 갖게 되고, 그것들을 나열하여 일련의 문장을 표현할 수 있게 되고, 이 모든 것이 공동체 사회 속에서 서로 간에 약속으로 쓰이게 되면서 나온 것이 바로 상형문자인 것이다.

이러한 회화성, 상형성 때문에 갑골문에는 상당히 많은 이체자(異體字)가 존재하게 되었다. 이체자란 말 그대로 형태만 다를 뿐, 음과 의미는 동일한 한 글자이다. 문자의 상형성과 이체자는 밀접한 관련을 지니는데, 사물의 형체를 본떠 글자를 만들다 보면 사물 중 어떤 부분에 중점을 두는가, 혹은 사물을 어느 위치에서 어떻게 바라보았는가에 따라 다양한 형체가 나올 수 있기 때문이다.

앞에서 예를 들었던 '어(魚)'자와 '구(龜)'자의 다른 자형들을 보자.

갑골문이 성숙한 문자 체계를 갖추고는 있다고 하나, 형태가 규범화되고 정형화되기에는 아직 이른 시기였기 때문에 갑골문 중에는 일정한 형식이 없이 방향이나 좌우, 위아래를 바꿔 쓰는 경우도 많다.

 사람의 눈 부분을 강조하여 "본다"는 의미를 나타낸 '견(見)'자인데, 눈이 왼쪽 방향을 향한 자형도 있고 오른쪽 방향을 향한 자형도 있다

손으로 북채를 쥐고 악기를 두드리는 모양을 본 떠 만든 '고(鼓)'자인데, 북 모양의 자형과 손과 북채 모양의 자형의 좌우 위치가 뒤바뀌어 사용되었다.

밭 모양과 쟁기 모양을 합쳐 밭을 갈며 일하는 사람, 즉 "남자"를 나타낸 '남(男)'자인데 밭과 쟁기 형태가 위아래로 뒤바뀌어 사용되었다.

또한 갑골문은 대부분 칼로 새긴 문자이기 때문에 전반적으로 직선적이고, 날카로운 느낌을 준다. 다음 갑골편을 보면 글자가 날카롭고 직선적인 형태를 하고 있음을 알 수 있을 것이다.

갑골문은 상대 왕조의 역사를 기록하고자 하는 의도에서 쓰인 것은 아니었다. 하지만 앞에서도 설명했듯이 상대 왕실에서는 모든 일을 점복(占卜)에 의거하여 결정하였고 그에 관한 기록이 바로 갑골문이기 때문에 갑골문은 상대 왕실, 나아가 상대 사회의 기본적인 상황을 개략적으로나마 추측할 수 있는 중요한 참고 자료가 된다.

갑골문의 발견과 연구를 통해 그 동안 전설상의 왕조로 여겨지던 은상대(殷商代)가 실존했던 왕조임이 밝혀졌다는 점만으로도 갑골문의 의의는 상당하다고 할 수 있다.

2) 금문金文

금문(金文)이란 상대부터 춘추전국시기까지 약 1,200여 년 간의 각종 청동기물에 새겨진 문자를 가리킨다.

상대(商代) 전기,
수면문방호(獸面紋方壺)

금문 역시 다양한 명칭을 지니고 있다. 고대에는 동(銅)을 길금(吉金)이라 불렀으므로 길금문(吉金文)이라고도 하고, 청동기에 새겨 넣은 글자라는 의미에서 명문(銘文)이라고도 하며, 명문이 새겨진 동기(銅器) 중에 가장 많고 중요한 것이 종(鐘)과 정(鼎)이기 때문에 종정문(鐘鼎文)이라고도 하고, 음식기로 사용된 이기(彝器)라는 청동기에도 많이 새겼기 때문에 종정이기문자(鐘鼎彝器文字)라고도 부른다. 또한 금문을 새길 때의 음각을 관(款)이라 하고 양각은 지(識)라 하기 때문에 이들을 합하여 관지(款識)라고도 부른다.

금문은 갑골문처럼 칼로 문자를 새긴 것이 아니라 주조한 것이기 때문에 갑골문에 비해 필획이 두텁고 덩어리 형태가 자주 보이며, 문자가 보다 규격화되어 갑골문에 비해 좌우나 상하를 바꿔 쓰는 이체자가 상대적으로 적다는 특징이 있다.

衛 : 숄, ᵞᵞᵐ (갑골문) ᚒ̄ᵞ, 숄 (금문) 韋 (소전)

금문의 주재료인 청동기는 사실 은상대부터 사용되었던 것이지만, 은상대의 청동기에는 글자가 있는 경우가 극히 드물다. 은상대의 문자는 왕실의 점유물이었고 또 상대 왕실에서는 문자를 신과 의사소통할 때 사용되는 신성한 것이라고 여겨 점칠 때에만 사용했는데 점을 치는 재료로 청동기는 사용하지 않았기 때문이다.

현재까지 발견된 청동기물 중에서 금문이 있는 청동기는 하남성(河南省) 정주시(鄭州市) 등지에서 출토된 상대 중기의 청동기이다. 하지만 명문(銘文)은 단 몇 점의 청동기에서만 보이고, 글자 수 역시 두세 자 뿐이어서 별 의의가 없다.

청동기는 상대 후기부터 많이 사용되었다. 상대 초는 신석기 시대에서 청동기 시대로 전환되는 시기였고, 도읍을 은(殷)으로 옮긴 상대 후기부터가 본격적인 청동기 시대였기 때문에 이 시기에 청동기가 고도로 발달하게 된 것이다.

현재 출토된 1만 여 건의 청동기 중 약 ¼정도가 상대 후기의 청동기인데, 주로 제사용으로 사용되었다. 명문의 글자 수는 대부분 한두 글자에서 많아야 40여 자 정도이며, 청동기 제작자 이름을 족명(族名)으로 새기고 제사 받는 조상의 칭호를 간지(干支)로 표기한 것이 대부분이다.

서주대(西周代, B.C. 1100~B.C. 771)에는 상대를 이어 청동기가 계속 발달되었다. 주(周) 왕조는 원래 섬서성(陝西省) 위수(渭水) 유역에 자리 잡고 있던 은(殷)의 부족국가 중 하나에 불과했으나, 점차 은 왕조의 발달된 문화를 받아들이면서 급성장하여 B.C. 1100년에는 은 왕조를 멸망시킬 정도로 발달했다.

주대(周代)에는 정치형태와 사회제도가 변화되어 신권정치가 사라지고 사회 각 방면의 종교적 색채가 대폭 사라지면서 점을 치지 않게 되었기 때문에 갑골문의 수는 급격히 줄어든 반면 청동기의 제작이 성행하여 금문이 시대를 대표하게 되었다.

상대(商代) 후기,
二祀弋刀 其卣

은상대의 청동기가 주로 제사용으로 사용된 반면, 주대에 들어오면 왕으로부터 신하가 관직이나 토지, 기타 물품을 하사받았을 때나 어떤 공적을 세웠을 때 기념할 내용이나 사건을 기록하는 기념용으로 제작되는 경우가 많았기 때문에 청동기에 보이는 명문의 수도 상당히 많은 편이다.

서주(西周)시대의 청동기는 약 2천 여 개가 출토되었는데, 서주 초기의 청동기는 상대 후기의 전통을 직접적으로 이어받았으면서도 무늬가 좀 더 화려해지고 형태는 더욱 정교해졌다.

이 시기에는 내용이 점점 많아지기 시작하여 글자 수가 보통 100자 내외가 많고, 글자의 필획 또한 대부분이 '삐침'의 맛을 현저하게 보이고 있어서 강한 기세를 느낄 수 있으며, 내용은 주로 전쟁이나 분봉(分封)에 관한 기록이 많다. 이 시기의 대표적인 청동기로는 영이(令彝), 대우정(大盂鼎) 등이 있다.

서주(西周) 초기, 대우정(大盂鼎)과 그 명문(銘文)

서주(西周) 중기인 공왕(共王), 의왕(懿王) 이후부터는 자형에 커다란 변화가 생기게 된다. 두터운 선은 가늘어지고, 덩어리 형태는 쓰기 편한 선 형태로 바뀌었으며, 사물의 외형을 따라 구불구불하게 그리던 선이 직선으로 바뀌었다. 또한 몇 개의 선을 하나의 획으로 잇는 경향이 보이게 된다. 청동기의 무늬는 점차 간단하고 소박해지기 시작한 반면, 내용은 훨씬 길어져서 모공정(毛公鼎)의 금문은 총 497자에 달한다.

서주(西周) 중기, 모공정(毛公鼎)과 그 명문(銘文)

　서주(西周) 중기의 금문은 책명(冊名)의 성질을 띤 것들이 많은데, 주나라 왕이 신하들에게 내린 직책이나 하사품에 관련된 서술이 많기 때문에 관료제도와 계급제도의 연구에 있어서 상당히 의미 있는 자료들이라 할 수 있다.

이러한 종류의 금문은 대부분 고정된 격식을 갖추고 있으며, 문자 또한 매우 규칙적이고 가지런하다. 그뿐만 아니라 토지의 전매와 양도를 기술한 산씨반(散氏盤)이나 전쟁에 관한 일을 기록한 우정(禹鼎)과 다우정(多友鼎) 등 이 시기 금문의 내용이 가장 풍부하기 때문에 금문을 '서주금문(西周金文)'이라고 부르기도 한다.

서주(西周) 중기, 산씨반(散氏盤)과 그 명문(銘文)

서주(西周) 말에 이르면 글자체에 새로운 변화가 보이기 시작한다. 이 시기의 금문은 굵은 선이 전혀 없고, 행간과 자간이 일정해지며, 옆으로 기울어져 있으면서 고른 대칭을 이루고 있고, 자형이 정형화되었다.

그 중 가장 특징적인 청동기가 바로 괵계자백반(虢季子白盤)인데, 문자가 네모반듯하게 가지런하여 이후 진(秦)나라 사람들이 사용한 대전(大篆)과 유사한 형태를 띠고 있다.

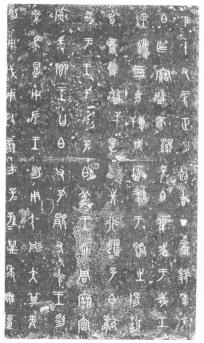

서주(西周)말기, 괵계자백반(虢季子白盤)과 그 명문(銘文)

춘추(春秋)시대 진(晉)의
난서부(欒書缶)

춘추시대(春秋時代, B.C.770~B.C.476)에는 주나라 왕실의 세력이 약해지고 제(齊), 진(晉), 초(楚), 진(秦) 등 제후국의 세력이 점차 강하게 되었기 때문에 청동기물 역시 각 제후국마다 취향에 따라 제각각 현란하게 장식되어 화려해졌으며, 금은(金銀)을 상감하는 기교들도 유행하기 시작하였다.

문자의 형태에도 장식화, 미술화의 경향이 강하게 나타나면서 소위 과두문(蝌蚪文)과 조충서(鳥蟲書)가 등장한다. 북방지역 진(晉)에서 유행한 서체인 과두문(蝌蚪文)은 머리 부분은 뾰족하면서 배가 살찐 올챙이 모양의 글자이고, 남방의 오(吳), 월(越), 초(楚) 지역에서 사용된 조충서(鳥蟲書)는 글자에 새나 벌레 모양의 장식을 더한 것이다. 이러한 서체들은 수식과 장식이 지나치게 많아서 한자 본래의 상형성이 감소되었다는 특징을 지닌다.

춘추(春秋)시대 월(越)의
월왕구천검(越王句踐劍)

전국시대(戰國時代) 청동기
안락수렵공전문호(安樂狩獵攻戰紋壺)

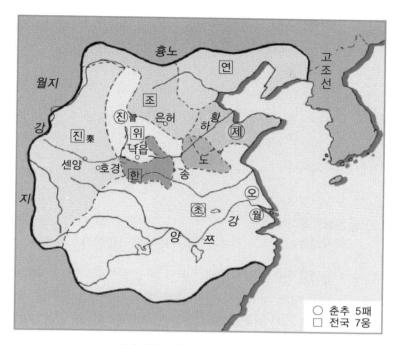

춘추전국시대(春秋戰國時代) 지도

  전국시대(戰國時代, B.C. 475~B.C. 221)는 극도의 혼란기였기 때문
에 공적을 세웠다고 청동기를 만들어 그 안에 내용을 기록할 정도로
여유롭지 못한 상황이었다. 또한 청동기시대에서 철기시대로 들어섰
기 때문에 청동기는 더 이상 기록의 도구로 이용되지 못하였다. 따라
서 이 시기의 글자는 돌, 옥, 비단 등 청동기 이외의 여러 재료들에
주로 사용되었다.

  물론 전국시대에도 청동기가 만들어지기는 했으나, 기물의 형태는
간단하고 소박하게 변하였고 무늬가 없는 무바탕의 기물이 유행하게
되었다. 금문 역시 기물의 제작자와 감독관의 이름을 간단히 새긴 것
이 대부분이고, 글자체도 거친 것이 많다.

이 시기의 대표적인 글자체로는 진(秦)나라 계통의 문자인 진계문
자(秦系文字)와 육국(六國) 계열의 문자인 육국문자(六國文字)가 있
는데 이를 합쳐 전국문자(戰國文字)로 통칭하기도 한다.

진계문자는 전국(戰國)을 통일한 진(秦) 왕조가 춘추(春秋) 시기의
제후국 시절부터 사용해 온 글자이고 육국문자는 진(秦)을 제외한 나
머지 육국(六國)인 한(韓), 위(魏), 조(趙), 제(齊), 초(楚), 연(燕)에서
사용한 글자체이다.

3) 주문籒文과 고문古文
전국시대戰國時代의 진계문자秦系文字와 육국문자六國文字

앞에서 언급했듯이 전국시대에는 각 나라별로 한자 자형이 복잡하
게 변화되었다. 여러 지역에서 일곱 개의 제후국이 각각 세력을 형성
하며 난립하였고 한자 자형 역시 나라별로 조금씩 다르게 발전하였다.

당시 서쪽에는 후에 전국을 통일한 진(秦)나라가 자리 잡고 있었고
동쪽에는 나머지 육국(六國)이 있었다. 그 육국의 북쪽에는 춘추시대
의 진(晉)이 셋으로 갈라지면서 세워진 한(韓), 위(魏), 조(趙)(이 세
나라를 삼진(三晉)이라고도 한다) 및 연(燕)나라가 있었고, 동쪽에는
제(齊)나라, 남쪽에는 초(楚)나라가 있었다.

서쪽의 진나라에서 사용한 한자인 진계문자는 주문(籒文) 혹은 대
전(大篆)이라고 부른다. 진(秦)은 원래 주(周)가 도읍을 동쪽의 낙양
(洛陽)으로 옮겨 동주(東周)시대로 들어선 이후에 주(周)의 옛 땅에
세워진 나라이다.

지역 특성상 서주(西周)의 문화의 영향을 많이 받았기 때문에 글자
의 자형 역시 서주금문보다 조금 더 네모반듯한 정방형이라는 차이점
이 있을 뿐 전체적으로는 서주금문 자형과 유사한 면이 많다.

방(旁)　　　인(禋)　　　기(箕)

기(箕)　　　내(乃)　　　고(鼓)

『설문해자(說文解字)』에 수록된 주문(籒文) 자형들

　주문(籒文)이라는 명칭에 대해서는 서주(西周) 선왕(宣王) 때 태사 (太史)라는 관직에 있던 주(籒)라는 사람이 처음 이 자형을 만들었기 때문에 '주(籒)가 만든 글자'라는 의미에서 주문이라고 불리게 되었다 는 얘기가 전설처럼 전해져 온다.

　하지만 앞에서도 언급하였듯이 글자란 어떤 한 사람이 만들 수 있 는 것이 아니다. 물론 국가적인 한자 통일 차원에서 한 사람 혹은 몇 몇 사람이 자형을 정리하고 체계화할 수는 있다. 하지만 주문이 국가 적인 한자 자형 통일 차원에서 만들어진 것이었다면 그가 살았다는 서주 시대에 서주의 공인된 표준 자체로 사용되었어야 할 것이다. 하 지만 서주 시기에는 주문과 약간 다른 형태, 정확히 말하자면 주문의 전신이라 할 수 있는 금문이 사용되었으므로 그러한 생각은 그저 하 나의 가정에 불과하다.

　주문은 대전(大篆)이라고도 하는데 이 명칭은 진시왕의 문자 통일 사업과 관련이 있다. 진시황은 전국을 통일하면서 문자의 통일도 단 행하여 전국시대 진에서 사용하던 주문을 기초로 소전(小篆)이라는 자형을 만들었다. 소전은 주문을 기초로 만든 것이었기 때문에 '소전과 유사하면서 소전보다 먼저 사용된 글자체'라는 의미에서 주문을 대전이라고도 부르게 된 것이다.

우리가 현재 볼 수 있는 주문으로는 동한(東漢)의 허신(許愼)이 지은『설문해자(說文解字)』에 수록된 220여자가 있다. 그 밖에 전국시대 진나라의 석각문자(石刻文字)인 석고문(石鼓文)[1]과 저초문(詛楚文)[2]이 주문이라는 주장도 있는데, 이에 관해서는 아직까지 학자들마다 약간의 의견 차이가 있으므로 그냥 하나의 설로만 기억해 두기로 하자.

저초문(詛楚文)

석고문(石鼓文)

육국문자는 고문(古文)혹은 육국고문(六國古文)이라고 하며 전국시대에 진을 제외한 동쪽의 육국에서 사용한 한자를 지칭한다.

앞서 말했듯이 한대에 들어오면서 진대의 분서(焚書)를 피해 사람들이 감춰두었던 책들이 일부 발견되었다. 그런데 그 책에 쓰인 글자체는 한대 사람들이 알고 있던 대전이나 소전과도 다르고 당시에 공식적으로 사용되던 예서와도 달랐기 때문에 이를 아주 오래된 '상고(上古) 시대의 글자체'라고 오인하여 고문이라고 부르게 된 것이다.

진시황은 천하를 통일한 후 문자통일 정책을 펴서 천하 통일 이전 육국에서 제각각 사용되던 고문을 모두 폐기시켰다. 진시황의 분서 정책으로 인해 수많은 소중한 고서들이 사라지고, 진시황의 문자통일 정책으로 인해 고문 역시 역사에서 사라졌는데, 다행히 한대에 들어와 고문으로 기록된 책들이 발견되어 허신이 『설문해자』에 500여자의 고문을 수록하였고, 위(魏)나라 때 만들어진 삼체석경(三體石經)[3]에서도 고문을 사용했기 때문에 현재까지 고문이 일부나마 전해지게 되었다.

제(帝) 방(旁) 방(旁)

기(箕) 내(乃) 무(巫) 공(工)

『설문해자(說文解字)』에 수록된 고문(古文) 자형들

육국문자도 다시 계열이 나뉜다. 여섯 나라 중 춘추시기의 진(晉)나라에서 갈라져 나온 한(韓), 위(魏), 조(趙)나라에서 사용한 한자 자형은 서주에서 춘추시기까지의 금문과 대체적으로 동일하였던 반면, 제(齊), 초(楚), 연(燕)나라의 자형은 금문과 차이가 심하다.

당시의 지도를 보면 육국은 서쪽의 한(韓), 위(魏), 조(趙)나라와 동쪽의 제(齊), 초(楚), 연(燕)나라로 나눌 수 있으므로, 원래 서주가 위치했던 서쪽 지역에서 멀어질수록 한자 자체가 더욱 독자적으로 변화했던 것으로 생각된다.

전국문자 자료로는 육국에서 만든 청동기의 금문, 화폐나 도장에 새긴 문자, 비단에 글을 쓴 초(楚)나라의 백서(帛書)인 초백서(楚帛書)와 초(楚)나라 때의 죽간(竹簡)인 초간(楚簡) 등이 있다.

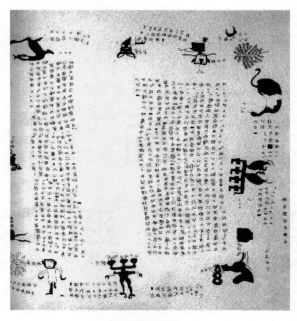

초백서(楚帛書)

육국고문은 글자체가 워낙 다양하고, 형태나 의미가 달라도 음만 같으면 바꿔 쓰는 통가자(通假字)도 많이 사용하고 있기 때문에 해독하기가 쉽지 않아 현재까지도 연구 성과가 그리 많지 않은 편이다.

그렇다면 육국고문은 금문이나 주문, 소전과는 완전히 다른 자체일까? 물론 자형 차이가 상당히 심하기는 하지만 주문이나 소전과 일치하는 자형도 보이기 때문에 '고문은 주문이나 소전과 완전히 다른 자체'라고 말하기는 어려울 것이다.

주문은 금문에서 변화된 자체이고 소전은 그 주문을 근거로 만들어졌으며 고문 역시 금문에 뿌리를 두고 있기 때문에, 갑골문과 금문에 자형 구조가 동일한 글자가 있는 것처럼 주문과 고문, 소전이 완전히 동일한 글자도 있고, 소전과 주문이 동일하거나 소전과 고문이 동일한 글자도 있다.

4) 소전小篆

진시황은 천하를 통일한 후 국가 정비를 위해 화폐나 도량형을 통일함과 동시에 문자의 통일도 단행하였다.

전국시대에는 각 제후들이 자신들의 나라를 통치하였기 때문에 나라별로 다른 한자 자형을 쓴다고 해서 큰 문제가 생기지 않았다. 하지만 전국이 통일된 후에는 지역마다 쓰는 한자체가 달라 행정상에 어려움이 생겼다.

문자 통일의 필요성을 느낀 진시황은 '동일한 글자 쓰기', 즉 서동문(書同文) 정책을 실시하여 당시 승상이던 이사(李斯)로 하여금 기존의 진나라에서 쓰던 대전의 자형을 간략하게 만들어 통일왕조에서 사용할 만한 한자를 정리하게 했다.

이것이 바로 통일왕조 진나라에서 공식 서체로 사용된 소전인데 대전과 차이가 크지 않기 때문에 대전과 소전을 합쳐 전문(篆文)이라고 통칭하기도 하고 소전만을 가리켜 전문이라고 부르기도 한다.

　허신이 『설문해자(說文解字)』에 수록한 소전이 지금까지 남아 있는 대표적인 소전이다. 한대에는 이미 예서를 공식서체로 사용하고 있었으나, 고문경학파였던 허신은 총 9,353자의 소전을 표제자로 삼아 『설문해자』라는 자전을 만들었다. 그런데 『설문해자』가 학자들에게 귀중한 저서로 인정받아 2,000여 년이라는 긴 시간 동안 온전한 모습으로 전해진 덕에 소전 역시 현재까지 많은 수가 전해지고 있다.

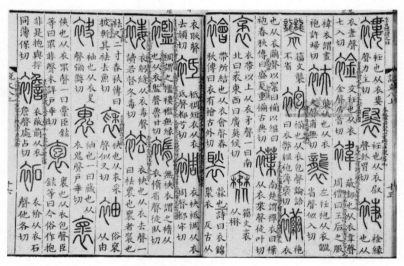

설문해자(說文解字)

　『설문해자』 외의 소전 자료로는 진시황이 전국 통일 후 총 7곳에 세웠다는 각석이 있다. 태산(泰山)을 비롯하여 낭야대(琅邪臺), 역산(嶧山) 등에 자신의 공적을 칭송한 문장을 새긴 돌비석을 세웠는데, 모두 이사(李斯)의 필체로 쓴 소전이라고 한다. 이들을 각각 태산각석(泰山刻石), 낭야대각석(琅邪臺刻石), 역산각석(嶧山刻石) 등으로 불렀는데, 지금은 태산각석(泰山刻石)과 낭야대각석(琅邪臺刻石) 외에는 남아 있지 않다.

태산각석(泰山刻石)의 모조품 탁본

소전은 전체적으로 약간 타원형이고, 획의 굵기가 처음부터 끝까지 동일하며, 곡선의 형태가 많고, 좌우 혹은 상하가 대칭을 이루고 있다. 주문 자형을 기초로 하여 동일한 형태가 중복되는 편방은 생략시켰고, 전체적으로 형태를 간단하게 만들었으며, 여러 가지 형태로 존재했던 편방을 하나의 형태로 통일하였고, 한 글자 안에서 편방의 위치를 고

정시켰다. 주문과 소전을 비교해 보면 다음과 같다. (앞 글자는 주문, 뒤 글자는 소전이다)

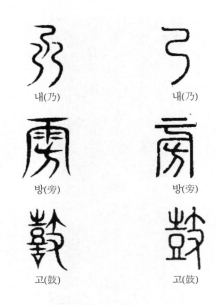

2 중국의 근대문자에는 어떠한 것들이 있나?
– 예서隸書에서 행서行書까지

1) 예서隸書

진시황은 전국을 통일한 후 문자 통일을 단행하면서 공식적인 한자 자체로 소전을 공포하였다. 하지만 민간이나 하급 관청에서는 소전 대신 예서라는 글자체를 사용하는 이원화 현상이 나타났다. 국가 정책으로 문자를 통일했는데 민간이나 하급 관청에서는 왜 공식적인 문자 대신 예서라는 자체를 사용한 것일까?

예서와 관련하여 전해지는 일화가 있다. 진시황의 전국 통일 직후는 건국 초기인 데다가 진시황이 워낙 엄격한 법률로 사회 전반을 통치하고자 했기 때문에 단순한 법률 위반자에서부터 진시황의 정치에 불만을 품은 사람에 이르기까지 범죄자가 급증하게 되었다.

감옥에 갇히는 죄수 수가 증가되면서 감옥의 제반 업무를 담당하는 간수들은 자연히 바쁜 일과에 시달리게 되었다. 처음에는 국가 정책에 따라 관리들이 행정문서를 소전으로 작성했지만, 소전은 주문을 간략화 시켜 만든 자체라고는 해도 아직 상형적인 요소가 많이 남아 있고 자형 구조가 복잡했기 때문에 빠른 시간 내에 많은 문서를 기록하는 데는 불편함이 따랐다.

당시 감옥을 관리하던 간수 중에 정막(程邈)이라는 사람이 업무상의 과실로 감옥에 갇히는 신세가 되었는데 정막은 감옥에 있는 동안 자신이 간수 일을 하면서 소전으로 행정 문서를 작성하는 것이 얼마나 힘들었는지를 생각하며 소전의 글자체를 대폭 간략하게 만든 후 진시황에게 바쳤다고 한다.

그렇게 소전을 간략화 시킨 자체가 바로 예서이며, 감옥 업무의 효율성을 높이기 위해 만들어진 글자라는 의미에서 '노예, 말단관리'라는 의미의 '예(隷)' 자를 따서 예서(隷書)라는 이름이 붙게 되었다는 것이다.

하지만 이 정막 이야기는 하나의 전설일 뿐이다. 정막이 정말로 진시황의 전국 통일 이후 예서를 만들었다면 진대 이전에는 예서 자형이 보이지 않아야 한

예기비(禮記碑)

다. 하지만 전국 초 진나라 유적지에서 발견된 후마맹서(侯馬盟書)나 초나라 유적지에서 발견된 초백서(楚帛書) 중의 몇몇 글자에서 이미 예서와 동일한 자형구조가 보인다.

따라서 많은 학자들은 정막의 이야기는 하나의 전설일 뿐이며, 예서는 전국시대부터 이미 조금씩 사용되다가 진대에 와서 본격적으로 사용되기 시작한 것이라고 본다.

누차 강조했듯이 글자란 어느 한 사람이 만들 수 있는 것이 아니다. 하지만 정막이라는 이름이 지금까지 전해지고 있는 것으로 볼 때 정막은 예서라는 자체가 사용되는데 어떤 기여를 했거나, 혹은 이미 사람들 사이에서 사용되고 있던 예서를 보다 체계적으로 정리하는데 기여한 인물이었을 가능성이 있다.

한편 위의 일화를 통해서 알 수 있듯이 예서는 빠르고 편리한 서사(書寫) 작업을 위해 민간에서 자연발생적으로 생겨난 자체였다. 갑골문 이후 소전까지의 자체는 상형성이 주된 특징이다. 물론 후대로 내려올수록 상형적인 그림이 점차 간단한 선으로 바뀌기는 했지만, 소전도 여전히 곡선이 많고 자형 구조가 복잡하여 쓰기에는 불편한 형태였다.

하지만 예서에 와서는 둥근 곡선이 쓰기 편한 직선으로 바뀌고, 복잡한 자형 구조가 대폭 간단하게 변화되었으며, 편방 왕(王)과 옥(玉)은 왕(王)으로, 육(肉)과 월(月), 주(舟)는 월(月)로 합쳐지는 등 편방의 숫자도 줄었기 때문에 소전에 비해 훨씬 쓰기 편리해졌다.

이것은 한자의 일대 변혁이라고 할 수 있다. 형태가 쓰기 편하게 바뀌었을 뿐만 아니라, 갑골문 이후 소전까지 내재되어 있던 상형성이 예서에서부터는 사라져 버렸기 때문이다.

한자는 더 이상 '보면 알 수 있는 그림' 같은 것이 아니라, 아무 의미 없는(혹은 의미를 알기 어려운) 선과 선이 결합되어 특정 의미를 나타내는 '부호'의 역할을 하게 되었다. 그렇기 때문에 한자는 예서 이전 소전까지를 고문자, 예서부터를 근대문자로 구분하며, 소전에서 예서로의 변화를 '예변(隷變)'이라고 부른다.

예서의 출현으로 한자 자체가 쓰기 편하게 바뀌었지만 진대의 공식 자체는 어디까지나 소전이었다. 지식층이 보기에 예서의 자형은 지나치게 간단하고 보잘 것 없는 것이었다. 그렇기 때문에 진대에는 주로 민간에서 예서가 사용되었고, 한무제(漢武帝, B.C. 140~B.C. 87) 이후에서야 그 편리성을 인정받아 공식 자체로서 사용되었다.

전국시기를 거쳐 진대와 서한 초까지 사용되던 예서를 진예(秦隷), 한무제 이후부터 한대에서 사용된 예서를 한예(漢隷)라고 하는데 진예의 자료로는 호북성(湖北省) 운몽현(雲夢縣)에 있는 수호지(睡虎地)에서 발견된 진나라 죽간인 운몽수호지진간(雲夢睡虎地秦簡)과 호남성(湖南省) 성도(省都)

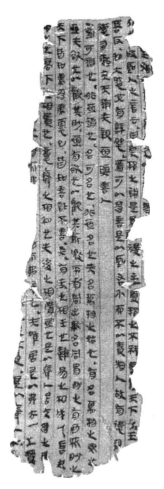

마왕퇴백서(馬王堆帛書)

장사시(長沙市)에서 발견된 한대 초의 마왕퇴백서(馬王堆帛書)가 대표적이고, 한예의 대표적인 자료로는 희평석경(熹平石經), 예기비(禮記碑) 등이 있다.

2) 초서草書

예서와 초서의 관계는 소전과 예서의 관계와 같다. 공식 자체인 소전이 쓰기에 불편했기 때문에 민간에서 소전을 간략화 하여 예서가 나온 것처럼, 한대 사람들은 한대의 공식 자체인 예서가 쓰기에 불편하다고 생각해서 예서를 빨리 쓸 수 있게끔 윤곽이나 글자의 일부만을 필기체 형식으로 흘려쓰기 시작했는데, 이것이 바로 초서이다.

즉, 진대에는 소전이 공식 자체였지만 하급 관청이나 민간에서는 공식 자체가 쓰기 어렵고 불편하다고 느껴 실용적인 예서를 만들었고, 한대에는 예서가 공식 자체였지만 하급 관청이나 민간에서는 또다시 그 예서가 쓰기 어렵고 불편하다고 느껴 실용적인 초서를 만들어 쓰기 시작했던 것이다.

초서의 발생은 글씨를 쓰는 재료의 변화와도 밀접한 연관을 지닌다. 서한 시기에는 개인이 돌비석[石碑]을 세우는 일이 많았는데 돌비석에 한자를 쓸 때는 둥근 필획이 많은 소전보다 직선적인 예서가 훨씬 더 편리하였다.

그러다가 동한 시기부터는 종이가 보급되면서, 직선으로 딱딱 끊어지게 쓰는 예서보다는 흘림체 형식으로 연결해서 쓰는 초서가 편리했기 때문에 예서를 대신하여 초서가 광범위하게 사용되기 시작한 것이다.

초서(草書)

초서는 자형이 지나치게 간략하고 사람마다 필체가 제각각인 탓에 통일시키기가 어려워서인지 한 번도 소전이나 예서 같은 공식 자체의 자리에 오르지 못했다. 하지만 오늘날까지도 일상생활에서 필기체로 애용되고 있고, 1950년대에 중국 정부에서 간체자를 제정할 때 초서체의 글자 일부가 간체자 자형으로 채택되는 등 현대까지 긴 생명력을 자랑하고 있다.

3) 해서楷書

해서(楷書)는 정서(正書) 혹은 진서(眞書)라고 하며, 현재 우리가 사용하고 있는 자체이다. 해서는 예서(한예)와 초서의 중간 형태로, 예서의 단정한 형태와 초서의 쓰기 편리한 장점을 동시에 갖추고 있다. 바꿔 말하자면 쓰기 어려운 예서와 식별하기 어려운 초서의 단점을 보완하여 모범이 될 만한 자체를 만든 것이 해서이다.('해(楷)'에는 '본보기, 모범'이라는 의미가 있다.)

해서는 동한 시대에 처음 만들어져 위진남북조를 거치면서 본격적으로 사용되었고, 당대에 공식 자체가 되었는데 해서가 당대에 발달하게 된 것은 인쇄술의 발달과 밀접한 연관이 있다.

중국의 목판인쇄는 대략 7세기 중엽인 당대에 시작되었는데, 해서는

해서(楷書)

예서보다 더욱 직선적인 서체이고 규격화된 정사각형의 형태를 하고 있기 때문에 목판 인쇄에 아주 적합하였다.

이후 간체자가 만들어지기 전까지 중국에서는 인쇄용 문서에서 대부분 해서를 사용했다. 인쇄물의 기본 자체가 해서였기 때문에 해서는 당대 이후 20세기까지 오랜 기간 동안 줄곧 공식 자체의 위치를 차지할 수 있었다.

4) 행서行書

행서는 해서를 약간 흘려서 쓴 필기체이다. 예서의 필기체로 만들어졌던 초서는 글자 식별이 어렵다 보니 예서와 초서의 장점을 취해 또박또박 한 획씩 쓰는 단정한 형태의 해서가 나타났고, 해서를 사용하다보니 다시 필기체 형태의 행서가 나오게 된 것이다.

글을 쓰다 보면 사람들은 빨리 쓸 수 있는 필기체를 필요로 하게 되지만, 초서의 사용 경험을 통해

행서(行書)

지나치게 흘려 쓸 경우 글자를 식별하기 어렵다는 것을 경험한 후였기 때문에 행서는 글자의 본모습을 잃지 않는 적당한 수준의 필기체로 발전하게 되었다.

즉 행서는 빨리 쓸 수 있으면서도 글자 식별에 무리가 없는 해서와 초서의 중간 형태라고 할 수 있는데, 동한 시대에 처음 사용된 이후 지금까지도 필기체로 널리 애용되고 있다.

3 중국의 현대한자現代漢字 – 간체자簡體字

1949년 중화인민공화국 수립 이후, 중국 정부에서는 문맹 퇴치를 목적으로 한자의 형태를 간단하게 정리하는 문자 개혁 운동을 추진하였다. 1956년에 한자간화방안(漢字簡化方案)을 공포하여 처음으로 515개의 간체자를 발표한 후 여러 차례에 걸쳐 간체자를 정리·수정하였는데 1986년에 발표한 『간화자총표(簡化字總表)』에는 총 2,235자가 수록되어 있다.

간체자는 현대에 만들어져 사용 중인 한자이기 때문에 중국에서는 이를 '현대한자'라고 부르기도 한다. 간체자와 비교하여 기존 한자는 '형태가 복잡한 글자', 즉 번체자(繁體字)라고 부르는데 현재 우리나라, 대만, 홍콩 등지에서 사용되고 있는 한자가 이에 해당된다.

근대문자인 예서가 만들어진 이후 지금까지의 한자 발전 과정을 보면, 하나의 자체가 공식적으로 사용되면 그 자체를 간단하게 만든 실용적인 자체가 자연적으로 등장하곤 했다.

소전이 공식 자체였을 때는 민간에서 쓰기 불편하다고 예서를 만들어 썼고, 예서가 공식 자체가 되었을 때는 예서도 불편하다고 생각하여 초서를 만들어 썼다. 초서의 단점을 보완한 해서가 공식 자체였을 때는 해서를 보다 쓰기 편하게 고친 행서가 출현하였다.

하지만 간체자는 이전 자체들과는 성격이 다르다. 이전의 자체들은 민간에서 필요성에 의해 자연발생적으로 등장한 것이고, 간략화를 시켰다고는 하나 그 이전 자체와 비교했을 때 그렇게까지 파격적인 형태는 아니었다.

그러나 간체자는 정부의 주도 하에 학자들의 면밀한 계획과 검토를 통해 인위적으로 만들어진 자체이고, 이전 시기의 자체와 비교하면 형태의 파괴가 지나치게 심한 편이다.

예를 들어 '창(廠)'자의 간체자인 '厂', '종(從)'의 간체자인 '从', '기(幾)'의 간체자인 '几', '중(衆)'의 간체자인 '众', '위(衛)'자의 간체자인 '卫' 등을 보면, 형태가 지나치게 간략화, 부호화되었기 때문에 간체자 자형만 보면 본래의 글자가 무슨 글자였는지 전혀 짐작할 수가 없다.

第二表

可作简化偏旁用的简化字和简化偏旁

本表共收简化字 132 个和简化偏旁 14 个。简化字按读音的
拼音字母顺序排列, 简化偏旁按笔数排列。

A	尝〔嘗〕②	动〔動〕	龟〔龜〕	荐〔薦〕
爱〔愛〕	车〔車〕	断〔斷〕	国〔國〕	将〔將〕④
B	齿〔齒〕	对〔對〕	过〔過〕	节〔節〕
罢〔罷〕	虫〔蟲〕	队〔隊〕	H	尽〔盡〕
备〔備〕	刍〔芻〕	E	华〔華〕	〔儘〕
贝〔貝〕	从〔從〕	尔〔爾〕	画〔畫〕	进〔進〕
笔〔筆〕	窜〔竄〕	F	汇〔匯〕	举〔舉〕
毕〔畢〕	D	发〔發〕	〔彙〕	K
边〔邊〕	达〔達〕	〔髮〕	会〔會〕	壳〔殼〕⑤
宾〔賓〕	带〔帶〕	丰〔豐〕③	J	L
C	单〔單〕	风〔風〕	几〔幾〕	来〔來〕
参〔參〕	当〔當〕	G	夹〔夾〕	乐〔樂〕
仓〔倉〕	〔噹〕	冈〔岡〕	戋〔戔〕	离〔離〕
产〔產〕	党〔黨〕	广〔廣〕	监〔監〕	历〔歷〕
长〔長〕①	东〔東〕	归〔歸〕	见〔見〕	〔曆〕

또 '운(雲)'의 간체자인 '云', '기(幾)'의 간체자인 '几', '후(後)'의 간체자인 '后' 등에서 간체자 형태인 '云', '几', '后'는 원래 "말할 (운)", "책상 (궤)", "임금 (후)"라는 고유의 음과 의미를 가지고 있는 한자인데, 이것이 '운(雲)', '기(幾)', '후(後)'의 간체자가 되면서 '云', '几', '后'만 보고서는 이것이 '구름'이라는 의미인지 '말하다'라는 의미인지, '조짐'이라는 의미인지 '책상'이라는 의미인지, '뒤'라는 의미인지

'임금'이라는 의미인지 알 수 없게 되어 버렸다. 물론 문장의 앞뒤 문맥을 보면 어떤 글자를 쓴 것인지 알 수 있지만 고유명사, 즉 인명이나 지명 같은 경우에는 도저히 파악할 방법이 없다.

간체자는 중국의 문맹률을 줄이는데 도움이 되고, 복잡한 한자를 빨리 쓰는 데는 유리했지만, 형태가 지나치게 파괴되어 버렸기 때문에 형태로 의미를 나타내는 한자의 표의성(表義性)을 완전히 잃어버리게 되었다. 또한 간체자만을 학습한 대다수의 중국인들이 번체자로 남아 있는 중국 고서 해독에 어려움을 겪게 되면서 전통 문화의 계승 차원에서도 문제가 제기되고 있는 실정이다.

이상으로 중국의 고문자에서 근대문자, 그리고 현대한자인 간체자까지 간단히 살펴보았는데 본서의 제목에 사용된 한자인 '중(中)', '국(國)', '어(語)', '학(學)', '이(理)', '해(解)'의 자체 변천 과정을 통시적으로 보면 다음과 같다. (간체자와 해서가 동일한 경우에는 따로 표시하지 않았다)[4]

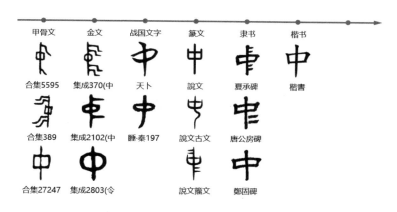

한자 '中' 자체의 변천 과정

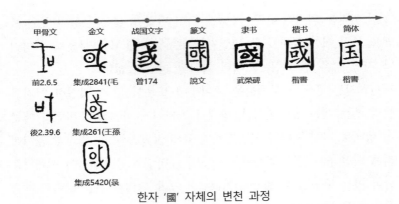

한자 '國' 자체의 변천 과정

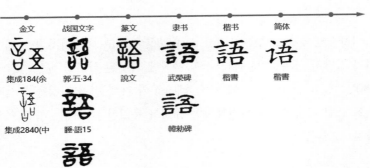

한자 '語' 자체의 변천 과정

한자 '學' 자체의 변천 과정

한자 '理' 자체의 변천 과정

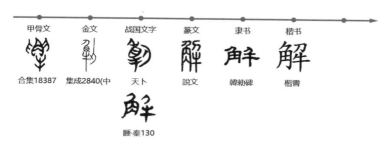

한자 '解' 자체의 변천 과정

주석

[1] 석고문(石鼓文)에서 석고(石鼓)란 글자 그대로 '돌로 만든 북'이다. 당대(唐代)에 출토되었는데, 10개로 된 큰 북 형태의 돌에 글자를 새겨 놓았기 때문에 '북 형태의 돌에 새겨진 글자'라는 의미에서 석고문이라고 부른 것이다. 돌에 새겨진 글자이므로 석각문자(石刻文字)라고 할 수 있는데, 현재 볼 수 있는 가장 오래된 석각문자이다.

[2] 저초문(詛楚文)은 송대(宋代)에 발견된 석각문자인데 전국시대 진나라가 신(神)에게 초나라의 죄상을 고하며 도움을 요청하는 내용이 총 세 개의 돌에 새겨져 있다.

[3] 삼체석경(三體石經) : 위(魏)나라 때인 241년, 『상서(尚書)』와 『춘추(春秋)』, 『좌전(左傳)』 세 가지 책의 내용을 고문, 소전, 예서의 세 가지 자체로 돌에 새겨 놓은 것이다.

[4] 한자 자체의 변화 양상은 다음의 사이트를 참고하였다.
http://www.guoxuedashi.com/zixing/yanbian/

제5장
한자가 만들어진 방식

1 한자를 만드는 방식이 육서六書?

한자와 한문을 조금이라도 배웠다면 육서(六書)에 관해 들어봤을 것이다. 흔히 육서란 글자를 만들고 사용하는 여섯 가지 원리인 상형 (象形), 지사(指事), 회의(會意), 형성(形聲), 전주(轉注), 가차(假借) 라고 설명된다.

글자를 만들고 사용하는 원리가 육서라고 하면 처음부터 육서라는 원칙을 세우고 거기에 따라 글자를 만들고 썼다는 것 같다. 하지만 글자는 한두 사람이 만들 수 있는 것이 아니므로 글자가 만들어지던 당시부터 특정 원칙을 세우고 그것에 근거해서 한자를 만들었다고 볼 수 없다.

육서란 한자가 어떻게 만들어졌는가에 대한 문제를 후대 사람들이 연구하여 한자가 만들어진 원리, 즉 조자방법(造字方法)이라고 생각되는 것들을 총 여섯 가지로 귀납시켜 놓은 것이다.

육서라는 명칭은 주(周)나라의 제도를 기술한 『주례(周禮)』라는 책에서 처음 보이는데, 전국시대에 지어졌을 것으로 추정되는 이 책에서는 "보씨(保氏)가 왕의 잘못된 점을 간언하고 제후의 자제들을 도

(道)로써 기르며 그들에게 육예(六藝)를 가르쳤는데 그 첫째가 오례(五禮)이고 둘째가 육악(六樂)이며 셋째는 오사(五射), 넷째는 오어(五馭), 다섯째는 육서(六書), 여섯째는 구수(九數)이다(保氏掌諫王惡, 而養國子以道, 乃敎之六藝 : 一曰五禮, 二曰六樂, 三曰五射, 四曰五馭, 五曰六書, 六曰九數.)"라 하여 주대(周代)의 귀족자제를 교육하는 여섯 가지 기본 과목에 육예(六藝)가 있고 그 중의 하나가 육서(六書)라고 언급하고 있다. 그 외에는 다른 언급이 남아 있지 않은데, 명칭에 '서(書)'자가 있으므로 한자 학습과 관계가 있었을 것으로 추측할 수 있다.

『주례』는 주대의 제도를 상당히 정확하고 세밀하게 기술한 책이므로 육서라는 명칭은 주대에 존재했을 가능성이 높고, 더 나아가 주대에 이미 육서를 한자의 조자이론으로서 연구했을 가능성도 있다.

그러나 『주례』에서는 육서라는 명칭이 보일 뿐, 육서가 구체적으로 무엇을 의미하는지는 설명되어 있지 않기 때문에 『주례』에 언급된 육서가 조자방법으로서의 육서를 가리키는 것인지 확인할 방법이 없다.

육서가 한자를 만드는 여섯 가지 방식으로 설명되기 시작한 것은 한대에 들어와서의 일이다.

반고(班固)는 『한서 · 예문지(漢書 · 藝文志)』에서 "옛날에는 여덟 살에 소학에 입학하면, 주나라의 관리 보씨(保氏)가 제후들 자제의 교육을 책임지고 이들에게 육서를 가르쳤다. 육서는 상형(象形), 상사(象事), 상의(象意), 상성(象聲), 전주(轉注), 가차(假借)인데, 이것들이 문자를 만드는 근본이다(古者八歲入小學, 故周官保氏掌養國子, 敎之六書, 謂象形 · 象事 · 象意 · 象聲 · 轉注 · 假借, 造字之本也.)"라 했고, 정현(鄭玄)은 『주례(周禮)』의 주석 에서 "육서(六書)는 상형(象形), 회의(會意), 전주(轉注), 처사(處事), 가차(假借), 해성(諧聲)이다(六書, 象形 · 會意 · 轉注 · 處事 · 假借 · 諧聲也.)"라는 정중(鄭衆)의

설을 인용한 바 있다.

또 허신(許愼)은 『설문해자·서(說文解字·序)』에서 "『주례(周禮)』에서는 여덟 살에 소학에 입학하면 보씨가 육서로 먼저 제후의 자제를 가르친다고 했다. 육서의 첫째는 지사(指事)이다. 지사란 눈으로 보면 식별할 수 있고 살펴보면 그 뜻을 아는 것으로, 상(上)·하(下)가 그것이다. 둘째는 상형(象形)이다. 상형이란 그 물체를 그림에 있어 형체에 따라 구불구불하게 그린 것으로, 일(日)·월(月)이 그것이다. 셋째는 형성(形聲)이다. 형성이란 사항을 가지고 이름을 삼고 비유를 취하여 완성하는 것으로, 강(江)·하(河)가 그것이다. 넷째는 회의(會意)이다. 회의란 사물의 종류를 나란히 늘어놓고 의미를 조합하여 가리키는 바를 드러내는 것으로, 무(武)·신(信)이 그것이다. 다섯째는 전주(轉注)이다. 전주란 한 종류마다 하나의 부수를 세워 같은 의미를 서로 이어받는 것으로, 고(考)·로(老)가 그것이다. 여섯째는 가차(假借)이다. 가차란 본래 그 글자가 없는 것을 음에 의거하여 사항을 기탁하는 것으로, 령(令)·장(長)이 그것이다.(周禮八歲入小學, 保氏敎國子, 先以六書. 一曰指事. 指事者, 視而可識, 察而可見. 上下是也. 二曰象形. 象形者, 畵成其物, 隨體詰詘. 日月是也. 三曰形聲. 形聲者, 以事爲名, 取譬相成. 江河是也. 四曰會意. 會意者, 比類合誼, 以見指撝. 武信是也. 五曰轉注. 轉注者, 建類一首, 同意相受. 考老是也. 六曰假借. 假借者, 本無其字, 依聲託事. 令長是也.)"라고 했다.

이처럼 한대에 들어오면서 육서의 명칭과 설명이 등장하기는 했지만, 설명이 간단하기 때문에 한대 학자들의 설명만 가지고서는 육서가 과연 무엇인지, 각각의 특징이 어떠한지 구체적으로 알기 어렵다.

그렇기 때문에 후대 학자들 중에는 육서가 한자를 만드는 여섯 가지 방법이라고 주장하는 사람도 있고, 상형, 지사, 회의, 형성은 한자를 만드는 방법이고 전주와 가차는 한자를 응용하는 방법이라고 주장하는 사람도 있었으며, 이 육서의 구분에 문제가 있다고 하여 아예 육서설(六書說)의 폐기를 주장하는 사람도 있었다.

그렇다면 과연 육서는 한자를 만드는 여섯 가지 방식일까? 한자를 만드는 방식이라면 구체적으로 어떻게 만든다는 것일까? 이에 관해 한 가지씩 살펴보기로 하자.

2 구체적인 사물을 비슷하게 본떠 만든다 – 상형象形

허신은 『설문해자』에서 상형을 "화성기물, 수체힐굴(畫成其物, 隨體詰詘)"이라 했다. '힐굴(詰詘)'이란 '구불구불하다'라는 의미이므로 이 말은 사물의 모양을 그 형체에 따라 구불구불하게 그려 만드는 방식이라는 설명이다.

상형은 그림을 그리듯이 사물의 형상을 본떠 글자를 만드는 방법이다. 상형에서 '상(象)'은 '코끼리'라는 의미 외에 '그림, 그림을 그리다, 본뜨다, 상상하다'라는 의미가 있다. '형(形)'은 '(사물의) 형체'라는 의미이므로 상형은 사물의 형체를 보고 비슷하게 그리듯이 만든다는 의미가 된다.

앞에서도 언급했지만 갑골문이나 금문을 보면 그림과 흡사한 글자들이 많다. 동굴 벽화를 통해 알 수 있듯이 원시인들은 그림으로 어떤 사건을 묘사하기도 하고, 자신의 생각을 그림으로 표현하기도 했다.

처음에는 실제 사물을 있는 그대로 그려서 의미를 나타냈지만, 실제 사물을 그리려면 많은 시간이 소요되었으므로 사람들은 점차 일부 특징만을 추상적으로 부호화시켜 의미를 표현하기 시작했다. 그리고 형체 별로 특정한 음과 특정한 의미를 부여하고, 그것들을 나열하여 일련의 문장을 표현하게 되었는데, 이것이 공동체 사회 속에서 서로 간에 약속으로 쓰이게 되면서 문자로 인정받게 된 것이다. 이러한 과정을 거쳐 생겨난 것이 바로 한자이기 때문에 한자를 상형문자라고 한다.

허신이 상형의 방식으로 만들어진 글자라고 예를 든 '일(日)'자와 '월(月)'자에 관해 살펴 보자.

⊖, 實也. 大昜之精不虧. 從⊖一, 象形.⊖古文象形. (⊖은 가득찬 것이다. 태양의 정수(精髓 : 에너지)가 줄지 않는 것이다. 자형은 ○과 一으로 이루어져 있다. 상형이다. ⊖은 고문이며 상형이다.)

허신은 『설문해자』에서 소전(小篆)을 표제자로 삼았다. 위 문장에서 가장 앞의 ⊖은 소전의 '일(日)'자이고, 뒤쪽의 ⊖은 육국고문(六國古文)의 '일(日)'자이다. 은대의 갑골문 ⊟이나 주대의 금문 ⊙과 비교해보면 갑골문, 금문, 고문, 소전 자형이 대동소이함을 알 수 있다.

이 글자들 가운데 찍힌 점은 태양의 흑점을 나타낸 것이라는 설도 있으나, 갑골문을 보면 가운데 빈 칸에 점을 찍는 일이 습관적으로 나타나므로 '일(日)'자의 가운데 점이 흑점을 나타낸 것인지 아니면 단순한 습관에서 비롯된 결과인지는 알 수 없다.

𝔇, 闕也. 大陰之精. 象形. (𝔇은 기울어진 것이다. 태음(太陰)의 정수이다. 상형이다.)

달은 보름달도 있고 초승달도 있는데, 둥근 해의 모양을 본떠 '일(日)'자를 만들었기 때문에 '일(日)'자와 혼동을 피하기 위해서 이지러진 형태의 초승달을 본떠 '월(月)'자를 만든 것으로 보인다. 소전의 '월(月)'자는 갑골문 ☽, ☾이나 금문 𝔇, ☾과 자형이 유사하다.

이러한 상형의 방식은 크게 독체상형(獨體象形)과 합체상형(合體象形)의 두 가지로 나눌 수 있다. 독체상형이란 말 그대로 하나의 형체만을 본떠 글자를 만드는 방식으로, 앞에서 예를 들었던 '목(目)', '이(耳)', '치(齒)', '주(舟)', '상(象)', '어(魚)', '월(月)' 등이 모두 독체상형의 방법으로 만든 글자이다.

합체상형(合體象形)은 증체상형(增體象形)이라고도 하는데, 독체상형의 방식으로 만들어진 독체상형자(獨體象形字)에 글자를 이루지 못하는 도형을 추가하여 새로운 글자를 만드는 방식이다.

사물 중에는 그 사물만을 형상화해서는 무엇을 나타내는지 알기 어려운 경우가 있다. 예를 들어 '과(果)'와 '석(石)'자가 만들어진 과정을 보자. 그림처럼 그릴 경우 '나무 열매(과일)'나 '돌' 모두 동그라미나 네모 하나로 나타낼 수 있지만, 동그라미나 네모 하나로 나타낼 수 있는 의미는 너무나 많다. 그렇기 때문에 '나무열매'의 경우엔 나무를 나타내는 '목(木)'자 위에 동그라미를 그려 그것이 '나무열매'를 의미한다는 것을 표시하고, '돌'의 경우에는 언덕을 나타내는 '엄(厂)'자 아래에 네모나 동그라미를 그림으로써 그것이 '돌'임을 표시하여 '과(果)'자와 '석(石)'자를 만들게 된 것이다.

果 : ⚘(갑골문) ⚘(금문) 果(소전)
石 : ⚘(갑골문) ⚘(금문) ⚘(소전)

또한 '미(眉)'자의 경우에도 단순히 눈썹 모양인 ⚘ 만을 그려 놓으면 이것이 '눈썹'을 의미하는지 아닌지 헷갈리기 쉽다. 그렇기 때문에 이미 존재하는 '목(目)'자 위에 눈썹 모양을 덧붙여 ⚘ 라고 씀으로서 '눈썹'이라는 의미를 나타내는 '미(眉)'자를 만들게 된 것이다.

즉 합체상형(合體象形)이란 하나의 사물만을 본떠 만드는 독체상형의 방식으로 글자를 만들다가, 독체상형의 방식만으로 표현하기 어려운 사물이 있다는 것을 깨닫게 되면서 나온 상형의 새로운 방식이라 할 수 있다.

이것은 이미 만들어진 독체상형자 두 개를 합쳐 만드는 것이 아니라 이미 존재하는 독체상형자를 응용하여 거기에 새로운 도형을 더해 만드는 방식이므로 보다 엄밀하게 말하자면 '두개의 형체를 합친다'는 의미의 '합체(合體)'보다는 '존재하는 형체에 새로운 형체를 더한다'는 의미의 '증체(增體)'가 보다 적합한 용어라고 할 수 있다.

하지만 '독체(獨體)'라는 말은 '합체(合體)'라는 말이 상반되는 의미로 많이 쓰이기 때문에 '합체상형(合體象形)'이라는 용어가 널리 쓰이고 있다.

3 추상적인 개념을 부호로 나타낸다 – 지사指事

지사(指事)란 어떤 추상적인 개념을 하나 이상의 부호로 나타내는 방법으로, 지사의 방식으로 만든 지사자(指事字)에는 위치·수량·상태 등 지시성(指示性)의 부호가 들어 있다.

허신은 "시이가지, 찰이가견(視而可識, 察而可見)"이라 했는데, 보면 의미를 (대략적으로) 알 수 있고, 자세히 살펴보면 왜 그러한 의미가 되었는지를 이해할 수 있게 된다는 의미이다. 허신이 예로 든 '상(上)', '하(下)' 두 글자를 살펴보자.

二, 高也. 此古文上. 指事也. ⊥ 篆文上.(높은 것이다. 이것은 고문(古文)의 '상(上)'자이다. 지사(指事)이다. ⊥은 소전(小篆)의 '상(上)'자이다.)

二, 底也. 從反二 爲二 . ⊤ 篆文下.(낮은 것이다. 二(上)을 거꾸로 뒤집어 二(下)가 되었다. ⊤는 소전(小篆)의 '하(下)'자이다.)

갑골문의 '상(上)', '하(下)'는 각각 二, 二, 혹은 고문(古文)과 같은 형태인 二 , 二 로 쓰고 있다. '상(上)'자는 어떠한 기준선 ◡(一)에 그 위라는 의미를 나타내기 위해 지시부호 ━를 표시함으로써 어떤 공간의 위쪽이라는 의미를 나타낸 것이다. 마찬가지로 '하(下)'자 역시 기준선 아래에 지시부호를 표시하여 어떤 공간의 아래쪽이라는 의미를 나타냈다. 수량을 나타내는 '一', '二', '三' 같은 숫자도 지사자이다.

이러한 지사자 역시 독체지사와 합체지사로 나눌 수 있는데, 독체지사는 '일(一)', '상(上)', '하(下)'처럼 개념을 나타내는 부호만으로 이루어진 글자이고, 합체지사는 독체상형자에 글자를 이루지 못하는 부호를 추가하여 만든 글자로, '나무'를 의미하는 '목(木)'자의 하단부에 부호를 그려 '뿌리'를 의미하는 '본(本)'자, 양팔을 벌린 사람 형태의 '대(大)'자의 겨드랑이 부분에 두 점을 찍어 '겨드랑이'를 나타낸 '역(亦)'자, '칼'을 본떠 만든 '도(刀)'자의 칼날 부분에 선을 그어 '칼날'을 의미하는 '인(刃)'자를 만든 것 등이 이에 해당된다.

木 : 𣏂(갑골문) 𣎳(금문) 米(소전)

本 : 𣎵(금문) 𣎶(소전)

大 : 大(갑골문) 大(금문) 大(소전)

亦 : 亦(갑골문) 亦(금문) 亦(소전)

刀 : 刀(갑골문) 刀 (소전)

刃 : 刃(갑골문) 刃(소전)

지사자에는 추상적인 개념을 나타내는 부호가 포함되어 있기 때문에 한번 본다고 해서 그 의미를 금방 알아낼 수는 없다. 예를 들어 '인(刃)'자의 경우 칼을 그려 만든 상형자인 '도(刀)'자에 칼날의 위치를 표시하는 부호를 추가함으로써 '칼날'이라는 의미를 나타내게 되었는데, 이러한 글자는 자형을 자세하게 고찰하고 깊게 생각해야만 의미를 파악할 수 있다.

위치나 상태, 수량 등을 나타내는 지시성 부호들은 어느 위치에 표현되었는가에 따라 글자의 의미가 완전히 달라질 수 있다. 예를 들어 '나무'를 의미하는 '목(木)'자의 아래쪽에 지시부호를 더하면 '뿌리'라는 의미가 되지만, '목(木)'자의 위쪽에 지시부호를 더하면 '(나무의) 끝'을 의미하는 '말(末)'자가 된다.

이처럼 지사자는 부호의 위치나 상태, 수량이 매우 중요하기 때문에 갑골문 이후 현재까지 자형에 커다란 변화가 없이 계속 원래의 형태를 유지해 왔다는 특징을 지닌다.

여기서 잠시 생각해 볼 문제가 있다. 상형의 방식으로 만들어진 상형자와 지사의 방식으로 만들어진 지사자 중 먼저 등장한 것은 어떤 것일까?

상형자는 사물의 모습을 그대로 본뜨다 보니 복잡한 형태인 경우가 많은 반면, 지사자는 추상적인 부호이기 때문에 대부분 형체가 간단하다. 형체는 간단한 쪽에서 복잡한 쪽으로 변화되기 쉬우므로 어떤 사람들은 상형자보다 지사자가 먼저 만들어졌을 것이라고 얘기하기도 한다. 특히 지사자인 '일(一)', '이(二)', '삼(三)'자는 어떤 상형자보다도 훨씬 더 단순하고 글자를 쓰기에도 편하기 때문에 그런 추측이 일견 신빙성이 있게 생각되기도 한다.

하지만 사물의 숫자를 말하는 '하나', '둘', '셋' 같은 숫자의 개념은 사물이 존재하지 않는다면 존재할 수가 없는 것이다. 즉, 추상적인 개념은 구체적인 사물에 대한 개념이 생긴 다음에야 성립될 수 있다.

추측에 불과하긴 하나, 고대 원시인들이 처음으로 문자라는 것을 만들어 쓸 때 구체적인 사물에 앞서 추상적인 개념부터 먼저 표현하려고 했을 것 같지는 않다. 또한 한자는 단순한 그림에서 발전된 것이고, 그림이 문자로 정착되면서 나온 것이 바로 상형이므로 육서의 가장 처음은 상형이었다고 결론 내릴 수 있다.

따라서 구체적인 사물을 그린 상형이 추상적인 개념을 나타내는 지사보다 앞선다고 보는 것이 타당하다고 생각된다.

4 두 개의 글자를 합쳐 새로운 의미를 나타낸 - 회의會意

한자는 처음에는 주로 상형의 방식으로 사물 모습 그대로 구체화하여 만들어졌지만, 모든 사물을 하나씩 본떠 만들면 글자의 수가 너무 많아져서 기억하기가 어렵고, 또 그대로 본떠 만들 수 있는 사물에도 한계가 있다.

그렇기 때문에 상형과 지사의 방식으로 어느 정도 글자를 만든 이후에는 기존에 만든 글자를 두 개 이상 조합하여 새로운 글자를 만드는 방식이 생겨났는데, 이것이 바로 회의(會意)이다.

상형과 지사는 거기에 도형을 더하면 합체상형자가 되고 부호를 더하면 합체지사자가 되어 '합체(合體)'라는 용어를 쓰기는 하지만, 엄밀히 말해 그 중에 글자로 독립될 수 있는 형체는 기존의 독체자(獨體字) 하나뿐이다. 도형이나 부호는 원래의 독체자가 없으면 아무런 의미도 표현할 수 없는 부속적인 존재이기 때문에 합체상형자나 합체지사자는 명칭에 '합체(合體)'라는 말이 들어가긴 해도 '독체자'로 간주된다.

이러한 합체상형이나 합체지사와 비교하면 회의는 본격적인 합체의 방식으로 만들어진 진정한 합체자라 할 수 있다.

허신은 회의를 "비류합의, 이견지휘(比類合誼, 以見指撝)"라고 설명하였다. 비(比)란 '나열한다, 한데 늘어 놓는다'는 의미이고 류(類)란 '같은 종류의 글자'를 말하며, 합의(合誼)란 '그 의미를 합친다'는 뜻이다. 지휘(指撝)란 '가리킨다'는 의미이므로, '이견지휘(以見指撝)'란 '가리키는 바를 알게 해 준다'는 뜻이다. 즉 회의란 A와 B라는 두 글자의 의미를 합쳐 AB라는 새로운 의미를 표현하는 방식이다.

이렇게 새로 만들어진 AB라는 의미는 A와 B의 의미를 합친 것이기 때문에 반드시 A나 B와 관련된 의미를 나타내게 된다. 또한 회의는 소리를 전혀 고려하지 않고 의미만을 조합한 것이기 때문에 A와 B 두 글자 모두와 음이 다르다는 특징을 지닌다.

허신은 회의의 방식으로 만들어진 글자의 예로 '무(武)'자와 '신(信)'자를 들고 있다. 우선 '무(武)'자는 '창'을 의미하는 '과(戈)'자와 '사람의 발'을 의미하는 '지(止)'를 합쳐 만든 글자이므로, 이 둘을 합쳐 만든 '무(武)'자는 '사람이 창을 들고 가는', 즉 무기를 들고 싸우러 간다는 의미를 갖게 된다.

앞에서 말한 회의자의 특징대로 '무(武)'자의 독음은 '과(戈)'나 '지(止)'와는 완전히 다르다. 갑골문이 발굴되기 전에는 '지(止)'자를 '멈춘다'는 의미로 해석하여 이 '무(武)'자를 '창(=전쟁)을 멈춘다'는 의미로 해석하는 사람도 있었다. 하지만 갑골문에서 **로 쓰는 '무(武)'자는 사람이 창(무기)을 들고 걸어가는 모양을 본뜬 것이며, '정벌하다' 혹은 '위용을 드러내다'라는 의미를 가지고 있다. 따라서 '무(武)'자는 '전쟁을 멈춘다'는 의미가 아니라 그와 정반대의 의미인 '전쟁을 하러 간다'는 뜻으로 보아야 옳다.

한편 '신(信)'자의 경우에는 사람을 의미하는 '인(人)'자와 말하는 것을 의미하는 '언(言)'자가 더해져, 사람의 말에는 믿음이 있어야 한다는 뜻에서 '믿음'이라는 의미를 나타내는 글자인데, '신(信)'자는 '인(人)'자와 모음 부분의 발음이 동일하다.

한자를 만드는 방법 중 두 글자 이상을 합쳐 새로운 글자를 만들 때 그 두 글자 중 한 글자와 똑같은 독음을 부여하거나 두 글자 중 한 글자의 자음이나 모음 부분의 발음을 똑같이 쓰거나 하여 어떤 식으로든 두 글자 중 한 글자의 독음을 이용하는 방식을 '형성(形聲)'이라고 한다.

그런데 '신(信)'자는 '인(人)'자와 '언(言)'자를 합치면서 '인(人)'자의 모음을 이용하여 독음을 나타냈으므로 '신(信)'자는 허신의 설명대로 회의가 아니라 형성의 방식으로 만들어진 형성자(形聲字)로 보아야 옳다.

회의는 동일한 글자끼리 합친 것인가 아니면 다른 글자를 두 개 이상 합친 것인가에 따라 동체회의(同體會意)와 이체회의(異體會意)로 나눌 수 있다.

동체회의의 방식으로 만들어진 글자에는 다음과 같은 것들이 있다.

- 林(수풀 림) : 나무를 의미하는 '목(木)'자를 두 개 써서 나무가 많은 곳, 즉 '숲'이라는 의미를 표현했다.
- 竝(나란할 병) : 서 있는 사람 모양을 본 뜬 '립(立)'자를 나란히 두 개 써서 '나란히 하다'라는 의미를 나타냈다.
- 磊(돌무더기 뢰) : 세 개의 돌(石)로 이루어진 회의자(會意字)로, '돌무더기'라는 의미를 나타냈다.
- 焱(불꽃 염) : 불을 의미하는 '화(火)'자를 중복하여 '불꽃'이라는 의미를 나타냈다.
- 驫(말 몰려 달아날 표) : 말을 의미하는 '마(馬)'자를 세 개 써서 '말이 한꺼번에 몰려 달린다'는 의미를 나타냈다.

- 轟(울릴 굉) : 수레를 의미하는 '거(車)'자를 세 개 써서 수레가 여러 대 달릴 때 내는 '굉음소리'를 표현했다.
- 茻(잡풀 우거질 망) : 네 개의 풀(艸)로 이루어진 회의자로, '잡풀이 우거져 있음'을 나타냈다.

이체회의(異體會意)의 방식으로 만들어진 글자에는 다음과 같은 것들이 있다.

- 伐(칠 벌) : 사람은 나타내는 '인(人)'과 창을 나타내는 '과(戈)'를 합쳐 '사람이 창을 가지고 있는 모습'으로 '정벌(征伐)하다'라는 의미를 나타냈다.
- 休(쉴 휴) : 사람을 나타내는 '인(人)'과 나무를 나타내는 '목(木)'을 합쳐 '사람이 나무에 의지하는 모습'으로 '쉰다'는 뜻을 나타냈다.
- 班(나눌 반) : '각(珏)'은 '쌍옥'을 의미하는데 이 '각(珏)'자와 칼을 의미하는 '도(刀)'자를 합쳐 칼로 쌍옥을 '나눈다'는 의미를 나타냈다.
- 析(쪼갤 석) : 나무를 의미하는 '목(木)'자와 도끼를 의미하는 '근(斤)'자를 합쳐 나무를 '쪼개다'라는 의미를 나타냈다.
- 初(처음 초) : 옷을 의미하는 '의(衣)'자와 칼을 의미하는 '도(刀)'자를 합친 글자이다. 옷을 만들 때에는 가장 먼저 칼로 옷을 재단하므로, '칼로 옷을 자른다'는 의미에서부터 '처음' 혹은 '시작"이라는 의미가 나오게 되었다.

5 이미 존재하는 글자를 최대한 이용한다 – 인신引伸과 가차假借

한자를 만들 때 상형, 지사, 회의의 뒤를 이어 등장한 방법은 형성의 방식이지만, 형성의 방식이 나오기까지 기존의 한자를 최대한 이용하려는 노력이 있었다.

사람들이 한자를 처음 만들 때는 있는 사물의 모양 그대로를 본뜨는 상형의 방식으로 글자를 만들어 썼고, 구체적인 사물 외에 추상적인 개념까지 표현할 필요성이 생기게 되자 지사의 방식을 사용하게 되었다.

그러다가 상형과 지사만으로는 그 많은 사물과 개념을 일일이 표현하기 어려워지고 필요한 글자의 수가 너무 많아지자 기존 글자를 이용하여 도형이나 부호를 더하는 합체상형과 합체지사의 방식을 생각하게 되었으며 이러한 과도기를 거친 후 기존의 두 글자를 합쳐 하나의 의미를 나타내는 회의의 방식을 이용하게 되었다.

하지만 사회가 발달함에 따라 나타내야 하는 사물이나 개념이 폭발적으로 증가함에 따라 필요한 글자의 수 역시 기하급수적으로 증가되었기 때문에 기존에 있는 글자를 다른 방식으로 이용하여 새로운 의미를 나타내려는 노력을 하게 되었다.

그런 노력으로 등장한 것이 바로 인신과 가차이다. 인신은 육서에 들어 있지 않지만 가차와 마찬가지로 글자 수를 늘리지 않고 기존 글자를 이용하여 새로운 의미를 표현하는 방식이므로 본 절에서 함께 살펴보자.

인신에서 '인(引)'은 '끌다, 끌어당기다'라는 의미이고, '신(伸)'은 '펼치다'라는 의미로, 인신이란 처음 글자를 만들 때 부여했던 의미에서 확장 가능한 의미를 부여하여 함께 쓴다는 의미이다.

예를 들어 '목(目)'은 사람의 눈을 본떠 '눈'이라는 의미를 표현하기 위해 만든 글자이지만, '눈'으로는 '보다'라는 동작을 할 수 있으므로 '보다'라는 의미도 표현할 수 있다.

또한 '의(衣)'자는 사람이 입는 옷의 깃 형태를 본떠 처음에는 '옷'이라는 의미를 나타냈지만, 옷은 사람이 입는 것이므로 '입다'라는 의미도 표현할 수 있다.

'교(交)'자는 사람이 두 다리를 교차시키고 있는 형태를 본떠서 '교차하다'라는 의미를 나타낸 글자인데, 사람과 사람의 마음이 교차한다는 것은 서로 마음을 터놓는다는 의미도 되기 때문에 '교차하다'라는 의미뿐만 아니라 '사귀다'라는 의미도 표현할 수 있다.

또한 '능(能)'자는 원래 '곰'을 형상화하여 '곰'이라는 의미를 나타낸 글자인데, '곰'은 힘도 센데다가 '곰이 재주를 부린다'는 말도 있듯이 덩치에 걸맞지 않게 나무도 잘 타는 등 재주가 많았기 때문에 '곰'이라는 의미뿐만 아니라 '재주, 능력, 재능'이라는 의미도 나타내게 된다.

이런 식으로 a라는 의미를 나타내기 위해 A라는 글자가 만들어져 있을 때 a와 관련 있는 aa라는 의미는 그냥 A라는 글자 하나로 나타내면 굳이 aa를 위한 글자를 만들지 않아도 된다.

이처럼 관련 있는 의미를 계속 연결하여 파생시키는 방식을 인신이라 하며, 이러한 방식으로 만들어진 의미를 인신의(引伸義)라고 한다.

目 : ▨(갑골문) ▨(금문) 目(소전)
衣 : ▨(갑골문) ▨(금문) ▨(소전)
交 : ▨(갑골문) ▨(금문) 交(소전)
能 : ▨(금문) ▨(소전)

가차(假借)에서 '가(假)'자와 '차(借)'자는 모두 '빌리다'라는 의미이다. 허신은 가차를 "본무기자, 의성탁사(本無其字, 依聲託事)"라 하여 '원래 그런 의미의 글자가 없었기 때문에 독음에 의거하여 어떤 사항[의미]을 기탁하는 것'이라고 설명하고 있다. 이는 다시 말해 기존에 존재하던 글자의 독음을 빌려서 다른 의미의 글자로 쓴다는 뜻이다.

글자라는 것은 말을 사용한 이후에 만들어진 것이다. 말로 의사소통을 하면서 그 말을 기록하기 위한 수단으로 생겨난 것이 글자이므로, 글자를 처음 만들어 쓴 당시에는 독음과 의미로 구성된 '말'은 존재하지만 형체, 즉 자형이 없는 경우가 비일비재하였다.

의미가 너무 추상적이어서 지사의 방식으로도 글자를 만들기가 어려운 경우도 있고, 새로운 의미를 나타내기 위해 계속해서 새로운 자형을 만들어 내다보면 글자의 수가 너무 많아지는 단점도 있으므로, 새로운 의미를 표현할 때 기존에 존재하는 글자들 중에서 의미와 상관없이 독음만 같으면 그냥 빌려다 쓰게 되었는데 이것이 바로 '가차(假借)'이다.

예를 들어보자. 앞에서 언급했던 '역(亦)'자는 두 팔을 벌린 사람의 겨드랑이 부분에 두 점을 찍어 겨드랑이임을 표시한 합체지사자이다. 후에 '또'라는 부사를 글자로 나타낼 필요가 생겼는데 '또'라는 말은 자형으로 쉽게 나타내기 어려운 의미였다. 그런데, 이 '또'라는 말과 '겨드랑이'를 의미하는 '역(亦)'자의 발음이 같았던 모양이다. 그래서 '또'라는 의미를 기록할 때 그냥 독음이 같은 '역(亦)'자를 가져다 쓰게 되었고, 그것이 오늘날까지 이어져 우리는 '역(亦)'자를 '또 (역)'이라고 풀이하게 된 것이다.

또한 '막(莫)'자는 원래 풀의 모양을 본 뜬 '철(屮)'자 가운데에 태양을 본 뜬 '일(日)'자를 더해 '해가 풀숲으로 저문다'는 의미에서 '저녁, 저물다'라는 의미를 나타낸 글자였다. 그런데 이게 '아니다'라는 의미의 부정사와 독음이 동일했기 때문에 '아니다'라는 의미를 나타낼 때 그냥 '막(莫)'자를 가져다 쓰게 되었다.

莫 : 茻(갑골문) 莫(금문) 莫(소전)

이처럼 의미는 아무 상관이 없고, 단지 독음이 동일하다는 이유로 기존의 글자를 그대로 가져다 쓰는 방식을 가차라고 하고, 가차의 방식을 응용한 글자를 가차자라고 하며, 가차의 방식으로 사용된 글자의 의미를 가차의(假借義)라고 한다.

위의 설명을 보면 알 수 있듯이 인신과 가차는 글자를 만드는 방식이 아니라 글자를 이용하는 방식이다.

인신은 기존에 존재하는 글자의 의미에 새로운 의미를 추가하는 방식이고, 가차는 기존에 존재하는 글자의 독음을 이용하여 의미와 아무 상관없는 글자 하나를 빌려다가 쓰는 방식이므로, 인신과 가차로 인해 새로 만들어지는 글자는 전혀 없다.

따라서 엄밀하게 말하자면 이 두 가지는 조자방법에 해당되지 않지만, 이들로 인해 새로운 조자방법인 형성이 나타나기 때문에 형성을 설명하기에 앞서 먼저 인신과 가차에 대해 살펴보았다.

6 의미와 독음을 동시에 이용하여 글자를 만든다 – 형성形聲

형성이란 두 글자를 합쳐서 새로운 의미를 나타낼 때, 한 글자로는 의미를 나타내고 다른 한 글자로는 독음을 나타내게 하는 방식이다.

허신은 형성을 "이사위명, 취비상성(以事爲名, 取譬相成)"이라 했는데, '사(事)'란 어떤 '일, 사항, 사건'을 의미하고 '명(名)'이란 '이름'을 의미하므로 '이사위명(以事爲名)'이란 '사물이나 어떤 사항으로 대표적인 이름[즉 전체적인 의미]을 삼는다'는 뜻이 된다.

'취비상성(取譬相成)'에서 '비(譬)'란 '비유한다'는 의미로, 여기에서는 사물의 소리를 비유한다는 의미이다. 즉 '취비상성(取譬相成)'이란 어떤 사물을 나타내는 한 글자에서 소리[독음]를 취하여 대표적인 이름으로 삼은 글자와 합쳐 하나의 글자를 이룬다는 것이다.

이처럼 형성은 A라는 글자에서 의미를 취하고 B라는 글자에서 소리를 취해 AB라는 글자를 만드는 방식이므로, 형성의 방법으로 만들어진 AB는 A와는 의미상 관계가 깊고 B와는 독음상 관계가 깊은 합체자(合體字)가 된다.

합체자는 단독으로 존재할 수 있는 두 개 이상의 독체자로 구성된다. 합체자를 구성하는 각각의 글자를 편방(偏旁)이라고 하는데, 편방 중에서 의미를 나타내는 편방을 형부(形符) 혹은 의부(意符)라 하고, 독음을 나타내는 편방을 성부(聲符) 혹은 음부(音符)라고 한다.

회의자는 두 글자 모두 독음과는 상관없이 의미를 나타내는 형부만으로 구성된 합체자이지만, 형성의 방식으로 만들어진 형성자는 의미를 나타내는 형부와 독음을 나타내는 성부로 구성된 합체자라는 차이점이 있다.

형성은 한자를 아주 효율적으로 만들어내는 방식이다. 상형이나 지사, 회의의 방식으로 한자를 만들 경우, 한자를 학습하는 사람들은 한자의 형체와 의미, 독음을 매 글자별로 일일이 기억해야 했다.

그러나 형성자는 기존에 있는 글자, 즉 다들 알고 있는 글자를 조합하면서 한 글자로는 의미를 나타내고 다른 한 글자로는 독음을 나타낸 것이기 때문에 새로 글자를 만들기도 쉽고, 배우기도 쉬웠다.

그렇다면 이런 형성의 방식은 처음에 어떻게 생각해내게 된 것일까?

형성자가 나오게 된 것은 인신이나 가차와 관련이 있다. 인신과 가차는 기억에 부담을 주지 않기 위해 글자 수를 추가하지 않고 기존의 글자를 최대한 이용하여 의미를 표현하는 방식이었다.

그런데 인신과 가차의 방식으로 글자를 응용하다 보니 글자 하나가 갖는 의미가 너무나 많아졌고, 나중에는 그 글자가 처음 만들어졌을 때 부여되었던 의미, 즉 본의(本義)가 무엇인지 불분명해지는 경우도 생겼으며, 이 글자가 본의로 쓰인 것인지 인신의(引伸義)나 가차의

(假借義)로 쓰인 것인지 모호한 경우도 있었다.

이러한 단점 때문에 사람들은 결국 의미별로 새로운 글자를 다시 만들 수밖에 없게 되었는데, 인신과 가차를 통해 기존에 존재하는 글자의 의미와 독음을 이용하는 법을 터득한 덕에 이제는 새로 글자를 만들긴 만들되 기존 글자의 의미와 독음을 효율적으로 조합하여 기억에 도움을 주는 방법을 택하게 되었다.

이렇게 하여 나온 것이 바로 기존 글자에 의미를 나타내는 형부를 추가하면서 기존 글자로는 독음을 나타내는 형성의 방식이었다.

예를 들어 '의(衣)'자는 본래 옷의 형상을 그려 만든 상형자이고, 본의는 '옷'이다. 그러나 후에 새로운 의미가 나타나고 파생됨에 따라 '의(衣)'자는 인신되어 '옷을 입다'라는 의미로도 사용되었고 그 때부터 '의(衣)'자로 '옷'과 '옷을 입다'의 두 가지 의미를 함께 나타내게 되었다.

하나의 자형으로 두 가지 의미를 표현할 수 있어서 좋기는 했지만, 대신 그 글자가 '옷'이라는 의미로 쓰인 것인지 아니면 '옷을 입다'라는 의미로 쓰인 것인지 불분명해지는 단점도 뒤따랐다. 그렇기 때문에 나중에는 인신의(引伸意)인 '옷을 입다'라는 의미만을 갖는 새로운 글자인 '의(依)'자를 만들게 되었다.

옷은 사람이 입는 것이므로 기존의 상형자인 '의(衣)'자에 사람을 의미하는 '인(人)'자를 추가하여 '옷을 입다'라는 의미를 나타내는 동시에, 기존 글자인 '의(衣)'자로 독음을 나타냄으로써 기억하기도 쉽게 만든 것이다.

또 다른 예로 '기(其)'자가 있다. '기(其)'는 원래 쭉정이나 티끌 등을 걸러내는 '키'를 본떠 만든 글자이며 본의는 '키'이다. 그러나 후에 '그것'이라는 대명사를 글자로 나타낼 필요가 생겼을 때, 새로 글자를 만들자니 마땅히 표현할 글자가 없었기 때문에 독음이 동일한 '기

(其)'자를 가차하여 '그것'이라는 의미를 나타내게 되었다.

그런데 '기(其)'에 본의('키')와 상관없는 가차의('그것')가 생긴 후부터 '기(其)'자를 써 놓으면 그것이 '키'라는 본의를 나타내는 것인지 아니면 '그것'이라는 가차의를 나타내는 것인지 모호한 경우가 많아졌다.

그리하여 사람들은 '키'는 주로 대나무로 만든다는 점에 착안하여 의미를 나타내는 '죽(竹)'을 형부로 삼고 기존의 '기(其)'자를 성부로 삼아 '키'라는 의미만을 나타내는 '기(箕)'자를 다시 만들게 되었다. 즉, '기(箕)'자는 본의를 강조하기 위해 기존 글자를 성부로 삼고 거기에 형부를 더한 형성의 방식으로 만들어진 글자이다.

그런데 이렇게 만들어진 형성자는 성부로 독음뿐만 아니라 의미도 나타낼 수 있다. 그것은 형성자가 만들어진 과정을 생각해보면 쉽게 짐작할 수 있는 일이다.

'의(依)'자가 만들어진 과정을 보면, '의(衣)'라는 글자에 a[옷]와 aa[옷을 입다]라는 두 가지 의미가 있고, 그 중 aa의 의미를 보다 분명히 나타내기 위해 의미를 나타내는 형부 '인(人)'을 더하면서 기존의 '의(衣)'자를 성부로 삼은 '의(依)'자를 만든 것인데 aa[옷을 입다]라는 의미 자체가 성부인 '의(衣)'자의 의미 중 하나이므로 '의(依)'자에서 성부로 사용된 '의(衣)'는 독음뿐만 아니라 의미까지 나타내게 되는 것이다.

하지만 성부가 의미까지 나타내는 것은 인신이나 가차로 인해 의미가 많아져 여러 가지 의미 중 어떤 의미로 쓰인 것인지 모호하게 되었을 때 형부를 추가하여 만들어진 형성자의 경우에만 해당된다.

형성의 방법에 눈을 뜨게 되면서 사람들은 독음을 쉽게 나타내기 위해 기존에 존재하던 글자에 의미와는 상관없는 성부를 추가하기도 하고, 처음부터 형부와 성부를 조합하여 완전히 새로운 글자를 만들기도 했다. 이처럼 인신이나 가차와 상관없이 필요에 의해 성부를 추가하거나 처음부터 형성의 방법으로 만들어진 형성자의 성부는 독음만 나타낼 뿐 의미는 나타내지 않는다.

예를 들어, '봉황새'를 의미하는 '봉(鳳)'자는 본래 새의 형상을 본떠 만든 글자[⿰]였는데, 후에 '봉황새'의 의미와는 아무 상관없는 성부 '범(凡:⿰)'을 추가하여 그 글자의 독음을 표시했고 '치아'를 의미하는 '치(齒)'자는 앞에서 살펴봤듯이 치아의 형태를 본뜬 글자[⿰]였는데, 후에 '치아'의 의미와 아무 상관없는 성부 '지(止:⿰)'를 추가하여 독음을 나타냈다. 우리가 현재 사용하는 '봉(鳳)'과 '치(齒)'자의 자형은 모두 이렇게 성부가 추가된 자형에서 유래된 것이다.

鳳 : ⿰ ⿰(갑골문) ⿰(고문) ⿰(소전)
齒 : ⿰(갑골문) ⿰(금문) ⿰(소전)

또한 '구리'라는 의미의 '동(銅)'자를 보면, 구리는 '금속'의 일종이고 그 구리의 발음이 '동'이었기 때문에, '동'이라는 독음을 지닌 글자들 중에서 '동(同)'자를 택하고 '금속'이라는 의미를 나타내는 '금(金)'을 더하여 '동(銅)'이란 글자를 만든 것인데, 이 경우 독음을 나타내는 성부 '동(同)'은 의미와 아무 상관이 없다.

또 '구기자나무'라는 의미의 '기(杞)'자를 보면, 그 나무를 '기'라고 발음했기 때문에 '기'라는 독음을 가진 글자들 중에서 '구기자나무'라는 의미와는 아무 상관없이 '기(己)'를 골라 성부로 삼고, '나무'를 의미하는 '목(木)'을 형부로 삼아 '기(杞)'라는 형성자를 만든 것이다.

이처럼 형성자의 성부는 의미를 나타내는 경우도 있고 의미를 전혀 나타내지 않는 경우도 있다는 점을 꼭 기억해 두도록 하자.

7 글자 만드는 방식과 무관한 육서의 전주轉注

한대 학자들이 조자방법의 하나로 본 전주(轉注)는 유일하게 남아 있는 허신(許愼)의 설명이 너무 애매모호하여 학자들 간에 이견이 분분한 항목이다.

허신은 전주를 "건류일수, 동의상수(建類一首, 同意相受)"라 했는데, '수(首)'는 '대표, 대표가 되는 글자' 정도로 해석이 가능하고 '동의상수(同意相受)'는 같은 뜻을 주고받는다는 뜻이므로 '어떤 종류의 글자들 중 대표글자를 세우고 같은 뜻을 주고 받는다'라고 해석할 수 있다. 하지만 정작 중요한 '류(類)', 즉 그 종류라는 게 과연 무슨 종류를 말하는 것인지 이 설명만 가지고는 알기가 어렵다.

또한 허신은 『설문해자』에서 9,353자의 글자를 설명할 때, 상형(象形), 지사(指事), 회의(會意), 형성(形聲), 가차(假借)는 필요에 따라 여러 가지 용어로 설명한 반면, 전주의 경우에는 '고(考)'자와 '로(老)'자가 전주에 해당된다고 밝힌 것 외에는 그 어떤 글자도 전주라고 설명하지 않았다. 이처럼 설명도 모호하고 예로 든 글자도 단 두 글자뿐이니 학자들의 해석이 분분한 것도 당연한 일이다.

그렇기 때문에 어떤 사람은 '류(類)'를 자형으로 보아 '같은 자형의 글자들을 모아 대표가 되는 글자(즉 부수(部首))를 세우고, 그 중 의미가 같거나 유사한 글자들끼리 서로 설명하는 것'이라고 하였다.

즉 같은 부수에 속하면서 의미가 유사한 두 글자 A, B가 있을 경우, A는 B라는 의미로 설명하고, B는 A라는 의미로 설명한다는 것이다. '고(考)'자와 '로(老)'자는 모두 노(老) 부수에 속하고, 지금은 '고(考)'자의 의미가 변하여 '곰곰이 생각하다'라는 의미로 쓰이지만, 예전에는 '고(考)'자의 의미가 '늙다'라는 '노(老)'자와 의미가 동일했기 때문에 『설문해자(說文解字)』에서도 '노(老)는 고(考)의 의미이다', '고

(考)는 노(老)의 의미이다'라고 설명하고 있다.

부수가 같다는 것은 두 글자 안에 동일한 자형이 포함되어 있다는 얘기이므로 이 설명에 따르면 전주란 자형이 유사하고 의미가 동일한 두 글자를 서로 설명해주는 방식이 된다.

어떤 사람은 '류(類)'를 '자형이 유사한 글자들'로 보는 한편 '수(首)'를 '동일한 독음'으로 보아 구별자(區別字)와 본자(本字)를 전주와 연관시키기도 한다.

앞에서 인신이나 가차로 인해 의미가 많아져서 어떤 의미로 쓰인 것인지 불분명해지거나 본의가 모호해졌을 때, 기존의 글자를 성부로 삼고 의미를 분명히 해 줄 수 있는 형부를 더해 글자를 만들면서 형성의 방법이 처음 나오게 되었다고 설명한 바 있다.

이처럼 인신이나 가차로 인해 글자를 새로 만들 필요성이 생기면서 형성의 방법으로 새로 만들어진 글자를 구별자라고 하고 원래의 글자를 본자라고 하는데, 구별자는 본자에 형부를 추가한 것이므로 기존 글자 부분의 자형이 동일하다. 또한 기존 글자를 성부로 삼았으므로 독음도 동일하다. 그리고 기존 글자의 일부 중 하나의 의미를 위해 새로 글자를 만든 것이므로 의미도 통한다. 그런데 이런 구별자로 본자를 설명하는 것이 바로 전주라는 것이다.

이 밖에 '류(類)'를 의미로 보아 '의미가 같거나 유사한 글자들 중 한 글자를 가지고 서로 뜻을 설명해 주는 것'이라고 보거나 '동일한 의미의 글자들을 한데 모아 글자 본래의 뜻으로부터 다른 뜻을 이끌어내는 것'이라고 보는 사람도 있고, '류(類)'를 자음으로 보아 '같거나 유사한 독음의 글자들을 한데 모아 의미가 같은 글자들끼리 서로 설명하는 것'이라고 보는 사람도 있는데 전주는 아직까지도 정설이 없는 만큼 어떤 설이 맞는지는 확언하기 어렵다.

다만 위의 설명을 종합해 볼 때, 가차와 마찬가지로 전주 역시 새로운 글자를 만드는 조자방법이 아니라는 점만큼은 분명하다.

가차는 기존에 존재하는 한자를 응용하여 사용하는 방식이면서 형성이라는 새로운 방식이 나오는 데 중요한 원인으로 작용했지만, 전주는 새로운 글자를 만드는 데 아무 작용도 한 바가 없고, 단지 만들어진 두 글자 사이의 관계를 설명하는 용어일 가능성이 높다.

사실 육서가 한자를 만드는 여섯 가지 방법이라는 육서설은 후대 학자들이 한대 학자들이 언급한 육서를 연구하면서 내린 '잘못된' 결론이다. 이 결론의 오류를 깨달은 학자들은 후에 상형, 지사, 회의, 형성 네 가지는 글자를 만드는 방법이고, 전주와 가차는 글자를 사용하는 방법이라는 사체이용설(四體二用說)을 주장하기도 하고, 전주는 조자방법과 아무 상관없지만 가차는 조자방법과 연관이 있다고 하여 전주만을 조자방법에서 제외시키고 나머지를 재분류한 삼서설(三書說)을 제시하기도 했다.

분명한 것은, 전주는 한자를 만들 때 사용되는 원칙과 아무 상관이 없지만 전주를 제외한 나머지는 한자의 시초에서부터 이후의 발전과정을 아주 훌륭하게 설명해주는 하나의 틀이 될 수 있다는 점이다.

8 육서에 대한 정리 – 육서에 순서를 매겨본다면?

이상으로 한자를 만드는 방식이라고 설명되는 육서에 관해 간단히 살펴보았다. 다시 말하지만, 전주는 한자를 만들어 쓰거나 응용해 쓰는 것과는 아무 상관이 없다. 따라서 한자의 조자방식을 논하거나 한자의 발전과정을 논할 때 전주는 제외시키고 얘기하는 편이 좋다.

그렇다면 나머지 다섯 가지는 모두 조자방법이라고 볼 수 있을까?

앞서 설명한 대로 가차는 새로운 글자를 만드는 것이 아니라 기존에 존재하는 글자를 이용하는 방법이기 때문에 '조자(造字)'라는 말과는 어울리지 않는다. 하지만 이후 형성의 방법이 나오는 데 작용한 부분이 있기 때문에 조자방법이라고 볼 수는 없어도 한자의 발전과정을 설명할 때는 빠질 수 없는 항목이다.

앞에서 우리는 상형(象形), 지사(指事), 회의(會意), 인신(引伸)과 가차(假借), 형성(形聲)의 순으로 육서를 살펴보았는데 이것이 바로 한자의 발전 순서라고 볼 수 있다.(인신은 육서에 들어가지 않지만, 가차와 유사한 작용을 하므로 묶어서 보았다.)

즉 한자는 그림에서 발전되면서 우선 상형의 방식으로 구체적인 사물을 나타내는 글자가 만들어지고, 이어 지사의 방식으로 추상적인 개념을 나타냈다. 상형과 지사는 모두 독체자이므로 구조가 복잡한 합체자인 회의와 형성보다 당연히 먼저 만들어졌을 것이다.

상형과 지사 중 지사자의 형체가 더 간단하지만, 구체적인 개념이 먼저 존재하고 추상적인 개념이 나중에 나왔을 가능성이 크므로 지사보다는 상형의 방법이 먼저 사용되었을 것이다.

상형과 지사에는 도형이나 부호를 더하는 합체상형과 합체지사의 방법이 있는데, 이들은 독체자인 독체상형·독체지사와 합체자인 회의자 사이의 과도기에 출현되었을 것으로 보이며, 이러한 합체상형과 합체지사의 방법이 본격적인 합체의 방식인 회의를 만들어 냈다고 볼 수 있다.

회의와 형성은 모두 합체자이다. 기존에 존재하는 두 글자의 의미를 합치는 회의와, 의미를 나타내는 한 글자와 독음을 나타내는 한 글자를 합치는 형성의 방법 중에서 의미를 이용하는 방식은 상형과 지사에서 공통적으로 사용된 방법이고, 독음을 이용하는 방법은 완전히 새로운 방식이므로 시간순서상 의미만을 이용하는 회의보다 독음까지 이용하는 형성이 늦게 나왔을 것으로 본다.

또 회의에서 형성으로 발전하는 과도기에는 글자 수를 늘지 않고 기존에 존재하는 한자의 의미와 독음을 최대한 이용하는 인신과 가차라는 방법을 이용하였는데, 독음을 활용하는 가차의 방식을 터득한 후부터 사람들은 새로운 글자를 추가로 만들 때 한 글자로 의미와 독음을 동시에 보여주는 효율적인 형성의 방식을 활용하게 되었을 것으로 생각된다.

이러한 한자의 발전 과정을 생각하며 육서의 순서를 매긴다면, 상형, 지사, 회의, 가차, 형성, 그리고 이와는 별개의 전주를 마지막에 놓을 수 있다.

이를 근거로 새로운 글자를 추가하여 만드는 조자방법의 순서를 생각해 본다면 상형, 지사, 회의, 형성을 하나의 계열로 놓고, 이와는 성격이 다른 두 가지 중 먼저 사용되었을 것으로 추정되는 가차를 앞에 놓아, 상형, 지사, 회의, 형성, 가차, 전주의 순서로 나열할 수도 있다.

제6장
중국 최고의 자전字典 – 『설문해자說文解字』

1 『설문해자說文解字』에 관하여

한자를 공부할 때는 반드시 자전(字典)을 보아야 한다. 자전은 한자의 정확한 형체를 아는데 도움이 되고, 독음과 의미가 설명되어 있기 때문에 문장 해석에도 도움이 된다.

한 글자의 자형과 독음, 의미를 모두 설명하고 있는 것을 자전이라고 정의했을 때, 우리가 현재 볼 수 있는 가장 오래된 자전은 동한대(東漢代) 허신(許愼)이 지은 『설문해자(說文解字)』이다.

중국의 한자학은 바로 이 『설문해자』에서 비롯되었다고 해도 과언이 아니다. 『설문해자』에서는 소전(小篆)을 표제자로 수록하고, 음과 의미는 동일하면서 자형만 다른 이체자(異體字)인 고문(古文)과 주문(籀文) 등도 함께 수록하였으며, 각 글자별로 독음과 의미 설명도 해놓았는데, 소전은 고문자와 근대문자의 연결고리이기 때문에 한자 연구에 있어서 『설문해자』는 필독서라고 할 수 있다.

『설문해자』는 '문자(文字)'를 설명하고 분석한 자전이다. 허신은 '문(文)'과 '자(字)'의 의미를 구별하여 사용했는데, 그 차이에 관해 『설문해자·서(說文解字·序)』에서 다음과 같이 설명하고 있다.

倉頡之初作書, 蓋依類象形, 故謂之文. 其後形聲相益, 卽謂之字. 文者, 物象之本也. 字者, 言 孶乳而寖多也. 창힐(倉頡)이 처음으로 글자를 만들 때에는 대개 부류에 의거하여 형체를 본떴으므로, 그것을 문(文)이라고 한다. 그 뒤에 형체와 소리를 서로 더했으니, 그것을 자(字)라고 한다. 문(文)이란 것은 사물의 근본이고, 자(字)라는 것은 말이 파생되어 점차 많아진 것이다.

위의 설명을 볼 때 '문(文)'이란 독체자를 말하고, '자(字)'란 합체자를 가리킨다는 것을 알 수 있다. 또한 '설(說)'이란 '해석하다[釋]'라는 의미이고, '해(解)'란 '나누다'라는 의미로 쓰이므로, '설문(說文)'이란 독체자의 의미를 해석하는 것이고, '해자(解字)'란 의미를 해석함과 동시에 그 형체 구조까지 분석한다는 뜻을 담고 있음을 알 수 있다.
즉 『설문해자』라는 책 제목을 통해 허신은 『설문해자』를 편찬할 때 요즘의 자전처럼 단순히 의미 해석에만 신경을 쓴 것이 아니라 자형을 분석하는 데도 주안점을 두고 있었음을 엿볼 수 있다.

『설문해자(說文解字)』

『설문해자』는 원래 본문 14편과 서문 1편 등 총 15편로 구성되어 있었던 것을 아들인 허충(許沖)이 조정에 바칠 때 편을 권으로 바꾸어 15권으로 바꾸었다. 그 후 송초(宋初)의 서현(徐鉉)이『설문해자』를 교정하면서 권을 다시 편으로 바꾸고 각 편을 상하로 나눈 후, 서문과 부수 목록을 15편 상으로 넣고 허충(許沖)이 이 책을 조정에 바칠 때 적은 상주서(上奏書)를 15편 하로 하여 총 30편으로 만들었는데, 이것이 현재 볼 수 있는 완정한 형태의『설문해자』판본 중에서 가장 오래된 것이다.

『설문해자』는 소전을 대표자로 삼아 총 9,353자를 수록하고, 주문과 고문 등의 이체자를 대표자인 소전과 중복되는 글자라는 의미에서 중문(重文)이라 이름 붙여 총 1,163자를 실었다.

수록된 문자의 총수에 대하여『설문해자·서(說文解字·序)』에서는 "이것은 14편, 540부이다. 글자는 9,353개이고, 중문(重文)은 1,163개이며, 해설에 쓰인 글자는 총 133,441자이다.(此十四篇, 五百四十部. 九千三百五十三文, 重一千一百六十三, 解說凡十三萬三千四百四十一字.)"라 했다.

현재 볼 수 있는『설문해자』는 장기간에 걸쳐 여러 사람이 베껴 쓰면서 전해져 온 텍스트이기 때문에 수록자의 숫자도 판본마다 약간씩 차이가 있다. 하지만 기본적으로는『설문해자』에는 9천 수백 여자가 수록되어 있다고 보면 될 것이다.

허신은 이 9천 여자의 글자를 부수배열법(部首排列法)에 의거하여 분류하였다. 9천 여자의 글자를 모아 글자들을 동일한 자형의 글자들끼리 분류한 후 그 중 대표자로 삼을만한 글자를 뽑아냈는데, 이것이 바로 허신이 처음으로 창조한 부수(部首)라는 것이다.

허신은 총 540개의 부수를 세워 동일한 형부를 가진 글자들을 하나의 부수 안에 분류하고, 형체가 비슷한 부수끼리 배열하였으며, 부수

내의 개별 글자는 의미가 비슷한 것끼리 배열하였다.

매 글자마다 먼저 소전 자형을 적고 의미를 풀이한 후 자형 구조를 분석하였으며, 필요한 경우 독음을 설명하고 이체자가 있는 경우에는 이체자를 열거했다.

이러한 부수배열법은 허신이 최초로 만들어낸 것인데 표의문자(表意文字)인 한자의 특성에 적합한 배열법이었다. 그렇기 때문에 후대로 갈수록 부수의 개수도 줄고, 배열순서도 자형 순이 아닌 필획 순으로 바뀌기는 했지만 부수별 배열이라는 기본 원칙은 현재의 자전에 이르기까지 계속 사용되고 있다.

『설문해자』의 가장 큰 장점은 고문자와 근대문자를 연결해주는 소전을 분석하면서 글자가 만들어진 당시에 원래 가지고 있던 뜻, 즉 본의를 최대한 설명하려고 노력했다는 점이다. 몇 글자를 예로 들어 보자.

- 口(입 구) : 人所以言食也. 象形. 사람이 말하고 먹는 바이다. 상형이다.
- 牙(어금니 아) : 牡齒也. 象上下相錯之形. 어금니이다. 위 아래가 서로 엇갈린 모양을 본뜬 것이다.
- 雨(비 우) : 水從雲下也. 一象天, 冂象雲, 水霝其間也. 물이 구름으로부터 내려오는 것이다. 一은 하늘을 본떴고, 冂은 구름을 본뜬 것인데, 물방울이 그 사이에 있다.
- 下(아래 하) : 底也. 指事. 낮은 것이다. 지사이다.
- 刃(칼날 인) : 刀堅也. 象刀有刃之形. 칼날이다. 칼에 날이 있는 모양을 본떴다.
- 亦(또 역) : 人之臂亦也. 從大, 象兩亦之形. 사람의 겨드랑이이다. 大로 구성되어 있고 두 겨드랑이의 형태를 본떴다.
- 八(여덟 팔) : 別也. 象分別相背之形. 나눈다는 뜻이다. 나뉘어 등을 돌리고 있는 형태를 본떴다.

위의 글자 중 '역(亦)'자나 '팔(八)'를 보면, 지금은 가차의(假借義)인 '또', '여덟'이라는 의미로만 쓰이지만 허신은 소전 자형을 중심으로 글자의 본의를 제대로 설명해 놓고 있음을 알 수 있다.

고대의 문헌 자료를 올바르게 이해하기 위해서는 무엇보다도 본의의 파악이 중요한데, 다행히 허신이 생존했던 동한(東漢) 시기는 소전, 주문, 고문 같은 고대의 자료들이 남아 있었기 때문에 본의를 비교적 제대로 탐구할 수 있었다.

하지만 허신이 대상으로 삼은 글자가 소전이었다는 점은 장점이자 단점이 된다. 허신은 갑골문의 존재를 전혀 몰랐고, 예서를 주로 사용하던 그들이 아는 옛날 문자라고는 고문과 주문, 소전뿐이었다.

고문과 주문, 소전은 갑골문과 비교했을 때 이미 자형과 독음, 의미면에서 많은 변화가 일어난 상태였는데도 허신은 한자가 처음 만들어졌을 때의 원시적인 자형을 소전이라고 오해하여 글자를 분석하고 풀이했기 때문에 지금 보기에는 의미 설명이나 자형 분석에 오류가 있는 경우가 있다.

예를 들어 '동쪽'이라는 의미의 '동(東)'자는 원래 불룩한 주머니의 양쪽 끝을 묶은 형상을 본뜬 글자로 본의는 '주머니'였다. 후에 '동서남북'의 '동(東)'자로 가차되었고, 소전에서는 가차의만이 사용되었으며, 소전의 '동(東)'자는 원래의 주머니 형상이 변화되어 '목(木)'과 '일(日)'자가 합쳐진 자형으로 변화되었다.

그런데 허신은 '동쪽'이라는 의미가 가차의이고, 갑골문의 '동(東)'자는 '주머니' 형태를 본뜬 것이라는 것을 전혀 몰랐기 때문에 본의와 아무 상관없는 '동쪽'이라는 가차의와 소전 자형에만 의거하여 '동(東)'자의 자형을 '나무에 해가 걸려 있는 모양', 즉 '목(木)'과 '일(日)'의 회의자(會意字)라고 잘못 분석하였다.

東 : 𢉩(갑골문) 𣎳(금문) 𣏂(소전)

　　이러한 단점이 있기는 하지만『설문해자』에는 단점보다 장점이 훨씬 더 많다. 최초로 부수배열법을 창안하고 부수배열법에 의거하여 글자를 배열한 최초의 체계적인 자전이라는 점, 그리고 소전을 대상으로 삼았기 때문에 위로는 고문자 연구에 도움이 되고 아래로는 근대문자 연구에 도움이 된다는 점, 그 밖에 고음 연구, 본의 연구, 고대 문화사 연구 등에 필요한 수많은 자료를 담고 있다는 점 등, 많은 장점이 있기 때문에 갑골문 발견 이후『설문해자』의 오류가 속속 지적되고 있음에도 불구하고『설문해자』에 대한 높은 평가는 오늘날까지도 식지 않은 채 계속되고 있다.

2 부수部首에 관하여

　　현대의 자전을 보면 5만자 이상을 수록한 자전도 부수의 숫자는 200개에서 210여개 정도뿐이다. 그런데 9천 여자의 글자를 수록한『설문해자』의 부수가 540개라니, 너무 많지 않은가?
　　『설문해자』의 부수가 너무 많은 이유는 허신이 부수자(部首字)를 뽑아낼 때 어떤 글자를 형부로 삼는 글자가 있는 경우에는 모두 독립시켜 부수로 세웠기 때문이다.
　　예를 들어『설문해자』의 부수 중에는 '각(珏)'이라는 부수가 있는데, 이 부수에 속한 글자들은 '옥(玉)' 부수에 넣을 수 있는 글자들임에도 불구하고 '각(珏)' 부수의 글자로 나열되어 있다. 그 이유에 관해 일본의 한 학자는 '각(珏)'의 경우 두개의 '玉'이 합쳐져 '쌍옥'이라는 의미를 지니는 글자이고 '나누다'는 의미의 '반(班)'자의 정확한 의미는 '쌍옥[珏]을 칼로 베어 둘로 나누어 제후의 신분을 증명하는 옥[瑞 玉]으로 삼는 것'이므로 형부가 '옥(玉)'이 아니라 '각(珏)'이 되기 때 문이라고 설명하였는데 그 설명을 보면 왜 허신이 '각(珏)'을 따로 부 수로 세웠는지 이해가 된다.

하지만 부수가 많으면 부수를 찾는 데만도 시간이 걸리기 때문에 후대의 자전 편집자들은 부수의 숫자를 줄이려는 시도를 하게 되었는 데, 이러한 시도는 요(遼)나라 때의 승려 행균(行均)에 의해 처음 시 작되었다.

행균은 997년에 『용감수감(龍龕手鑑)』이라는 자전을 지으면서 부 수를 242개로 대폭 줄였고, 이후 명대(明代)의 매응조(梅膺祚)는 『자 휘(字彙)』를 지으면서 부수자를 214개로 줄였으며, 청대에 만들어진 『강희자전(康熙字典)』에서는 『자휘(字彙)』의 214개 부수를 그대로 따라서 사용했다.

현재까지 우리나라, 일본, 중국 등지에서 나온 대부분의 자전은 『강 희자전』을 모범으로 삼고 있기 때문에 부수의 숫자가 대략 214개 전 후로 고정되어 있다.

최근 들어 중국에서 나온 자전을 보면 189개나 200개의 부수를 채 택한 자전도 있지만, 아직까지 우리나라의 자전은 『강희자전』의 부수 를 따라 총 214개로 나누는 방식이 보편적으로 사용되고 있다.

제**7**장
중국어의 명칭 문제 및 유형별 특징

1 한어漢語란 무엇인가?

1) 중국어와 한어와 국어와 보통화의 차이점

우리는 일반적으로 중국 사람들이 쓰는 말을 중국어(中國語)라고 부른다. 하지만 중국에서는 한어(漢語), 대만에서는 국어(國語)라고 부르는데, 그 차이점은 무엇인가? 그리고 보통화(普通話)라고 하는 것은 또 무엇을 일컫는 말인가?

여기에 대한 답을 찾기 위해 우선 중국 사람들이 어떻게 구성되어 있는 가를 알아볼 필요가 있다.

중국은 여러 민족이 같이 살고 있는 다민족국가이다. 전체 인구의 94% 이상을 차지하는 한족과 나머지 55개 소수민족이 자신들만의 고유한 문화와 언어를 지키며 살아가고 있다. 이 56개 민족이 모두 다른 모습과 다른 언어환경에서 생활을 영위하지만 모두가 중국사람임에는 틀림이 없다. 다시 말해 중국국적을 갖고 있는 사람들이다. 그런데 한족들은 소수민족과의 차별성을 강조하기 위해 다수가 사용하는 '한족의 언어'라는 뜻에서 한어라는 명칭을 쓰기 시작했다. 물론 소수민족들은 자신들의 고유한 언어 이외에 정식교육기관에서는 당연히 한어를 사용하고 있다. 즉 한어와 소수민족의 고유어를 동시에 배우고 말할 수 있는 장점을 지닌 사람들이 바로 55개 소수민족들이라고도 볼 수 있겠다.

한어라는 명칭은 다분히 포괄적인 말로서 지금은 국제적으로 통용되는 중국의 표준어를 일컫는 말이 되었다. 한어는 한장어족(漢藏語族)에 속하며, 세계에서 가장 오래된 언어이며, 또한 세계에서 사용인구가 가장 많은 언어이다. 다시 말해 지금으로부터 3000년 전의 갑골문에서 지금의 현대한어에 이르기까지, 그리고 동서남북의 넓은 중국영토에서 사용되어 왔다.

이러한 한어는 다시 시기별로 고대한어와 현대한어로 나누어 볼 수 있는데, 고대한어는 다시 두 가지 의미로 풀이할 수 있다. 하나는 상고시기, 즉 주진(周秦)시대의 구어로 기초를 삼은 서면어(書面語)를 말하는데, 이 언어는 '5·4시기'까지 이어져 표준언어가 되었다. 이것이 바로 문언(文言)이라는 것이다. 또 다른 하나는 문언을 제외한 만당(晩唐) 이후에서 청대(淸代)의 고백화(古白話), 즉 조기백화(早期白話)까지를 일컫는다. 예를 들면 당송(唐宋)시기의 어록(語錄)과 송대(宋代)의 평화(平話), 원명청(元明淸)의 희곡(戱曲)과 소설 등에서 사용된 언어를 말한다. 이러한 고백화(古白話)는 당시의 구어성분을 비교적 많이 갖고 있었다.

일반적으로 백화(白話)에는 고백화(古白話)와 당대백화(當代白話)가 포함된다. 고백화를 근대한어라고도 부르며, 당대백화를 현대한어라고 부른다.

한편, 보통화라는 말이 있는데, 이것은 북경어음을 표준음으로 하고, 북방방언을 기초 방언으로 하며, 모범적인 현대백화문 작품을 어법의 규범으로 하는 한민족 공동어를 일컫는 말이다. 다시 말해 보통화는 현대한어의 표준어로 지금 중국의 표준어를 가리킨다. 국어라는 것은 1949년 이전 중국사람들이 썼던 보통화를 가리키는 말이었지만, 지금은 대만 사람들이 쓰고 있는 보통화, 즉 대만의 표준어를 지칭하는 말이 되었다.

2 중국어의 유형별 특징

중국어[현대한어]는 다른 언어 및 고대한어와 비교해서 몇 가지 분명한 특징을 지닌다. 고대한어에는 있었던 입성(入聲)이 현대한어에 와서 없어졌거나, 성조를 가지고 있다거나 하는 등등이다.

1) 중국어는 단음절어單音節語인가?

언어표현(linguistics expression)에 있어 가장 크기가 작고 독립된 의미를 지닌 기본요소로 형태소(morpheme)라는 것이 있다. 그리고 '선생님, 딸, 말하' 등과 같은 형태소를 어휘적 형태소(lexical morpheme)라고 하고, ' - 이, - 에게, - 다' 등과 같은 것을 어법적 형태소(grammatical morpheme)라고 부른다. 다시 말해 우리는 이 두 가지 형태소를 여러 가지로 결합하여 다양한 형태의 단어를 만들어낸다. 중국어의 경우 '人(사람), 樹(나무), 馬(말), 長(길다), 咖啡(커피), 葡萄(포도), 垃圾(쓰레기), 乒乓(탁구)' 등과 같이 하나의 형태소가 하나의 단어가 되는 경우도 있고, '出發, 生物學' 등과 같이 두 개 이상의 형태소가 하나의 단어를 이루는 경우도 있는데, 전자를 단순어라고 하고, 후자를 합성어라고 한다. 이렇듯 중국어는 단음절로 하나의 단어를 이루기도 하고(人), 다음절로 하나의 단어를 이루기도 한다.(咖啡)

그렇다면 과연 중국어는 단음절어(單音節語 : monosyllabic language)라고 할 수 있는가?

지금보다 옛날의 중국어는 확실히 단음절이 우세를 점하고 있었다. 하지만 지금은 꼭 그렇지만은 않은 것 같다. 즉 중국어는 단음절형태소어(monosyllabic morpheme language)가 그 근간을 이룬다고 하겠다.

2) 중국어만 성조聲調를 가진 언어인가?

중국어를 잘 모르는 사람도 중국어를 듣다 보면 마치 쟁반에 옥구슬이 굴러가는 듯한 느낌을 받게 된다. 물론 사람에 따라서는 호떡집에 불난 듯한 느낌을 받을 수도 있다. 즉 중국어로 하는 말을 들으면 노래 속의 음의 높낮이와 같이 글자마다 높이가 다르다는 것을 알 수 있다. 이것이 바로 성조인데, 다른 언어에는 없는 중국어만의 독특한 특징이다. 즉 중국어는 성조언어라고 할 수 있다. 물론 우스갯소리로 경상도 사투리 중의 "가가가가가?(걔가 성이 가씨니?)"라는 말을 예로 들어 우리말에도 성조가 있다고 하기도 하지만, 중국어에서는 한 글자마다 제각기 성조를 갖고 있으며, 이 성조가 달라짐에 따라 그 의미도 달라진다. 그러므로 다른 언어에서 갖는 일반적인 문장의 억양과는 다른 것이다. 똑같이 [shi]로 발음되더라도 그것이 2성이면 '열 십(十)'자가, 4성이면 '옳을 시(是)'자가 되는 것과 같다. 이런 이유 때문에 자신의 발음이 아무리 정확하다 하더라도 만약 성조가 틀린다면 아무도 알아듣지 못하게 된다.

3) 중국어는 고립어孤立語인가?

고립어(isolating language)란 낱말의 형태변화 없이 의미를 가진 낱말의 어순에 따라 어법적인 관계가 구성되는 언어를 말한다. 한편, 우리말 같이 알타이어에 속하는 언어는 보통 형태소의 경계가 명확한 교착어(agglutinative language)로 분류되며, 영어는 한 단어의 앞뒤에 다른 형태소가 첨가되거나 내부형태변화로 구성되는 굴절어(inflectional language)로 분류된다.

중국어는 고대로부터 지금까지 의미를 갖는 하나하나의 낱말의 배열순서에 따라 어법적인 관계를 이루어왔다. 우리말과 영어에는 '갔다(went), 가다(go)'와 같은 과거, 현재의 동사활용이 있지만 중국어는 단순히 '去(qù)' 하나로 대신한다. 그리고 우리말의 '은, 는, 이, 가, 을, 를'과 같은 격조사는 중국어에서는 찾아볼 수가 없다. '나는 간다.'라는 문장을 중국어로 옮기면 '我去。'가 되는 것과 같다.

4) 중국어의 기본어순은 '주어 + 술어 + 빈어'인가?

'나는 밥을 먹는다.'라는 우리말은 중국어로 '我吃饭。'이라고 한다. 그리고 '나는 과일을 산다.'라는 것은 '我买水果。'라고 옮길 수 있다. 이와 같이 중국어와 우리말의 어순은 다르다. 즉 우리말은 주어 다음에 목적어가 먼저 오고 그 다음 동사가 오는 순서이다. 하지만 중국어는 반대로 주어 다음 동사가 먼저 오고 그 다음 빈어(賓語 : 목적어)[1]가 온다.

한편, 우리말에서는 어순을 조금 바꾸어, '밥을 나는 먹는다.', '과일을 나는 산다.'라고 해도 일정부분 문장을 표현하는데는 아무런 문제가 되지 않는다. 그러나 중국어의 경우 '我饭吃。', '我水果买。'라고 하지는 않는다. 다시 예를 들어보자.

'그는 나를 욕한다.'라는 문장은 중국어로 '他骂我。'이다. 그런데 만약 앞뒤의 어순을 바꾸어 '我骂他'라고 한다면 동작인 '骂(욕하다)'를 행하는 주체와 객체가 바뀌어져 문장의 의미가 전혀 다르게 된다.

그러므로 중국어의 기본어순은 '주어(主語)+술어(述語)+빈어(賓語)', 즉 SVO[2]의 순서이다.

5) 중국어는 양사量詞가 발달된 언어인가?

우리말에도 '사람 한 명', '연필 한 자루', '밀가루 한 포대', '술 한 병' 등과 같이 명사를 세는 단위로 양사가 쓰인다. 마찬가지로 중국어에서는 명사뿐만 아니라 동사를 셀 때도 양사가 쓰인다.[3] 즉 우리말보다 훨씬 양사가 발달된 언어라고 할 수가 있다. 예를 들면 '一张桌子(탁자 하나)', '一件事(사건 하나)', '一支歌(노래 한 곡)' 등과 같이 우리말과는 달리 명사에 따라 쓰이는 양사가 각기 다른 것을 알 수 있다. 그리고 우리말로 옮겼을 때 쓰지 않아도 될 양사를 중국어의 경우 꼭 써야 한다는 것이 우리말과 다른 점이라 하겠다.

한편, '这三条鱼(이 세 마리 생선)'와 같이 수사나 지시대사가 명사와 같이 쓰인 경우, 양사 '条'는 지시대사 '这', 수사 '三'과 명사 '鱼' 사이에 위치한다는 것이다. 다시 말해 어떤 다른 품사가 오더라도 양사는 늘 명사와 붙어 쓰인다는 것이다.

6) 중국어는 명사가 직접 동사를 수식할 수 있는가?

중국어에서는 아주 드물게 쓰이기는 하지만 언어환경의 차이에 따라 명사가 동사를 수식하는 경우가 있다. 일반적으로 중국어는 우리말과 마찬가지로 '好人(좋은 사람)', '白雪(하얀 눈)'와 같이 수식하는 말이 수식을 받는 말의 앞에 온다. 즉 '수식어 – 피수식어'의 순서이다. 또한 보통 형용사나 부사[4]가 명사를 수식하는 경우가 대부분이지만,

'我们电话联络(우리 전화로 연락하자)', '要禮貌待人(예의로 사람을 대해야 한다)' 등과 같이 명사(电话, 禮貌)가 동사(联络, 待)를 수식하기도 한다.

7) 중국어는 주제어主題語 부각언어인가?

那 本 书 我 已 经 买 了。그 책 나는 이미 샀어.
　↓　　　↓　　　　↓
주제어　　주어　　　술어

위의 예문과 같이 문형분석에 있어 주술구로 이루어진 술어문, 곧 주술술어문의 대주어(大主語)에 해당되는 부분을 단순히 빈어가 전치된 것이 아니라 주제어(主題語, topic)라는 개념으로 분석하기도 한다.

주제어란 주제(主題) 혹은 화제(話題)라고도 하며, 문장구조에 대한 전통적인 '주어-술어(subject-predicate)' 분석에 대응되는 개념으로, 원래는 Hockett이 1958년 A Course in Modern Linguistics (New York, Macmillan)에서 사용한 용어이다. 즉 사람이나 사물에 대해 얘기되어지는 문장의 구성소를 화제라 하고, 사람이나 사물에 부가적으로 진술하는 구성소를 설명(comment, 논평, 해석, 진술)이라 한다.

이 이론은 일찍이 프라그학파의 학자들에 의해 발전되었는데, 프라그학파의 학자들은 문장의 구조 및 구성 요소들의 기능을 탐구하는 일에서 세 가지 다른 층위를 구별해야 한다고 주장한다. 즉 의미구조 층위, 문법구조 층위, 발화조직 층위가 그것인데, 주제, 설명 따위는 발화조직 층위에서 파악될 수 있는 문장성분들의 기능이라는 것이다.

이러한 이론 안에서 파악되는 주제는 그것이 통보기능량(communicative dynamism)이 적은 요소라는 점에서 옛 정보이거나, 주어진 것,

한정성, 총칭성 따위의 의미론적 특성을 가지게 되며, 또한 언술의 출발점이라는 점에서 문두성의 특징을 가진다.

중국어에서는 조원임(趙元任)이 1968년 가장 먼저 주어와 술어의 관계를 주제와 진술의 관계로 보고 주어와 주제 동등론을 주장하였다. 그러나 이 견해는 1978년 탕정지(湯廷池) 등의 학자에 의해 어법적인 층위문제를 혼동하고 있는 것으로 비판을 받았다.

리와 톰슨[Li & Thompson(1976)]은 유형론적으로 중국어를 '주제어 부각형 언어(topic-prominent language)'라고 부르고, 이를 다른 언어들과 구별되는 중국어의 전형적인 특성이라고 하였다. 그 후 1979년 조봉보(曹逢甫)는 이것을 담화중심의 언어(discourse-oriented language)라고 주장하였다. 다시 말해 주제어라는 것은 말하는 사람이 듣는 사람에게 자신이 이야기하고자 하는 사항을 먼저 꺼내고, 그 다음 주어와 술어가 와서 그 사항에 대하여 어떻다고 판단을 할 때, 주어의 앞, 곧 문장의 맨 앞에 제기된 사항을 말한다. 그리고 주제어 문형의 특징으로 주제어는 문장 맨 앞에 오고, 말하는 사람과 듣는 사람 사이에 이미 알고 있거나 알 수 있는 사항이어야 하며, 말을 할 때 주제어 다음에 잠시 쉼을 두거나 또는 어감조사를 쓴다.

주석

[1] 한·중 양국어에서 정의하고 있는 목적어와 빈어(賓語)는 조금 차이가 있다. 단지 술어의 대상으로 쓰였다면 빈어를 한국어의 목적어로 바꾸어 써도 괜찮지만 그렇지 않은 경우가 있기 때문에 개념의 범주를 구분하기 위해 빈어라는 용어를 그냥 쓴다. 빈어는 대체로 술어동사의 대상으로서의 목적어와 동일시 할 수 있으나, '我是学生。'에서의 '学生'과 같이 판단동사 '是' 뒤의 판단빈어(判斷賓語)나 존재, 출현, 소실빈어의 경우 목적어의 범위를 벗어나는 내

용이다. 판단빈어에 해당하는 성분은 한국어 어법에서는 보어라고 한다. 또한 존재, 출현, 소실의 의미를 가지는 빈어는 중국어의 언어적 특수성에 기인한 언어현상으로 이런 빈어는 동작이나 행위의 대상이 아니라 동작이나 행위의 주체가 된다. 다시 말해 술어동사가 나타내는 행위, 동작, 상태가 존재하거나 사라지는 주체를 말한다. 한국어에는 술어동사 뒤에 동작이나 행위의 주체가 오는 경우가 없으므로 이에 해당하는 성분 역시 존재하지 않는다. 이하의 목적어 역시 특별한 경우를 제외하고는 빈어로 쓰기로 한다.

[2] S(Subject : 주어) + V(Verb : 동사) + O(Object : 빈어)

[3] 이런 경우 동량사(動量詞)라고 하는데, 동사 뒤에서 동사와 결합하여 동작의 횟수를 표시한다. 예를 들면 '去了兩次。(두 차례 갔다.)', '放了一枪。(한 번 쏘다.)' 등과 같다.

[4] '很山东'의 경우 부사 '很'이 명사 '山东'을 수식한 경우인데, '아주 산동사람 같다'는 의미이다.

제8장
중국어의 음운체계

1 중국어의 음절 구조

우리말은 초성(初聲), 중성(中聲), 종성(終聲)이라는 삼분법에 따라 음절을 구분한다. 반면 중국어는 성모(聲母)와 운모(韻母)라는 이분법에 따라 음절을 구분하는데 표준 한국어에는 없는 성조(聲調)라는 개념이 음절에서 중요한 역할을 담당한다. 예를 들면 우리말 '중'은 'ㅈ-초성', 'ㅜ-중성', 'o-종성'으로 구분하지만 중국어의 '中 zhōng'은 한어병음(漢語拼音) 'zh'에 해당하는 성모와 'ong'에 해당하는 운모로 나누게 된다. 그리고 이 외에 'o' 위에 위치한 '⁻'가 성조를 나타내는데 성모나 운모와 같이 중국어 음절에서 매우 중요한 역할을 담당하게 된다. 이렇게 중국어 음절을 이루는 세 가지 기본 요소를 성(聲)·운(韻)·조(調)라고 하며 이를 간략히 도식화하여 표와 수형도(樹型圖)로 나타내면 다음과 같다.

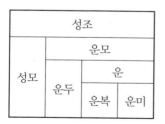
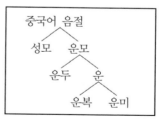

중국어의 음절 구조

위 테이블 전체를 하나의 중국어 음절이라고 보자! 이때 성조는 음절(syllable) 전체에 걸쳐서 실현되고 있음을 볼 수 있다. 그리고 음절은 크게 성모와 운모로 나누어지며 구성이 단순해 보이는 성모와는 달리 운모의 경우는 그 구성이 좀 더 세부적으로 나누어짐을 알 수 있다. 성모와 운모 자리에는 우리가 흔히 말하는 자음(consonant)이나 모음(vowel)과 같은 분절음(segment) 성분이 오지만 성조는 음높이를 나타내므로 초분절(suprasegment) 성분이라고 말할 수 있다. 우리말에서의 음높이는 의미 변화에 영향을 미치지 않지만 중국어의 성조는 그 변화가 의미 변화에 영향을 미치므로 중국어 음절에서 성조가 차지하는 영향력은 성모나 운모와 더불어 매우 중요하다고 말할 수 있다.[1] 즉 앞서 예를 들었던 우리말 '중'은 높은 음으로 말하든 높은 음에서 낮은 음으로 음높이에 변화를 주어 말하든 모두 '중'을 의미한다. 반면 중국어의 'zhōng'은 높은 음에서 낮은 음으로 음높이에 변화를 주면 '重 zhòng'으로 그 의미가 변화하게 된다. 즉 성조의 교체가 성모인 'zh'를 'ch'로 바꾸거나 운모인 'ong'을 'uan' 등으로 바꿀 때 일어나는 의미변별적인 효과를 동일하게 낸다는 것이다.[2] 따라서 중국어 음절에서 성조는 성모, 운모와 더불어 매우 중요한 역할을 한다.

2 음성정보 보조를 위한 한어병음방안漢語拼音方案

중국어의 공식 서사 체계가 한자라는 사실은 누구나 알고 있을 것이다. 한자는 흔히 표의문자(表意文字)라고 일컬어지는데 이는 글자를 보고 정확한 발음을 할 수 있는 우리말과는 달리 한자만으로는 중국어 음절을 발음할 수 없기 때문이다. 물론 형성자(形聲字)의 성부(聲部)를 통해 이 한자가 대략적으로 어떻게 발음될 것이다를 추측할 수 있는 경우도 있지만 추측은 어디까지나 추측일 따름이다. 이에 중국에서는 1958년 표의문자인 한자의 음성정보를 보조하기 위한 수단으로 한어병음방안을 고안하였다.[3] 한어병음방안은 서양의 라틴알파벳 체계를 이용하여 중국어 음절을 나타낸 것으로 한자를 주음(注音)하고 이를 통해 표준중국어인 보통화(普通話)를 보급하고자 하는 목적에서 만들어졌다. 따라서 중국어의 공식 서사 체계인 한자를 대신하는 것이 아니라 한자의 음성정보를 보조적으로 제공하고자 하는 의도에서 만들어진 것이다.

한어병음방안은 영어와 같이 라틴알파벳을 사용하여 음절 구조를 나타내는 것이므로 자음을 나타내는 기호와 모음을 나타내는 기호가 있어 음소(phoneme) 기호 체계를 활용한 주음 체계라고 할 수 있다. 한어병음방안으로 1절에서 이야기한 성모와 운모를 표기하면 다음과 같은 표를 얻을 수 있다.

한어병음으로 표기한 중국어의 성모

성모	b	p	m	f	d	t	n	l	g	k	h	z	c	s	zh	ch	sh	r	j	q	x

한어병음으로 표기한 중국어의 운모

운모	a	e	i(yi)	o	u(wu)	ü(yu)
	ai	ei	ia(ya)	ou	ua(wa)	üe(yue)
	ao		ie(ye)		uo(wo)	
			iao(yao)		uai(wai)	
			iou(you)		ui(wei)	
	an	en	in(yin)		un(wen)	
			ian(yan)		uan(wan)	ün(yun)
	ang	eng	ing(ying)	ong	uang(wang)	üan(yuan)
			iang(yang)		ueng(weng)	
			iong(yong)			

한어병음방안의 고안으로 인해 한자로는 전혀 제공할 수 없었던 중국어 음절의 음성 정보를 보다 쉽게 얻을 수 있게 되었다. 이는 비단 보통화를 구사할 줄 모르는 중국인이 보통화를 배울 때뿐만 아니라[4] 중국어를 외국어로 배우는 학습자들에게도 편리를 제공해 주었다. 그러나 여전히 한어병음만으로는 중국어의 발음을 정확하게 알 수 없다. 왜냐하면 한어병음은 중국어의 음소 체계가 아닌 대략적인 음성 정보만을 전달해 주기 때문이다. 때문에 한어병음을 처음 접하는 학습자들은 중국어 발음을 이상하게 추측하기도 한다. 왜냐하면 한어병음에서 사용하는 라틴알파벳을 영어식으로 발음하기 때문이다. 따라서 한어병음방안을 생각할 때 사용된 라틴알파벳이 중국어의 음소, 즉 다시 말해 자음이나 모음이 아니라는 것을 충분히 숙지해야 할 필요가 있다. 동시에 한어병음방안이 중국어의 발음 기호가 아니라는 것도 분명히 알아두어야 할 것이다.

한어병음방안이 중국어 음절에 대한 음성 정보를 대략적으로 제공하는 데에는 크게 공헌하였지만 그 자체만으로 중국어 음절의 정확한 음가를 알려주지는 않는다. 예를 들면, 한어병음 zh는 중국어 자음 $/tʂ/$를 나타내는 기호로 사용되었을 뿐 그 자체로 /zh/라는 발음을 뜻하는 것이 아니기 때문이다. 또 한어병음 i는 한어병음 zi, ci, si로 쓰일 때와 ji, qi, si로 쓰일 때에 서로 다른 음가로 읽혀져야 한다. 즉 전자의 경우는 중국어 모음 $/ʅ/$를, 후자의 경우는 중국어 모음 $/i/$를 나타내기 때문이다. 한어병음은 어디까지나 한자의 음성 정보를 지원하기 위해 고안된 보조적인 주음 체계일 따름이다.

3 자음과 성모

앞서 1절에서 이야기했던 대로 중국어의 음절 구조는 전통적으로 성모와 운모라는 이분법적 구분으로 나누어졌다. 이에 중국어 음운론에서 성모라는 개념은 매우 흔히 접하는 용어지만 사실 일반 언어학에서는 흔하게 쓰는 용어가 아니다. 성모는 중국어 음절 구조에서 음절 머리에 오는 성분을 가리키는 개념이다. 성모 자리에는 일반적으로 중국어 자음이 오지만 비어있는 경우도 있다. 성모 자리에 어떤 분절음 성분도 오지 않을 때를 가리켜 영성모(零聲母)라고 한다. 또 중국어 자음이라고 할지라도 음절 머리에 올 수 없는 /ŋ/(한어병음 'ng')의 경우는 성모가 될 수 없다. 따라서 성모라는 개념을 자음과 동일한 것으로 생각하면 오류라는 것을 분명히 밝혀 두고자 한다.

반면 자음이라는 것은 폐에서 공기가 올라오면서 성대를 거쳐 발음기관의 장애를 받아 형성되는 음을 가리킨다. 성모가 음절 구조의 일부분을 일컫는 명칭이라면 자음이라는 개념은 말소리 목록을 가리키는 개념이라고 할 수 있을 것이다. 자음은 일반적으로 장애가 형성되는 위치, 즉 조음 위치(place of articulation)와 장애를 형성하는 방법, 즉 조음 방법 (manner of articulation)에 따라 구분된다. 중국어 자음은 모두 22개이며 이를 조음 위치에 따라 7가지 유형으로, 조음 방법에 따라 6가지 유형으로 나눌 수 있다. 중국어 자음을 좀 더 잘 이해하기 위해 중요한 조음 위치를 그림으로 제시하면 다음과 같다.

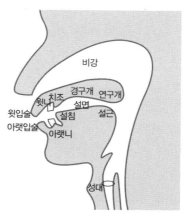

중국어 자음의 조음 위치

이제 중국어 자음을 조음 위치에 따른 분류부터 차례로 설명하도록 하겠다. 설명을 보면서 위의 그림을 참조하여 스스로 발음하여 보면 좀 더 쉽게 이해가 될 수 있을 것이다. 앞서 언급했던 바와 같이 중국어 자음은 조음 위치에 따라 7가지 유형으로 구분할 수 있다.[5] 먼저 양 입술을 붙였다 떼면서 내는 소리인 양순음(bilabial)에는 /p/(b), /pʰ/(p), /m/(m)가 있다. 한국어에서 ㅂ, ㅍ, ㅃ, ㅁ을 발음할 때와 같은 조음 위치여서 한국인 화자들이 발음하기에 어렵지 않은 음이라고 할 수 있다. 다음은 윗니와 아랫입술을 접촉하여 내는 소리인 순치음(labio-dental)으로 /f/(f)가 있다. 한국어에는 동일한 음소가 존재하지 않지만 영어의 f와 동일한 소리이므로 또한 낯설지 않은 음이라고 할 수 있다. 양순음과 순치음을 합쳐 순음(labial)으로 포괄하여 말할 수 있다. 다음은 혀의 끝을 앞니 뒤에 살짝 닿게 했다 떼거나 혹은 가까이 접촉하여 내는 소리인 치음(dental)을 들 수 있으며 중국어 자음 /ts/(z), /tsʰ/(c), /s/(s)가 이에 해당한다. 한국어에는 동일한 자음이 존재하지 않기 때문에 한국인 화자들이 발음할 때에는 각별히 주의가 필요한 음이라고 할 수 있다. 자음 중에 혀끝이나 혀의 앞부분이 윗니 뒤에 볼록한 부분인 치조, 혹은 치경이라 불리는 잇몸에 닿으며 내는 소리가 있는데 이를 치조음(alveolar), 혹은 치경음이라고 부른다. 중국어 자음 중에는 /t/(d), /tʰ/(t), /n/(n), /l/(l)가 이에 해당하며 한국어에도 ㄷ, ㅌ, ㄸ, ㄴ, ㄹ 등이 이에 해당하므로 발음할 때 크게 어려움이 없는 음이라고 할 수 있다. 중국어 자음 중에 한국인 화자들이 어려워하는 자음으로 소위 권설음(retroflex)이라는 것이 있다. 권설음은 혀를 말아 올려 발음하는 음이라는 의미인데 혀끝을 위 잇몸 뒷부분까지 닿을 듯이 말아 올려 닿거나 닿을 듯이 하여 내는 소리를 말한다. 따라서 조음 위치로 보면 후치경, 혹은 후치조음에 해당하는 소리이며 중국어 자음 중에 /tʂ/(zh), /tʂʰ/(ch), /ʂ/(sh), /ɻ/(r)가 이에 속한다. 다음으로 경구개음(palatal)을 들 수 있는데 이는 혀 앞부분을 입천장 앞부분의 딱딱한 부위, 즉 경구개에 닿게 하거나 닿을 듯이 하여 내는 소리를 말한다. 중국어 자음으로는 /tɕ/(j), /tɕʰ/(q), /ɕ/(x)가 경구개 자음이며 한국어 ㅈ, ㅊ, ㅉ과 같은 소리이므로 어렵지 않은 음이라고 할 수 있다. 조음 위치로 유형화 할 때 마지막으로 분류되는 자음이 연구개음(velar)이다. 연구개는 경구개 보다 뒤쪽에 위치하는 말랑말랑한 부분으로 연구개음은 혀의 뒷부분을 입천장 뒤쪽, 즉 연구개에 닿게 하거나 닿을 듯이 하여 내는 소리를 말한다. 중국어 자음 중에는 /k/(g), /kʰ/(k), /x/(h), /ŋ/(ng)이 이에 해당하며 한국어에 동일한 조음 위치의 ㄱ, ㅋ, ㄲ, ㅇ이 존재하므로 역시 어렵지 않은 음이라고 할 수 있다.[6]

한편 중국어의 자음은 조음 방식에 따라 6가지 유형으로 분류될 수 있다. 먼저 조음 위치를 막아서 기류를 통하지 못하게 한 후 이를 터뜨리면서 내는 소리인 파열음(plosive)을 들 수 있다.[7] 중국어 자음에는 파열음이 기식성의 유무에 따라 쌍을 이루며 존재한다. 즉 무기음(無氣音)인 /p/(b)와 유기음(有氣音)인 /pʰ/(p), 무기음인 /t/(d)와 유기음인 /tʰ/(t), 그리고 무기음인 /k/(g)와 유기음인 /kʰ/(k)가 이에 해당한다. 쌍으로 제시하고 있는 이들은 [±기식성]이라는 변별적 자질을 기준으로 음소적인 구분이 이루어질 뿐 조음 위치와 조음 방법이 모두 동일하다. 한국어에는 경음에 해당하는 경우까지 포함되어 세 가지가 하나의 쌍을 이루고 있는데 ㅂ, ㅍ, ㅃ와 ㄷ, ㅌ, ㄸ 그리고 ㄱ, ㅋ, ㄲ이 모두 파열음이다. 다음은 조음 기관 간의 사이를 좁히되 완전히 막지 않도록 하여 기류가 이를 통과할 때 마찰이 일어나게 하는 마찰음(fricative)을 들 수 있다. 중국어 마찰음에는 /f/(f), /s/(s), /ʂ/(sh), /ɕ/(x), /x/(h)가 있는데 다음에 설명할 파찰음과 동일한 조음 위치에서 쌍을 이루는 경우가 많다는 것이 특징적이다. 한국어에서는 ㅅ, ㅆ, ㅎ이 마찰음에 해당하는데 한국어 자음 중 ㅎ은 중국어의 /x/(h)와 가장 비슷한 음이지만 중국어의 /x/(h)가 더 마찰성이 강해 음질이 거친 음이라고 할 수 있다. 앞서 언급한 파열과 마찰이 모두 일어나는 조음 방식의 음을 파찰음(affricate)이라고 말한다. 먼저 파열이 일어난 후 마찰이 일어나는 경우로서 중국어 자음 체계에는 파찰음이 비교적 많은 편이라고 할 수 있다. 또 파열음과 마찬가지로 기식성에 따라 쌍을 이루며 존재하는데 중국어 자음 /ts/(z)와 /tsʰ/(c), /tʂ/(zh)와 /tʂʰ/(ch), /tɕ/(j)와 /tɕʰ/(q)가 이에 해당한다. 이들 쌍은 조음 위치와 조음 방법이 동일한 가운데 [±기식성]에 따라 음소적인 변별이 이루어진다. 또 각각 마찰음 /s/(s), /ʂ/(sh), /ɕ/(x)와도 동일한 조음 위치에서 조음 방법만 달리하는 쌍을 이루며 존재하는 것도 특징적이다.[8]

지금까지 조음 방법으로 유형화한 중국어 자음들은 모두 무성음(無聲音)이다. 반면 이제부터 논의할 남은 중국어 자음들은 모두 유성음(有聲音)이다. 먼저 비음(nasal)을 들 수 있다.[9] 비음은 구강이 조음 기관의 기류를 막는 대신 비강으로 기류를 통과시키며 내는 음을 말한다. 한국어에도 ㅁ, ㄴ, ㅇ이 이에 해당하는 음으로 존재하기 때문에 대응하는 중국어 비음 /m/(m), /n/(n), /ŋ/(ng)은 한국인 화자들이 어렵지 않게 발음하는 자음 유형 중 하나라고 할 수 있다. 다음은 혀의 양옆으로 기류를 흘려보내며 내는 소리인 설측음(lateral) /l/(l)가 있다. 전형적인 자음은 조음 기관의 장애를 받아 내는 소리를 말하는데 설측음의 경우는 조음 기관의 접촉이 매우 적어 장애도 매우 적게 받고 나는 소리이다. 한국어에도 ㄹ이 존재하지만 한국어의 ㄹ은 탄설음(flap)이어서 한국식 ㄹ보다는 영어의 l을 발음하는 것이 더욱 정확한 중국어 설측음 발음이 된다. 조음 방식에 따른 분류 중 가장 마지막은 조음 기관이 접근은 하지만 접촉은 발생하지 않아 장애가 일어나지 않고 발음되는 자음인 접근음(approximant)을 들 수 있다. 중국어에는

/ɻ/(r)이 이에 해당하는데 한국어에 존재하지 않는 음으로 한국인 화자들이 어려워하는 경우라고 볼 수 있다. 영어의 접근음 r을 발음하듯이 하면 되지만 영어 r은 상대적으로 원순성(圓脣性)이 있는 발음인 반면 중국어 /ɻ/(r)는 평순으로 발음되는 다른 점이 있다. 또 영어 r은 조음 위치도 치조 접근음이지만 중국어 /ɻ/(r)은 후치조 접근음이므로 혀의 위치가 더 뒤쪽에서 발음되는 음이라고 할 수 있다. 따라서 영어 r로 발음한다고 해서 중국어 /ɻ/(r)을 제대로 발음하는 것은 아니라고 할 수 있다.

지금까지 설명한 중국어 자음을 표로 정리하여 제시하면 다음과 같다.

중국어의 자음

	양순음	순치음	치음	치조음	권설음	경구개음	연구개음
파열음	/p/ (b) /pʰ/ (p)			/t/ (d) /tʰ/ (t)			/k/ (g) /kʰ/ (k)
파찰음			/ts/ (z) /tsʰ/ (c)		/tʂ/ (zh) /tʂʰ/ (ch)	/tɕ/ (j) /tɕʰ/ (q)	
마찰음		/f/ (f)	/s/ (s)		/ʂ/ (sh)	/ɕ/ (x)	/x/ (h)
비음	/m/ (m)			/n/ (n)			/ŋ/ (ng)
설측음				/l/ (l)			
접근음					/ɻ/ (r)		

표에 제시된 21개의 음들은 모두 자음이다. 이들 중 21개는 성모의 자리에 갈 수 있지만 /ŋ/(ng)은 성모의 자리에 위치할 수 없다. 그렇지만 성모에는 영성모가 존재하므로 '자음 성모+영성모'로 보아 중국어 성모의 개수도 22개라고 할 수 있다. 비록 자음과 성모가 모두 22개로 그 수가 동일하지만 이들은 개념 자체가 다른 것일 뿐만 아니라 그 구성 성분에도 분명한 차이가 있으므로 동일한 개념으로 보지 않도록 주의해야 한다.

4　모음과 운모

지금까지 몇 차례 언급했던 바와 같이 중국어의 음절은 크게 이분법으로 구분한다. 그때 성모를 제외한 나머지 부분을 모두 운모라고 하는데 음절에서 큰 비중을 차지하므로 그 구성도 성모보다 복잡하다. 성모를 자음과 동일한 개념으로 보면 안 되는 것과 마찬가지로 운모도 모음과는 전혀 별개의 개념임에 유의해야 한다. 물론 모음은 운모의 매우 중요한 구성성분이지만 운모의 구성성분으로 자음도 올 수 있으므로 두 개념을 잘 구분해서 사용해야 한다. 따라서 상대적으로 복잡하지 않은 중국어 모음에 대해 먼저 설명한 후 그 구성이 조금 더 복잡한 운모에 대해 설명하도록 하겠다.

자음의 유형을 구분하는 기준이 조음 위치와 조음 방법이라면 모음은 입술의 모양과 혀의 위치에 따라 그 유형을 구분한다. 입술의 모양이라는 것은 원순(圓唇)과 평순(平唇)을 말하고 혀의 위치라는 것은 높이에 따른 고(高)·중(中)·저(低)모음을 말한다. 또 혀의 앞뒤 위치를 따졌을 때에는 전설(前舌)·중설(中舌)·후설(後舌)모음으로 유형을 구분할 수 있다. 모음은 입술이나 혀의 모양과 위치를 조금만 변화시켜도 다른 음으로 지각될 수 있으므로 조음 위치에서 장애를 발생시켜 내는 자음보다 그 음가에 대한 견해가 상대적으로 다양하게 나타난다. 즉 중국어 자음이 22개라는 것에 대해 연구자들의 의견이 대체로 이견(異見)이 없는 것과는 달리 모음에 대한 견해는 연구자마다 상당한 차이를 보인다는 것이다.[10] 본서에서는 중국어 음절 구조에서 가장 중요한 주요 모음으로 나타나는 모든 모음을 중국어 모음으로 간주하고 모두 12개의 모음을 제시하고자 한다. 다음은 모음 사각도 위에 12개의 중국어 모음을 써 넣은 것이다.

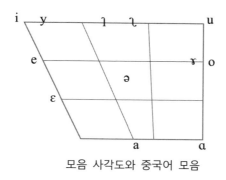

모음 사각도와 중국어 모음

　모음 사각도는 우리의 입을 도식화하여 그려 놓은 것이다. 따라서 독자의 입장에서 보면 왼쪽을 보고 서 있을 때 우리의 입 안이 그림 속의 사각형이라고 생각하면 된다. 사각형 위로 올라갈수록 혀의 높이가 높아지는 것이고 사각형의 뒤쪽, 책에서 오른쪽으로 갈수록 혀의 위치가 뒤로 간다고 생각하면 된다. 그러므로 모음 사각도 안에는 발음되는 모든 모음을 표시해 넣을 수 있다.

　이제 혀의 높이를 기준으로 중국어 모음에 대해 설명해 보도록 하겠다. 먼저 중국어 고모음에는 /i/(i), /y/(ü), /ɿ/(i), /ʅ/(i), /u/(u)가 있다. ( ) 안에 동일하게 /i/(i), /ɿ/(i), /ʅ/(i)는 한어병음으로 모두 i를 쓰지만 실제 발음되는 모음은 / /에 제시된 바와 같이 모두 다른 모음이다. /i/(i)만 소위 우리가 '이'라고 발음하는 경우로 한어병음 ji, qi, xi로 표기되는 음절의 모음에 해당한다. /ɿ/는 치음 자음과 결합하는 모음으로서 한어병음 zi, ci, si 음절에서 발음되는 모음이고 /ʅ/는 권설음 자음과 결합하는 모음으로서 한어병음 zhi, chi, shi 음절에서 발음되는 모음이다. /y/(ü)는 한어병음 ju나 nü 음절에서 발음되는 모음이고 한어병음 u로 표기되는 모음은 발음도 모두 /u/로 발음되는데 예를 들면 한어병음 lu나 bu 음절을 들 수 있다.

　다음은 중국어 중모음을 살펴보기로 하겠다. 중모음은 모음 사각도에서 보는 것처럼 가장 가운데 존재하는 /ə/(e)를 중심으로 중고(中高)모음과 중저(中低)모음으로 세분할 수 있다. 먼저 /ə/는 모음 사각도에서 가장 중심에 위치하는 음으로 중모음이면서 중설모음이다. 예를 들면 한어병음 peng 음절에서 표시된 부분을 발음할 때 나는 모음이다. /ə/ 보다 조음 시 혀의 위치가 위쪽에 위치하는 중고모음에는 /e/(e), /ɤ/(e), /o/(o)가 있고 이들이 발음되는 중국어 음절을 예로 들면 각각 한어병음 bei, de, dou 음절에서 표시된 부분을 발음할 때 나는 모음들이다. 여기서도 볼 수 있는 것처럼 한어병음만으로는 정확한 모음을 말할 수 없다. peng, bei, de는 한어병음 체계에서 동일하게 라틴알파벳 e를 사용하고 있지만 이들의 음가는 완전히 다르기 때문이다. /ə/ 보다 아래에 위치한 중저모음에는 /ɛ/(a)가 있으며 한어병음 tian이나 jian 음절에서 표시된 부분을 발음할 때 나는 모음을 말한다. 혀의 높이를 기준으로 볼 때 마지막으로 분류되는 저모음에는 /a/(a)와 /ɑ/(a)가 있다. 전자는 한어병음 ma나 ban 음절에서 표시된 부분을 발음할 때 나는 모음이고 후자는 한어병음 mang이나 bang 음절에서 표시된 부분을 발음할 때 나는 모음이다. 두 모음은 모두 저모음이지만 실제로 발음해 보면 /a/는 혀의 앞부분에서 발음이 되고 /ɑ/는 뒷부분에서 발음된다는 것을 느낄 수 있다. 즉 조음 시 음소적인 구분이 혀의 높이가 아닌 혀의 앞뒤로 변별적이라는 말이다. 또 이처럼 한어병음 a만으로는 중저모음 /ɛ/, 저모음 /a/와 /ɑ/를 구분할 수 없다.

이제 혀의 앞뒤 위치에 따른 중국어 모음을 분류하여 설명하도록 하겠다. 먼저 혀의 제일 앞부분에서 조음되는 중국어 전설모음에는 /i/(i), /y/(ü), /e/(e), /ɛ/(a)가 있다. 다음 중설모음으로 /ɿ/(i), /ʅ/(i), /ə/(e), /a/(a)가 있고 후설모음으로 /u/(u), /o/(o), /ɤ/(e), /ɑ/(a)가 있다. 각각의 모음이 발음되는 예는 혀의 높이에 따른 분류를 설명할 때 제시했으므로 여기서는 생략하도록 하겠다.[11] 이때 /i/(i)와 /y/(ü)는 혀의 위치로는 음소적인 구분이 되지 않는다는 것을 알 수 있다. 왜냐하면 두 모음 모두 전설 고모음이기 때문이다. 이런 경우에 해당하는 것이 /o/(o)와 /ɤ/(e)도 있는데 이들은 모두 후설 중고모음이기 때문이다. 그렇다면 이들은 어떤 기준에 의해 변별적일까? 바로 입술의 모양, 즉 원순이냐 평순이냐로 음소적인 구분이 이루어진다. /i/(i)와 /ɤ/(e)는 모두 평순모음이고 각각을 발음하다가 입술을 동그랗게 모으면 원순모음 /y/(ü)와 /o/(o)가 된다. 이밖에 중국어 원순모음에는 /u/(u)가 있다. 지금까지 제시한 중국어의 12개 단모음(單母音)을 표로 정리하면 다음과 같다.

중국어의 단모음

	전설모음		중설모음	후설모음	
	평순	원순		평순	원순
고모음	/i/ (i)	/y/ (ü)	/ɿ/, /ʅ/ (i)		/u/ (u,o)
중고모음	/e/ (e)			/ɤ/ (e)	/o/ (o)
중모음			/ə/ (e)		
중저모음	/ɛ/ (a)				
저모음			/a/ (a)	/ɑ/ (a)	

모음이 하나인 경우를 단모음이라고 한다면 두 개 이상인 경우를 복모음(複母音)이라고 한다. 한국어에는 모음이 두 개까지만 오기 때문에 복모음이 모두 이중모음이지만 중국어의 경우 모음이 세 개까지 올 수 있으므로 이중모음 외에 삼중모음도 존재한다. 이중모음에는 /ie/(bie), /ia/(jia), /uo/(duo), /ua/(hua), /ye/(que), /ei/(pei), /ai/(cai), /ou/(zou), /ɑu/(gao)가 있고 삼중모음에는 /uai/(huai), /uei/(gui), /iɑu/(qiao), /iou/(liu)가 있다. 각각의 복모음이 나타나는 음절은 한어병음으로 ( ) 안에 제시된 경우를 들 수 있다.

지금까지 중국어 모음에 대해 논의하였다. 이제 중국어 음절 구조에서 모음이 출현하는 운모에 대해 설명하기로 하겠다. 앞서 언급했던 바대로 운모는 중국어 음절 구조에서 성모를 제외한 나머지 부분을 모두 일컫는 개념이므로 그 내부 구조가 상대적으로 복잡하다. 운모는 크게 세 부분으로 세분되는데 개음(medial)에 해당하는 운두(韻頭)와 주요모음(nucleus)에 해당하는 운복(韻腹), 그리고 마지막 말음(coda)에 해당하는 운미(韻尾)로 나누어진다. 운두는 중국어 음절 구조에서 비어있을 수도 있고 모음이 올 수도 있는데 모음이 오는 경우는 고모음에 해당하는 /i/(i), /y/(ü), /u/(u)만 올 수 있다. 중국어에 이중모음을 지닌 음절이 있는데 앞에 오는 모음이 이 세 가지 모음이면 운두인 경우이다. 예를 들면 한어병음 /tɕia/(jia), /ye/(yue), /uo/(wo) 음절에서 첫 번째 모음은 모두 운두라는 것이다. 음절에서 없어서는 안 되며 가장 중요한 것이 주요모음이므로 이에 해당하는 운복의 자리에는 반드시 모음이 한 개 존재해야 한다. 앞서 제시했던 12개의 중국어 단모음 중 한 개가 오게 된다. 따라서 어떤 음절에 모음이 한 개 존재한다면 그것은 반드시 운복이다. 예를 들어 /pa/(ba), /kɤ/(ge), /ni/(ni) 음절에서 모음은 모두 운복인 것이다. 끝으로 말음에 해당하는 운미에는 자음과 모음이 모두 올 수 있다. 단 자음에는 /n/(n)과 /ŋ/(ng)만 올 수 있고 모음에는 /i/와 /u/만 올 수 있다. 중국어 음절 중에 가장 구조가 단순한 것이 /ta/(da)나 /kʰu/(ku)처럼 운복에 모음이 한 개 오는 경우이고 가장 복잡한 것은 /tʂuaŋ/(zhuang)이나 /tʂʰuan/(chuan)처럼 자음 성모가 오고 운두, 운복, 운미 자리에 분절음이 한 개씩 오는 경우를 들 수 있다.

중국어를 처음 배울 때 교재에서 성조는 한어병음 음절에서 모음 위에 표시하는 것으로 배운다. 모음이 하나일 때에는 그 모음 위에 표시하면 그만이다. 그런데 만약 모음이 두 개 있다면 어느 모음에 표시해야 할까? 개구도(開口度), 즉 입이 벌어지는 정도가 큰 모음에 표시해야 한다. 왜냐하면 저모음일수록 입이 크게 벌어지고 입이 크게 벌어지면 공명도(sonority)가 커지면서 그 모음이 주요모음, 즉 운복이 되기 때문이다. 결국 음절 구조에서 더욱 중요한 모음에 성조를 표시해야 한다는 것이다. 그러나 초급의 학습자들이 모음의 개구도를 깨닫는 것은 쉬운 일이 아니다. 따라서 기술의 편의를 위해 한어병음 음절에서 모음에 해당하는 알파벳이 두 개 있을 때에는 맨 앞에 오는 모음이 i, ü, u인지 아닌지를 살피는 것이 중요하다. 왜냐하면 모음이 두 개 일 때 이들 세 모음 중 하나가 맨 앞에 왔다는 것은 이것이 음절 구조에서 운두에 해당하기 때문이다. 앞서 언급한 바 있듯 운두 자리에는 중국어 고모음 /i/(i), /y/(ü), /u/(u) 중에 하나만 올 수 있기 때문이다. 따라서 한어병음 음절에서 모음이 두 개일 때 첫 번째 모음이 이 세 모음 중 하나라면 뒤에 오는 모음에 성조를 표시해야 한다. 그것이 운복이기 때문이다. 반면 만약 두 개의 모음 중에 앞에 오는 모음이 이 세 모음이 아니라면 앞에 오는 모음에 성조를 표시해야 한다. 이는 운두 자리가 비어있다는 말이므로 자연스럽게 첫 번째 모음이 운복이라는 뜻이 되기 때문이다.[12] 한어병음 xiao, guai 음절처럼 모음이 세 개 있는 경우에는 성조를 표시해야 하는 위치가 더욱 분명하다. 왜냐하면 모음이 차례로 운두, 운복, 운미 위치에 해당할 것이므로 가운데에 오는 모음에 표시하면 되기 때문이다.

5 성조

중국어를 처음 접하는 학습자들에게 중국어에서 가장 어려운 것이 무엇이냐고 물으면 종종 성조라고 말한다. 한국어 화자에게는 성조가 낯선 개념이기 때문이다. 성조는 쉽게 말해 단어의 의미를 구분해주는 음높이를 말한다. 한국어에서 '마'를 높은 음으로 말하든 낮은 음으로 말하든 모두 '마'를 의미하지만 중국어에서는 한어병음 음절 ma를 어떤 음높이로 말하느냐에 따라 모두 다른 의미가 된다. 예를 들면 다음과 같다.

> mā : 높고 평평하게 발음→ '엄마'를 의미
> má : 중간쯤 높이에서 높은 음으로 상승시키며 발음→ '마(麻)를 의미
> mǎ : 낮은 음으로 발음→ '말'을 의미
> mà : 높은 음에서 낮은 음으로 하강시키며 발음→ '욕하다'를 의미

이처럼 성조에 따라 단어의 의미가 변화하기 때문에 중국어 음절에서 성조가 지니는 의미는 성모, 운모와 마찬가지로 중요하다. 위에 제시된 예처럼 중국어에는 네 가지 성조가 존재한다. 제1성의 음높이 곡선은 높고 평평하게 나타난다. 일찍이 조원임(趙元任) 선생님이 제시한 오도제(五度制)를 사용해 수치로 나타내면 55로 표시할 수 있다.[13] 제2성의 음높이 곡선은 중간쯤 높이에서 높은 음으로 상승하는 형태로 나타난다. 오도제로 표현하면 35로 나타낼 수 있다. 일반적으로 제3성의 음높이 곡선은 비교적 낮은 음높이에서 가장 낮은 음으로 내렸다가 상승해 올라가는 형태로 표현된다. 이에 오도제로 나타내면 214로 표현할 수 있다. 그러나 이때 가장 중요한 제3성의 특징은 낮은 음이라는 것이다. 후미(後尾)에 이루어지는 상승은 실제 발화에서 이루어지지 않아도 저조(低調)만 잘 살려준다면 중국어를 모어로 하는 화자에게는 제3성으로 인식된다. 반면 후미 상승을 인식해 저조를 충분히 낮추지 못하고 상승을 하면 제2성과 구분이 모호해지게 된다. 따라서 제3성을 발음할 때에는 저조를 충분히 실현시켜 주어야 한다. 마지막 제4성의 음높이 곡선이 보여주는 특징은 높은 음에서 낮은 음으

로 하강하는 형태를 보여준다는 것이다. 이를 오도제로 표현하는 51
로 나타낼 수 있다. 앞서 언급한 음높이 곡선을 조형(調型)이라고 하
고 오도제를 이용해 나타낸 숫자는 성조값, 즉 조치(調値)라고 한다.
지금까지 언급한 네 가지 성조를 표로 정리하면 다음과 같다.

중국어의 성조

성조	명칭	조형의 특징	조치	예
제1성	음평	높고 평평	55	媽
제2성	양평	상승	35	麻
제3성	상성	낮음	214	马
제4성	거성	하강	51	骂

위 표를 보면 명칭 란에 음평(陰平), 양평(陽平), 상성(上聲), 거성
(去聲)이라는 말이 있다. 많은 개론서나 교재에서 이와 같은 명칭을
쓰고 있다. 이는 현재의 사성(四聲)이 고대 중국어로부터 발전해 오면
서 성조가 현재와 같은 모양을 갖추게 되었고 그래서 예전의 명칭이
그대로 현재에까지 이어진 것으로 볼 수 있다. 따라서 편리상 제1성
－제4성으로 부를 수도 있지만 음평, 양평, 상성, 거성이라는 명칭도
알아둘 필요가 있다. 다음은 위의 표에 제시된 중국어 네 가지 성조
예의 조형을 오선지 위에 그림으로 나타낸 것이다.

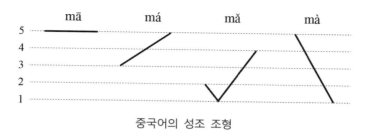

중국어의 성조 조형

중국어 성조를 이야기할 때 제3성의 경우는 좀 더 주의를 기울여야 한다. 성조가 홀로 쓰일 때는 214의 조치를 가지지만 실제 발화가 이루어질 때에는 214까지 후미 상승이 이루어지는 경우가 거의 없다는 것이다. 대체로 21 정도로 저조만이 실현되는데 이런 현상의 제3성을 일컬어 반삼성(半三聲), 혹은 반상(半上)이라고 말한다. 다시 말해 제3성은 실제로 발음될 때 반삼성 혹은 반상으로 발음된다는 말이다. 아래 제3성이 들어간 단어와 문장을 읽어 보자! 반삼성으로 발음된다는 것을 금방 느낄 수 있을 것이다.

> **好**吗? hǎo ma?　→ 좋아?
> **我**爱**你**。wǒ ài nǐ　→ 나는 너를 사랑해.
> 不**喜**欢。bu xǐhuān　→ 좋아하지 않아.

또 중국어의 성조에는 위에서 언급한 네 가지 성조 외에 경성(輕聲)이라는 것이 존재한다. 경성은 한자 때문에 가벼운 성조라고 생각되기 쉬우나 실제 그 본질은 짧게 발음되는 성조라는 것에 있다. 짧게 발음되기 때문에 충분히 길게 발음되는 제1성－제4성에 비해 상대적으로 음세기도 약해지는 것이다. 이는 음세기를 약하고 길게 한다고 해서 경성이 실현되지 않는다는 것을 말한다. 아래 제시되는 단어들에 밑줄 그어진 부분을 서로 비교하면서 발음해 보자. 경성이 아닌 음절이 확실히 경성인 음절보다 길게 발음되고 경성인 음절은 짧게 발음된다는 것을 느낄 수 있을 것이다.

> 思想 **sī**xiǎng → 생각　　vs　　没意思 méi yì**si** → 재미없다
> 复习 fù**xí** → 복습하다　vs　　休息 xiū**xi** → 쉬다
> 到底 **dào**dǐ → 도대체　　vs　　味道 wèi**dao** → 맛

뒤에 제시된 음절은 앞에 제시된 음절에 비해 상대적으로 짧게 발음된다. 이에 따라 음의 세기도 앞에 제시된 것에 비해 약하게 실현된다. 뒤에 제시된 음절을 약하게 발음하면서 앞에 제시된 음절만큼 길게 발음해 보자. 그런다고 해서 뒤에 제시된 음절이 자연스럽게 경성으로 실현되지 않는다는 것을 쉽게 느낄 수 있을 것이다. 경성의 영어 명칭은 우리말이나 중국어의 명칭으로부터 올 수 있는 가벼운 성조라는 개념상의 혼란을 줄여준다. 경성의 영어 명칭은 중성적인 성조라는 뜻의 neutral tone이라는 용어를 쓴다. 이는 경성이 앞서 언급한 네 가지 성조와는 달리 정해진 조형이나 조치 없이 선행하는 성조에 따라 조형과 조치가 달라지기 때문에 붙여진 명칭이다. 경성으로 쓰이는 음절들은 원래 단독으로 쓰일 때 제1성 – 제4성까지의 성조를 지닌다. 다만 다른 음절과 어울려 쓰는 가운데 경성으로 쓰이는 경우가 있는데 이때는 앞 음절에 오는 성조의 영향을 받아 조형과 조치가 변하게 된다. 이런 이유로 인해 경성의 음운적인 지위는 제1성 – 제4성과 다를 수밖에 없고 따라서 일반적으로 중국어에는 네 가지의 성조가 존재하고 이외에 경성이 존재한다고 말하는 것이다. 경성의 음높이는 앞 음절이 제3성일 때 가장 높고 제2성, 제1성, 제4성 순으로 낮아진다. 위에 주어진 경성 음절이 포함된 단어들에서는 '没意思 méi yìsi'나 '味道 wèidao'의 경성이 '休息 xiūxi'의 경성 보다 자연스럽게 낮은 음높이에서 실현된다는 것을 느낄 수 있을 것이다. 더 많은 예를 대상으로 확인해 본다면 두 번째 경성 음절의 음높이가 앞서 언급한 순서대로 낮아진다는 것도 느낄 수 있을 것이다.[14] 경성은 홀로 쓰이거나 어두(語頭) 즉 1음절의 위치에 놓일 수 없으며 반드시 앞에 제1성 – 제4성 중 하나 이상의 성조를 지닌 음절이 선행해야 한다.

중국어의 성조를 이야기할 때 반드시 언급되는 중요한 한 가지는 연독변조(連讀變調)에 관한 것이다. 연독변조란 두 가지 성조가 이어지면서 앞서 소개한 제1성−제4성까지의 조치에 변화가 생기는 것을 의미한다. 말을 할 때에는 한 음절만 발화하는 경우가 드문 편이므로 연독변조는 일상 회화에서 매우 빈번하게 출현하기 마련인데 가장 중요한 것이 제3성에서 일어나는 변조이다. 제3성은 제1성, 제2성, 제4성 앞에서 모두 반삼성으로 발음한다. 다만 제3성 앞에서, 즉 제3성이 두 개 연이어지면 앞에 위치하는 제3성이 제2성으로 변화하게 된다. 예를 들면 '好久不见! hǎo jiǔ bú jiàn (오랜만이야!)'는 글자 순서대로 '제3성 + 제3성 + 제2성 + 제4성'으로 구성된 문장인데 앞에 오는 두 개의 제3성 조형이 연독변조 되면서 '제2성 + 제3성'의 조형으로 변화하게 된다는 말이다. 조형의 변화를 그림으로 나타내면 다음과 같다.

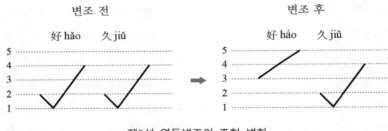

제3성 연독변조의 조형 변화

　　그렇지만 제3성 변조의 변조 상황은 성조를 표시하는 데에 반영하지 않기 때문에 성조를 적을 때에는 여전히 'hǎo jiǔ'라고 적고 발음만 '제2성+제3성'으로 한다는 것도 아울러 기억해야 한다.

　　변조에서 또 다루는 것이 '一'와 '不'의 발음에서 일어나는 연독변조이다. '一'의 단자조(單字調)는 원래 제1성으로 한어병음으로 나타내면 'yī'가 된다. 그러나 단음절로 홀로 쓰일 때와 서수, 연월일, 요일, 시간 등에 쓰일 때 외에는 대체로 제1성−제3성 앞에서는 제4성으로 발음되고, 제4성 앞에서는 제2성으로 발음된다. '不'의 경우는 단자조가 원래 제4성이며 다른 성조 앞에서는 모두 원래 성조대로 제4성으로 발음하지만 동일한 제4성 앞에서는 앞의 것이 제2성으로 변조된다. 그리고 '一'와 '不'의 연독변조 상황은 성조를 표시할 때 모두 반영하여 쓴다. 즉 '一'의 성조는 상술한 연독변조의 상황에 따라 'yī, yí, yì'로 쓰며, '不'의 성조는 'bù, bú'로 써야 한다. 아래 주어진 예를 발음하면서 연습해 보자!

> 一月 yī yuè → 1월   不好 bù hǎo → 좋지 않다
> 一件 yí jiàn → 한 벌   不多 bù duō → 많지 않다
> 一双 yì shuāng → 한 쌍   不要 bú yào → 원하지 않다

　지금까지 소개한 연독변조는 중국어 발화에서 반드시 지켜야 하는 일종의 부자유 음변(音變)으로서 중국어를 처음 배울 때부터 규칙을 잘 이해하고 적용시켜 습득할 필요가 있다. 변조를 적용시키지 않으면 두 가지 음절이 연이어지는 발음에서 성조 발음이 더 어려워질 뿐만 아니라 때로는 의미전달에 방해가 되기 때문이다.

6 방언

　중국의 언어 상황은 우리나라와 매우 다르다. 따라서 중국어라는 말을 사용할 때에는 그 의미를 좀 더 구체적으로 밝힐 필요가 있다. 일반적으로는 중국에 사는 사람들의 90% 이상을 차지하는 한족(漢族)의 말을 중국어라고 한다. 그 중에서도 보통화(普通話)라고 하는 현대표준중국어를 중국어라고 하는 경우가 가장 많다. 그러나 중국의 언어 상황을 좀 더 구체적으로 살펴보면 중국에는 한족 외에도 55개

의 소수민족이 존재하고 이 중 회족(回族)과 만주족(滿洲族)을 제외한 53개의 민족이 자기 민족 고유의 언어를 보존하고 있다.[15] 이들 소수민족의 경우는 따라서 제1언어로 접하게 되는 언어가 자기 소수민족의 언어라고 할 수 있다. 그리고 국가 공통어인 보통화를 학령기에 접어들어 접하는 제2언어로서 배우게 된다.

이런 복잡한 소수민족의 언어뿐만 아니라 중국의 한족이 사용하는 말 자체도 보통화와 다른 경우가 상당히 많다. 왜냐하면 지역에 따라 매우 상이한 음운체계를 지닌 방언이 존재하고 있기 때문이다.[16] 비단 성모와 운모가 다를 뿐만 아니라 성조도 적게는 3개에서부터 많게는 10개까지 지역별로 매우 큰 차이를 보이기 때문이다.[17] 이렇듯 중국의 언어 상황은 매우 복잡한 실정이므로 모두 다루어 보기는 어렵다. 지금까지 앞서 살펴본 중국어의 음운체계는 모두 보통화에 한정된 상황이다. 따라서 여기서는 중국의 복잡한 언어 상황의 일면을 보여주는 중국의 7대 방언에 대해 간략히 소개하기로 하겠다.

같은 나라 사람들끼리 서로 말이 통하지 않는다는 것은 우리나라 상황에서는 사실 상상이 잘 가지 않는 일이다. 그러나 남부 지역 사람들이 쓰는 말을 북부 지역 사람들이 전혀 알아듣지 못하는 일은 중국에서 매우 흔한 일이다. 이는 그만큼 남부와 북부 지역 중국어 방언의 음운체계 차이가 크다는 것을 말해 준다. 중국어 방언을 언어 요소 측면에서 살펴보면 방언 간 음운의 차이가 가장 크며 어휘, 문법 순으로 뚜렷한 차이를 보인다. 방언이라는 개념을 적용할 때에는 의사소통의 여부도 기준이 될 수 있지만 중국의 경우는 단일한 통치 체제 아래에서 사용되는 언어라는 정치적인 이유도 적용되고 있다고 할 것이다. 또 방언이 중국의 공식 서사 체계인 한자를 공유하고 있다는 점도 방언이라는 기준을 적용할 수 있게 한다. 한자는 표음 문자가 아닌 표의 문자이므로 초(超)방언적으로 사용될 수 있다.

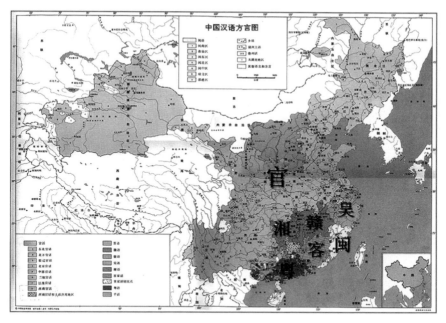

중국의 방언 지도[18]

　중국을 지역적으로 크게 세 부분으로 나누면 북부, 중부, 남부로 나
눌 수 있을 것이다. 아래 지도를 보면 북쪽에 가장 크게 자리 잡고 있
는 지역이 북부 방언 지역으로 관화방언(官話方言) 지역이라고 할 수
있다. 그 아래 오(吳), 감(贛), 상(湘)방언으로 나누어진 부분을 중간으
로 보아 중부 방언 지역으로 볼 수 있고 가장 남부 지역에 속하는 민
(閩), 객가(客家), 월(粤)방언 지역이 남부 방언 지역이라고 할 수 있
다. 이렇게 중국어의 방언은 일반적으로 크게 7개 대방언(大方言) 지
역으로 나누어진다. 북부에서 남부로 갈수록 중국어의 옛 음운체계를
더욱 많이 보존하고 있으며 앞서 설명한 보통화의 지역적인 근거가
되어준 북부 지역 방언이 시대에 따라 가장 큰 변화를 겪은 것으로
보인다. 특히 우리가 흔히 받침이라고 말하는 /p, t, k/와 같은 자음 운

미와 /m, n, ŋ/ 같은 비음 운미는 북부 방언 지역에서는 대체로 사라지거나 소수의 운미로 통합된 반면 남부 방언에는 옛 모습 그대로 잘 보존되어 현재도 사용되고 있는 경우를 많이 볼 수 있다.

먼저 가장 넓은 지역에 분포하고 있는 관화방언은 양자강(揚子江) 이북 지역 중에서 소수민족 언어가 우세한 지역을 제외한 전 지역과 양자강 중상류 이남지역을 모두 포함하는 지역의 방언이다. 대표지역으로는 북경(北京)을 꼽으며 보통화의 기초 방언이 되어 주었다. 한족의 70%가 사용하는 방언으로 지역적으로 가장 넓게 분포하는 방언인 만큼 사용 인구수도 가장 많은 방언이라고 할 수 있다.

중부방언에 속하는 오방언은 강소성(江蘇省) 양자강 이남지역 및 절강성(浙江省)의 대부분을 포함하는 지역의 방언이다. 남경(南京)의 경우는 양자강 이남에 위치하지만 관화방언 지역이다. 오방언의 대표지역으로는 소주(蘇州)나 상해(上海)를 꼽을 수 있으며 전체 한족의 8.4% 정도가 사용하여 관화방언에 이어 두 번째로 많이 사용되는 방언이다.

중부방언에 속하는 또 다른 방언인 감방언은 강서성(江西省)과 호남성(湖南省) 동부 일대의 지역을 포함하는 방언이다. 감은 강서성의 별칭이기도 하고 강서성에 있는 강의 이름이기도 하다. 전체 한족의 2.4% 정도가 사용하고 있으며 대표지역으로는 남창(南昌)을 꼽을 수 있다.

중부방언 중에 마지막으로 언급할 것은 상방언이다. 호남성(湖南省) 서북쪽의 일부를 제외한 중부 및 남서부 지역을 포함하는 일대의 방언이다. 상은 호남성의 별칭이기도 하고 광서(廣西) 지역에서 발원하여 호남성으로 흘러 들어가는 강의 이름이기도 하다. 전체 한족의 5% 정도가 사용하고 있으며 대표지역으로는 장사(長沙)를 꼽을 수 있다.

남부방언으로서 가장 고어(古語)를 많이 보존하고 있는 것으로 알려져 있는 민방언은 복건성(福建省) 및 광동성(廣東省)의 북동부 지역과 해남성(海南省)의 대부분 지역과 절강성(浙江省)의 남부지역을 포함하는 지역의 방언이다. 중국 방언 중에서 내부적인 분화가 가장 복잡한 방언이라고 할 수 있어 다시 민북(閩北)과 민남(閩南) 두 개로 세분하거나 혹은 민동(閩東)까지 세 개로 세분하기도 한다. 전체 한족의 4.2% 정도가 사용하고 있으며 대표지역으로 민북은 건구(建甌)를, 민남은 하문(廈門)을, 민동은 복주(福州)를 꼽을 수 있다.

또 다른 남부방언인 객가방언은 강서성(江西省), 광동성(廣東省), 광서성(廣西省), 복건성(福建省), 해남성(海南省), 대만 등의 지역을 두루 포함하는 일대의 방언이다. 객가라는 말은 '손님, 이방인'을 뜻하는 말로서 북쪽 중원(中原)에 살던 사람들이 전란을 피해 남쪽으로 이주하면서 형성된 언어 공동체이다. 즉 북쪽에서 남쪽으로 이주해온 이방인들이 쓰는 말을 가리키는 방언이라고 할 수 있다. 전체 한족의 4% 정도가 사용하며 대표지역으로는 매현(梅縣)을 꼽을 수 있다.

마지막으로 남부방언에 속하는 월방언은 우리가 흔히 말하는 광동어를 일컫는 말로서 영어 Cantonese가 바로 이 지역 말을 가리키는 것이다. 보통화와 비교할 때 방언 중에 가장 차이가 큰 방언으로서 광동성(廣東省)의 중부와 서남부 지역 및 광서성(廣西省)의 동남부뿐만 아니라 홍콩과 마카오 등 넓은 지역에서 사용되는 방언이다. 전체 한족의 5% 정도가 사용하고 있으며 대표지역으로는 광주(廣州)를 꼽을 수 있다.

[1] 음운체계에 있어 초분절음의 지위는 일반적으로 분절음 보다 음운적으로 낮은 위치를 차지하게 된다. 왜냐하면 초분절음은 독립적이지 못하고 분절음이 존재할 때 그와 더불어서만 실현될 수 있기 때문이다. 또 분절음에 변화가 생기면 의미에 변화를 초래하는 반면 초분절음의 변화는 발음이 자연스럽지 않은 정도에 영향을 미칠 뿐 궁극적으로 의미에는 변화를 초래하지 않는 경우가 많기 때문이다.

[2] '中 zhōng'을 음절의 다른 성분을 그대로 유지한 채 성모만 'ch'로 교체하면 '冲 chōng'이 되어 그 의미가 바뀌게 된다. 또 '中 zhōng'에서 음절의 다른 성분을 그대로 유지한 채 운모만 'uan'으로 교체하면 '专 zhuān'이 되어 그 의미가 바뀌게 된다.

[3] 아편전쟁(1840~1842)과 청일전쟁(1894~1895)의 잇따른 패배로 인해 자괴감에 빠져있던 중국의 많은 지식인들은 소위 이전에 잘나가던 중국이 이렇게 패망의 길을 걷게 된 것은 문맹이 많아 중국 사람들의 수준이 낮아지고 이로 인해 서양에 비해 모든 것이 뒤쳐지게 된 때문이라고 생각하였다. 그리고 사람들의 이런 무지는 중국의 공식 서사 체계인 한자가 너무 어렵기 때문에 비롯된 것이라고 생각하였다. 이에 중국에서는 1950년대에 문맹을 낮추고자 세 가지 언어 개혁을 실시하였다. 보통화의 보급, 간체자의 지정, 한어병음방안의 고안이 바로 그것이다.

[4] 우리나라에서 표준어를 모른다는 것은 쉽사리 이해하기 힘든 상황이지만 중국은 서로 의사소통이 어려울 만큼 다양한 방언이 발달해 있고, 그에 더해 소수민족의 언어까지 다양하게 존재하고 있어 언어 상황이 우리보다 훨씬 복잡하다. 이에 중국인이라고 해도 그들의 표준어인 보통화를 구사할 줄 모르는 인구수가 상당히 많이 존재한다. 물론 중국의 빠른 성장은 교육 기회의 증가에도 많은 영향을 미쳐 보통화를 구사할 줄 아는 인구수가 많아지고 있지만 여전히 보통화를 제2외국어처럼 배우는 인구도 적지 않게 존재한다는 사실은 중국의 흥미로운 언어 상황의 일면을 잘 반영해 준다.

[5] 한어병음은 중국어 자음을 나타내는 것이 아니므로 음소를 나타내는 / / 안에 해당 자음의 IPA를 적어 두었다. 그렇지만 이 책을 보는 독자들은 한어병음에 익숙할 것이므로 ( ) 안에 그 자음을 위해 쓰이는 한어병음도 함께 적어 두었다.

[6] 여기서 제시하고 있는 명칭들은 주로 일반언어학 쪽에서 제시하는 명칭을 위주로 설명하였다. 중국 쪽 연구서들은 보통 조음 위치에 따른 중국어 자음의

분류를 혀를 중심으로 용어를 제시하는 경우가 많다. 예를 들면 치음의 경우 혀끝이 입의 앞부분에서 만들어내는 소리라는 의미로 설첨전음(舌尖前音), 치조음은 그 보다 뒤쪽인 중간에서 만들어내는 소리라는 의미에서 설첨중음(舌尖中音), 후치조음은 더 뒤쪽에서 나는 소리라는 의미에서 설첨후음(舌尖後音)이라는 용어를 사용한다. 또 경구개음의 경우 혓바닥을 사용한다는 의미에서 설면음(舌面音)으로, 연구개음의 경우 혀의 끝, 즉 뿌리 부분을 사용한다는 의미로 설근음(舌根音)이라는 용어를 사용한다. 동일한 자음에 대한 명칭이 연구서마다 다양하게 제시될 수 있으므로 용어 차이로 인해 같은 음을 다른 음으로 생각하지 않도록 주의해야 한다.

[7] 최근 국어 학계에서는 폐쇄음(stop)이라는 용어를 더 많이 사용하는 것으로 파악된다. 파열음과 폐쇄음은 같은 조음 방법의 음을 가리키는 용어인데 전자가 조음 위치를 막아 기류를 터뜨리는 것에 중점을 둔 용어라면 후자는 조음 위치를 막는 것에 중점을 둔 용어라고 볼 수 있다.

[8] 중국에서는 파열음, 마찰음, 파찰음의 용어로 각각 색음(塞音), 찰음(擦音), 색찰음(塞擦音)이라는 용어를 쓴다. 국내에서 출판되는 여러 서적 가운데에는 이렇게 이들 중국어 용어를 그대로 한국식으로 읽어 사용하기도 하므로 용어 차이로 인해 동일한 음을 다른 음으로 오인하지 않도록 주의해야 한다.

[9] 우리가 일반적으로 파열음이라고 할 때 사용하는 용어는 구강 파열음을 일컫는 말이다. 파열이 구강 외에 비강에서 일어나는 비강 파열음의 경우는 조음 방식을 보통 비음으로 따로 분리하여 제시한다.

[10] 오래된 중국어 개론서를 보면 한어병음에 쓰인 라틴알파벳 중 모음을 나타내는 것이 a, e, i, o, u, ü, 6개라는 단순한 근거를 바탕으로 중국어 모음을 6개로 소개하는 경우가 있다. 또 비교적 최근에는 서양 이론을 바탕으로 중국어 모음을 기저형(underlying representation)에 /i, u, y, ə, a/ 5개가 존재하고 나머지 표면형(surface representation)으로 나타나는 것은 상보적 분포(complementary distribution)에 의한 변이음(allophone)으로 보는 관점도 존재한다. 이 밖에도 8개부터 14개까지 연구자마다 연구의 의도와 편의에 따라 중국어 모음에 대한 관점은 매우 다양하게 존재한다.

[11] 음절에서 각 모음이 조음되는 경우의 한어병음을 ( )에 써 넣었으나 자음과는 달리 모음의 경우는 좀 더 복잡한 문제가 있다. 자음은 적어도 하나의 자음이 한 가지 한어병음과 일대일 대응을 이루지만 모음은 그렇지 않기 때문이다. 본문에서 언급한 한어병음 i와 e 혹은 a의 문제뿐만 아니라 한어병음 o가 나타내는 음가의 문제도 존재한다. 예를 들면 한어병음 ta**o**, xia**o**, d**o**ng, qi**o**ng

에서 표시된 o의 음가가 /o/가 아니고 /u/이기 때문이다. 뿐만 아니라 실제 발음에서는 존재하는 모음이지만 한어병음 음절에서는 제시가 되지 않는 경우도 있다. 예를 들면 한어병음 hun(/xuən/), liu(/liou/), dui(/tuei/) 음절에서는 ( ) 안에 밑줄로 표시된 모음의 표기가 생략되어 있다.

[12] 그런데 한어병음 jiu나 gui 음절처럼 한어병음 상으로 두 모음이 모두 고모음으로 개구도가 같을 때에는 어느 모음에 성조를 표시해야 할까? 음운적으로 보면 앞서 언급한 바 있듯 이들 음절은 사실 삼중모음으로서 한어병음 표기에서 가장 중요한 운복이 생략된 것이므로 원칙적으로 어디에도 성조를 표기할 수 없을 듯하다. 그러나 앞에 오는 모음이 운두를 나타내며 운두의 실현은 음성적으로 짧은 활음(glide)으로 실현되므로 뒤에 오는 모음에 성조를 표기한다. 따라서 이 경우도 한어병음 음절에서 모음이 두 개일 때 첫 번째 모음이 i, ü, u이면 뒤에 오는 모음에 성조를 표기하라는 편의상의 원칙이 일관되게 적용될 수 있다.

[13] 오도제의 개념은 일찍이 조원임 선생님이 제시한 것으로 성조의 음높이를 1-5의 숫자를 사용해 나타낸 것이다. 가장 낮은 음이 1이고 가장 높은 음이 5인데 이는 절대적인 음높이 수치가 아니며 개개인의 음역(音域) 내에서 낼 수 있는 음높이를 상대적인 음높이로 나타낸 것이다.

[14] 지금까지 논의한 중국어의 성조는 표준 중국어인 보통화의 성조만을 대상으로 한 것이다. 넓은 영토를 지닌 중국의 경우 크게 7대 방언으로 방언 지역을 나누고 각 방언 지역 안에서도 서로 의사소통이 완전히 이루어지지는 않을 만큼 다양한 방언의 음운 체계에 따라 성조의 개수도 지역적인 차이가 매우 크다. 전체적으로 볼 때 남부 지역의 경우 성조의 개수가 많은 편이어서 성조가 10개 존재하는 곳도 있다.

[15] 회족은 종교적으로 이슬람교도 집단으로 이루어진 소수민족이므로 말은 한족의 말을 사용하고 만주족은 본래 만주어를 간직했으나 지금은 사멸하고 사용하지 않게 되어 현재는 역시 한족의 말을 사용하고 있다. 자기 민족 고유의 말을 간직하고 있는 53개의 소수민족 중에 23개의 민족은 문자도 보존하고 있는데 조선족의 경우가 대표적이라고 할 수 있다.

[16] 지역별 방언음을 들어보고 싶다면 다음과 같은 사이트를 참고해 볼 수 있다.
汉语方言发音字典 http://cn.voicedic.com/
乡音苑 http://www.phonemica.net/

[17] 성조가 세 개 존재하는 예로는 광동(廣東)의 연태(烟台) 지역을 예로 들 수 있고 10개가 존재하는 지역은 월방언에 속하는 광서장족자치구(廣西莊族自

治區)의 박백현(搏白縣)을 들 수 있다.

[18] 지도는 http://www.onegreen.net/maps/HTML/51234.html에서 다운받고 그 위에
7대 방언구 이름을 필자가 덧붙여 넣었다.

제9장
중국어의 품사체계

    품사(品詞)라는 것은 단어를 그 어법적인 기능에 따라 분류한 가장 큰 단위를 말한다. 전통적으로 명사·동사·형용사·부사 등이 이에 속하며, 이것을 정하는 기준으로, 이론적으로는 단어가 가지는 의미와 어법적 기능의 두 가지를 생각할 수 있다. 그러나 이 두 기준을, 동시에 적용하는 단어 분류는 어려운 일이다. 품사분류는 한 언어의 어법[1]을 설명하기 위한 것이므로 그 언어의 어법 범주[2]가 기준이 된다. 어법 범주 가운데서도 형태 곧 어형변화를 바탕으로 하는 범주가 바람직하다. 그러나 중국어는 기본적으로 형태변화를 하지 않기 때문에 서양언어와 같이 단수와 복수의 어형변화를 가지는 단어를 명사로, 그리고 시제(時制)·서법(敍法)의 어형변화를 가지는 단어를 동사라 하는 따위로 품사를 규정짓는 일은 불가능하다. 그러므로 중국어와 같이 어형변화가 빈약한 언어에서는 형태론적 기준 이외에 다른 기준이 필요하다. 다시 말해 다른 단어와의 결합에서 나타나는 특징, 즉 통사론적(統辭論的) 기준에 따라 다시 분류하여야 한다. 이 밖에 단어의 의미가 지향하는 방향, 곧 의미적 범주를 또 하나의 기준으로 하기도 한다.

    각종 어법서에 보이는 품사의 정의, 예를 들면 "명사는 사물의 명칭을 가리킨다"하는 따위의 정의는 의미적 범주에 의해 품사를 분류한 것처럼 보이게 한다. 그러나 의미적 범주는 범주 자체의 설정이 곤란하므로 엄밀한 기준이 되기 어렵다. 이와 같이 품사분류는 몇 가지 다른 기준들이 혼합되어 행하여지므로 이론상으로는 난점이 많지만, 분류가 목적이 아니라 어법구조의 해명을 위한 수단이므로 기준에 너무 엄격할 필요는 없다. 동일언어의 품사분류라도 그 어법에 대한 견해에 따라서, 곧 어법학자에 따라서 분류가 다를 수가 있다. 또 언어에 따라서 품사분류가 다른 것도, 언어는 각각 그 구조를 달리하는 것이므로 당연한 일일 것이다.

1 중국어의 품사는 몇 개인가?

『마씨문통(馬氏文通)』[3] 이후 1950년 이전까지는 주로 서양의 전통 어법에 따라 중국 어법을 분석하고 이해하려고 노력하였다. 즉 너무 개념[意義]을 중시한 나머지 형식을 등한시하는 한계성을 드러내고 말았다. 즉 이전의 연구 성과를 계승만 했을 뿐 더욱 발전시키지는 못하였다. 그러나 1950년 이후는 다른 양상을 보인다. 새로운 서양의 언어학 이론과 방법으로 중국어 어법을 연구하는 경향이 일어나기 시작했다. 다시 말해 이전의 성과 위에 한 단계 더 발전된 모습을 보이기 시작한 것이다. 여러 학자들의 주장을 종합해 보면 다음과 같다.

진승택(陳承澤, 1885.3~1922.8)이 지은 대표적인 고대 어법서인 『국문법초창(國文法草創)』(1922)에서는 『마씨문통(馬氏文通)』의 품사분류에 의의를 제기하였는데, 예를 들면 대명사를 명사에 넣어 설명하는 것 등이다. 그는 또한 처음으로 품사분류 문제는 고대 어법 연구에 있어 마땅히 해결되어야 할 기본적인 문제라고 지적하고 체계적으로 고대 중국어의 품사분류 활용 현상을 분석하였다. 그리고 정확한 품사분류 기준을 설정해야 한다고 여겼다. 그는 품사를 크게 명자(名字), 동자(動字), 상자(象字), 부자(副字) 등의 실자(實字)와 개자(介字), 연자(連字), 조자(助字), 감자(感字) 등의 허자(虛字) 8 가지로 구분하였다. 비록 고대 어법에 관련된 많은 문제점들을 다 해결하지는 못했지만 참신한 의견과 방향을 제시하였다는 평가를 받고 있다.

김조재(金兆梓, 1889~1975)의 초기 주요 중국어 어법 이론서인『국문법지연구(國文法之研究)』(1922)는 논리적으로 중국어 어법을 연구하였으며, 언어 습관을 중시한 책이다. 모두 3장으로 이루어져 있으며 품사분류에 있어 이전과는 다른 체사(體詞, Substance-words), 상사(相詞, Attribute-words), 부사(副詞) 등 실자(實字) 세 가지와 제명허자(提命虛字), 연계허자(聯係虛字), 전물허자(傳吻虛字), 절대허자(絶對虛字) 등 허자(虛字) 네 가지로 구분하여 모두 7품사로 나누었다. 또한 이 책에서는 명사와 대명사를 총칭하는 용어로 체사(體詞)라는 명칭을 사용하였고, 동사와 형용사를 가리켜서 상사(相詞)라고 하였는데, 동사와 형용사가 문장 속에서 술어로 사용될 때 양자를 확실하게 구별하기 힘들기 때문에 붙여진 이름이다. 그리고 이 책의 또 다른 특징은 어법 관계와 논리 관계를 연계시켜서 어법을 연구한 점이다. 또한 연구 방법에 있어서도 새로운 체계를 수립하였는데, 역사적인 연구와 비교적인 연구 및 통념적인 연구를 동시에 잘 적용시켰다는 것이다. 하지만 새로운 어법 체계의 테두리만 그려 놓았을 뿐 구체적이거나 상세한 분석은 결여되어 있는 단점도 지닌다.

양수달(楊樹達, 1885.6~1956.2)의『고등국문법(高等國文法)』(1930)은 모두 10장으로 구성되어 있으며, 20세기 초『마씨문통(馬氏文通)』을 계승한 대표적인 어법서이다. 그는 여기서 품사를『마씨문통(馬氏文通)』에서와 마찬가지로 9품사로 나누고 있다.

여금희(黎錦熙, 1890.2~1978.3)의 『신저국어문법(新著國語文法)』(1924)은 모두 20장으로 이루어져 있는데 백화문(白話文)[4]을 어법의 연구 대상으로 삼아 마건충(馬建忠) 이후 많은 학자들이 주장해 오던 품사 위주의 어법 체계를 벗어나 문장 위주의 어법 체계를 수립하였다. 이는 형태 변화가 비교적 많은 인구어(Indo-European語)가 주로 품사분류 위주의 어법연구를 중시하여 중국어도 이러한 영향을 받았지만, 20세기 초에 들어서면서 형태 변화가 별로 많지 않은 영어를 분석하기 시작하면서 비로소 문장분석을 중시하는 풍조가 일어나기 시작하였기 때문이다. 그는 이와 같은 문장 위주의 어법연구법에 의거하여 명사·대명사 등 실체사와, 동사인 술설사, 그리고 형용사·부사인 구별사, 개사·연사 등의 관계사, 조사·탄사 등의 정태사(情態詞) 등 9품사로 나누고 있다. 그리고 그는 주요 문장성분으로 주어와 술어를, 연대성분으로는 보족어(補足語)와 빈어를, 부가성분으로는 형용성 부가어와 부사성 부가어를 들었다.

여숙상(呂叔湘, 1904~1998)의 『중국문법요략(中國文法要略)』(1944)은 모두 上·中·下 세 권으로 구성되어 있는데, 현대 언어학 이론을 잘 활용하고 비교 연구하는 방법을 채택하여 중국어 자체의 규칙을 깊이 있게 탐구하였다. 상권인 사구론(詞句論)에서는 어법을 중심으로 사(詞)와 사조(詞組)[5] 및 문장의 종류와 구조를 설명하였고, 중·하권인 표달론(表達論)에서는 의미를 중심으로 중국어의 문장법을 묘사하였는데, 이는 매우 독창적인 것으로 지금까지 중국어 문장법을 전면적으로 의미분석만을 갖고 연구한 것은 이 책이 유일하다. 또한 품사는 크게 실의사(實義詞)와 보조사(輔助詞)로 분류하였는데, 실의사는 명사, 동사, 형용사로 나누고, 보조사는 부사에 해당하는 한제사(限制詞) 및 대사에 해당하는 지칭사와 관계사 그리고 어기사로 구분지었다. 즉 7품사로 나누었다.

왕력(王力, 1900.8~1986.5)의 『중국현대어법(中國現代語法)』(1944)은 현대 언어학 이론을 도입하여 주로 『홍루몽(紅樓夢)』중에서 언어 재료를 선택하여 중국어의 어법 구조를 상세하게 분석·묘사하고 있다. 이 책은 또한 문장의 구조를 분석하는 조구법(造句法 : Syntax)에 중점을 두고 쓰여졌으며, 능원식(能願式) 및 사성식(使成式), 처치식(處置式), 피동식(被動式), 체계식(遞係式), 긴축식(緊縮式) 등 특수한 문형에 대해서도 독창적인 어법 이론과 어법 분석을 가하고 있다. 다시 말해 인구어 어법의 굴레에서 벗어나 중국어 자체의 규율을 찾아 중국어 어법 체계를 새롭게 정립하였는데, 이는 『마씨문통(馬氏文通)』을 가장 잘 계승한 중요한 중국어 어법연구서 중의 하나이다. 이 책도 마찬가지로 품사를 명사, 수사, 형용사, 동사 등 이해성분(理解成分)과 부사, 대사, 계사(繫詞), 연결사, 어기사 등 어법성분(語法成分) 등 9 가지로 나누었으며 외국의 다양한 어법 이론도 수용하였는데, 특히 덴마크의 언어학자 예스페르센(Jespersen, Jens Otto, 1860~1943, 中國名 : 葉斯泊森)의 삼품설(三品說)과 미국의 구조주의 언어학자인 불룸필드(Bloomfield, Leonard, 1887~1949, 中國名 : 布龍菲爾德)의 영향을 많이 받았다. 하지만 계속되는 언어학자들의 지적에 왕력(王力) 자신이 '삼품설(三品說)'을 포기하고 문장의 잘못된 분석과정 및 판단 등을 시인하여 후학들에게 좋은 본보기가 되고 존경을 받는 학자가 되기도 하였다.

고명개(高名凱, 1911.3~1965.1)의 『한어어법론(漢語語法論)』(1948)에서는 기존 학자들과는 달리 중국어의 특징에 근거하여 품사를 합리적으로 분류하였는데, 분류의 원칙은 두 가지로 나뉜다. 첫째, 표지(表知)의 사(詞)와 표정(表情)의 사(詞)로 나눌 수 있으며, 둘째, 실사와 허사로 나누는 것이다. 표지의 사는 다시 실사와 허사로 나뉘는데, 실사에는 명사 역할을 하는 것과 동사 및 형용사 역할을 하는 것이 속하며, 허사에는 대표허사(代表虛詞), 범주허사(範疇虛詞), 결구허사(結構虛詞)가 속한다. 표정의 사도 표지의 사와 마찬가지로 명사, 동사, 형용사 역할을 하는 실사와 구기허사(口氣虛詞)로 나뉜다.

조원임(趙元任, 1892.11~1982.2)의 『A Grammar of Spoken Chinese』(1968)는 매우 독창적인 어법서로서 어법을 연구하는 주요 방법으로 직접성분분석법(直接成分分析法)[6]을 사용하였으며, 구조주의 언어학의 영향을 많이 받아 이루어졌다. 또한 변환생성어법과 격(格)어법을 중국어에 활용하기도 하였다.

그는 조구법의 역할에 따라 품사를 나누고 모든 품사마다 엄격한 정의를 내리고 있는데, 명사, 전유명칭(專有名稱), 지방사(地方詞), 시간사(時間詞), 정－량식복합사(定－量式複合詞), 정사(定詞), 양사, 방위사(方位詞), 대명사 등 실사와 동사(형용사 포함), 개사, 부사, 연접사(連接詞), 어조사(語助詞), 감탄사 등의 허사 등 모두 15개로 나누고 있다. 이러한 연구법은 이전의 중국어 어법서에서는 찾아볼 수 없는 것들로 한층 발전한 것으로 볼 수 있다.

여숙상(呂叔湘)·주덕희(朱德熙)의 『어법수사강화(語法修辭講話)』(1952)에서는 『중국문법요략(中國文法要略)』의 7품사와는 달리 품사 분류에 있어 명사, 동사, 형용사 등의 실사와 부명사(副名詞 : 量詞), 부동사(副動詞 : 介詞), 수사, 대사, 부사, 연접사, 어기사, 상성사(象聲詞) 등의 허사 등 모두 11개로 나누었다.

이 책은 이전의 다른 어법서와는 달리 실용적인 면에 치중하여 실제와 부합되는 언어 현상[7]을 다루었기 때문에 많은 호응을 얻어 각 학교에서 주교재로 채택되어 50년대 초 가장 영향력이 컸던 어법서가 되기도 하였다.

정성수(丁聲樹, 1909.3~1989.3) 등의 『현대한어어법강화(現代漢語語法講話)』(1961)는 원래 정성수(丁聲樹), 여숙상(呂叔湘), 이영(李

榮), 손덕선(孫德宣, 1911.10~), 관섭초(管燮初, 1914.5~), 부정(傅婧), 황성장(黃盛璋, 1925~), 진치문(陳治文, 1926.2~) 등 당시 중국 사회과학원 어언연구소 소속 어법 학자들이 공동 집필한 어법서로 모두 20장으로 되어 있다. 이 책에서는 품사를 '성질과 용법'이라는 표준 아래 명사, 대사, 수사, 양사, 동사, 형용사, 부사, 연사, 어조사, 상성사 등의 10품사로 나누었다. 또한 문장 분석에 있어서도 충차분석법(層次分析法)[8]을 사용하였는데, 전체적으로 구조주의 어법 이론의 영향을 많이 받았으며 조원임(趙元任)의 견해도 많은 부분 수용하고 있다. 하지만 전적으로 구조주의 이론에만 의존한 것은 아니며, 언어의 실제 활용에 중점을 두고 구어[口語 : 입말]와 서면어[書面語 : 글말]를 모두 중시하여 전통적인 어법의 장점을 살리고 새로운 어법 연구의 방법론을 제시한 책이다.

허세영(許世瑛, 1909.9~1972.11)의 『중국문법강화(中國文法講話)』(1954)는 중국어의 품사를 명사, 형용사, 동사, 한제사, 지칭사 등의 실사와 관계사와 어기사 등의 허사 등 7품사로 나누었다. 한편 이 책은 여숙상(呂叔湘)의 『중국문법요략(中國文法要略)』을 모방한 부분이 많은데 품사분류에 있어 다른 학자들과는 달리 한제사 및 지칭사 그리고 관계사 등을 설정한 것이 그러하다.

주덕희(朱德熙, 1920.10~1992.7)는 『어법강의(語法講義)』(1982)에서 품사분류를 기존의 학자들과는 달리 명사, 처소사(處所詞), 방위사(方位詞), 시간사(時間詞), 구별사(區別詞), 수사, 양사, 대사, 동사, 형용사, 부사, 개사(介詞), 연사, 조사, 어기사, 의성사(擬聲詞), 감탄사 등 17품사로 나누고 있다. 특히 처소사와 방위사 그리고 시간사를 명사에 귀속시키지 않고 단독으로 하나의 품사를 이루게 한 것이 이 책의 특징 중의 하나이다.

文法書	名字	代字	動字	靜字	狀字	介字	連字	助字	嘆字	기타
馬氏文通 1898:9	名字	代字	動字	靜字	狀字	介字	連字	助字	嘆字	
國文法草創 1922:8	名字		動字	象字		介字	連字	助字	感字	
國文法之研究 1922:7	體詞			相詞		*提繫虛字*	*關係虛字*	*傳物虛字*	*遙對虛字*	
新著國語文法 1924:9	名詞	代名詞	動詞	形容詞	副詞	介詞	連詞	助詞	嘆詞	
高等國文法 1930:9	名詞	代名詞	動詞	形容詞	副詞	介詞	連詞	助詞	嘆詞	
中國文法要略 1942:7	名詞	指稱詞	動詞	形容詞	限制詞	關係詞		語氣詞		
中國現代語法 1943:9	名詞	代詞	動詞	形容詞	副詞		連結詞	語氣詞		數詞·量詞
中國話的文法 1968:15	名詞	代名詞	動詞	形容詞	副詞	介詞	連接詞	語助詞	感嘆詞	數詞·量詞·*定量式複合詞*·*專有名稱*·*地方詞*·*時間詞*·*方位詞*·*定詞*
語法修辭講話 1952:11	名詞	代詞	動詞	形容詞	副詞	*副動詞*	連接詞	語氣詞	象聲詞	數詞
現代漢語語法講話 1961:10	名詞	代詞	動詞	形容詞	副詞	介詞	連詞	語氣詞	象聲詞	數詞·量詞
中國文法講話 1954:7	名詞	指稱詞	動詞	形容詞	限制詞	關係詞		語氣詞		
語法講義 1982:17	名詞	代詞	動詞	形容詞	副詞	介詞	連詞	助詞	感嘆詞	數詞·量詞·擬聲詞·*處所詞*·*時間詞*·*方位詞*·*區別詞*
簡明書用漢語語法 1988:13	名詞	代詞	動詞	形容詞	副詞	介詞	連詞	助詞	嘆詞	數詞·量詞·象聲詞
古漢語語法及其發展 1992:14	名詞	代詞	動詞	形容詞	副詞	介詞	連詞	助詞	感嘆詞	數詞·量詞·象聲詞·*助動詞*

(왼쪽 줄의 앞의 숫자는 출판 년도를 뒤의 숫자는 품사의 개수를 표시하며,
이 이탤릭체로 된 품사는 뒷칸의 분류와는 상관없는 독자적인 분류를 나타낸다.)

마진(馬眞, 1938~)의 『간명실용한어어법(簡明實用漢語語法)』(1981)은 잠의계통(暫擬系統)[9]과는 다른 어법 체계와 층차분석법을 사용하여 간단하고 명료하게 어법을 설명하고 있어 독자들로부터 좋은 반응을 얻었다. 또한 언어의 활용면을 특히 중시하여 마지막 10강(十講)에서는 자주 보이는 어법상의 오류를 들어 서술하고 있으며, 품사는 명사, 동사, 형용사, 수사, 양사, 대사, 부사, 개사, 연사, 조사, 어기사, 탄사, 상성사 등 13품사로 나누고 있다. 특히 상용 허사의 쓰임과 특징을 간략하고 명쾌하게 설명하고 있어 가르치는 선생이나 배우는 학생들로부터 많은 호응을 얻었다.

양백준(楊伯峻, 1909.9~1994.9)과 그의 제자 하락사(何樂士, 1930~)가 공동 집필한 『고한어어법급기발전(古漢語語法及其發展)』(1992)은 고대 중국어에서의 품사분류가 나누기 어려운 부분도 있지만 단어의 어법 기능과 단어와 단어의 결합 관계 그리고 단어의 뜻에 따라 명사(처소사, 방위사, 시간사 포함), 대사, 동사, 형용사, 수사, 양사, 조동사, 부사, 개사, 연사, 조사, 어기사, 감탄사, 호응사(呼應詞) 등 14품사로 나누고 있다. 특히 조동사와 호응사를 따로 분류해 하나의 품사로 설정한 것이 특이하다.

이상 여러 학자들의 품사분류설을 도표에서도 알 수 있듯이 1950년 이전까지는 『마씨문통(馬氏文通)』의 품사분류를 단순히 계승만 했을 뿐 더 이상 발전시키지는 못하였다. 물론 50년 이전에 나온 어법서들이 주로 문언문을 어법 분석의 대상으로 삼아 연구하여 현대 중국어를 대상으로 한 50년 이후의 어법서들과는 단순 비교 대상이 되지 않지만 마건충이 9개로 나눈 것에서 크게 벗어나지 않는다.

여숙상(呂叔湘)의 『중국문법요략(國文法要略)』에서만 7품사로 구분하였는데, 허사 부분을 간단하게 관계사와 어기사로만 분류하였다. 이 점은 앞에서도 밝혔듯이 나중에 나온 허세영(許世瑛)의 『중국문법강화(中國文法講話)』에서도 그대로 적용시키고 있다. 그리고 부사라는 명칭 대신 한제사라는 이름을 쓰고 있다. 한편 현대 중국어에서 모두 동사로 취급하는 '是'자에 대해서 왕력(王力)은 『중국현대어법(中國現代語法)』에서 따로 독립하여 계사(繫詞)라는 명칭을 부여하고 있는 것이 특징으로 나타난다.

50년을 전후하여 나타난 수사와 양사라는 품사도 그 후부터는 계속해서 독립적인 품사로 자리 매김을 하게 되는데, 이것은 주덕희(朱德熙)의 『어법강의(語法講義)』에 와서 그대로 적용된다.

그리고 여숙상(呂叔湘)·주덕희(朱德熙)의 『(어법수사강화(語法修辭講話)』(1952)에서는 개사를 부동사로 양사를 부명사로 처리한 것도 특이한 경우이다. 개사를 다르게 표현한 것들로 부동사 이외에도 차동사, 준동사, 반동사 등이 있는데, 이것은 현대 중국어의 개사 대부분이 고대 중국어의 동사에서 발전되고 변화되었다고 보고 있기 때문이다. 그래서 몇몇 개사들은 아직도 동사의 특징을 그대로 지니고 있는 것들도 있다.

어기사도 주덕희(朱德熙)의 『어법강의(語法講義)』와 마진(馬眞)의 『간명실용한어어법(簡明實用漢語語法)』(1981) 등에서는 따로 독립시켜 놓고 있는데, 고대 중국어에서 다루어졌던 조사와 탄사의 성질과는 다르게 항상 후치되는 성분으로, 늘 경성으로 읽힌다고 주장하고 있다.

또한 상성사 혹은 의성사라는 품사가 있는데, 여숙상(呂叔湘)·주덕희(朱德熙)의 『어법수사강화(語法修辭講話)』에서는 광의의 상성사로 해석하여 감탄이나 응답, 그리고 객관 사물의 소리를 모방한 것을 포함시켰지만, 1953년 나온 장지공(張志公)의 『한어어법상식(漢語語法常識)』 이후부터는 단지 객관 사물이나 자연의 소리를 모방한 것만을 가리키는 협의의 상성사로 분류하기 시작하였다.

현재 중국에서 쓰이고 있는 학교문법, 즉 중학교학어법(中學教學語法)[10]에서는 1950년대의 잠의계통(暫擬系統)의 11품사에 의성사(擬聲詞)를 추가하여 명사, 동사, 형용사, 수사, 양사, 대사, 부사, 개사, 연사, 조사, 탄사, 의성사 등 12품사[11]로 쓰고 있다.

2 실사實詞와 허사虛詞

실사는 실자(實字)라고도 하며, 허사와 더불어 중국 전통 어법에서 단어를 구별할 때 썼던 용어로 실질적인 개념을 나타내는 단어를 말한다. 즉 개념어(概念語)라고도 한다. 한편, 허사는 허자라고도 쓰며, 실재적인 의미도 없고 문장성분으로서의 역할도 못하지만 어법적인 작용을 일으킬 수 있는 단어를 말한다.

허사가 독립된 하나의 뜻을 갖지 못하는 어법적인 의미특징을 중심으로 이루어진 것에 반해, 실사는 어법적 의미를 지닐 뿐만 아니라 의미적 특징도 완전히 갖춘 자립어이다.

이렇듯 중국사람들은 실사와 허사의 두 가지 분류법을 대부분 인정하면서도 각각에 속하는 품사에 대해서는 의견이 조금씩 다르다. 즉 실사와 허사의 경계선에 모호한 점이 있다는 것이다. 일반적으로는 개사, 연사, 조사, 어기사만이 허사에 속하며, 나머지는 모두 실사에 속한다고 여긴다. 그러나 부사, 대사, 수사, 양사, 계사 등이 실사에 속하는지의 여부에 대해서는 여전히 논란이 많은 실정이다.

3 동사와 형용사의 비교

   실제적으로 중국어를 배우다 보면 동사와 형용사가 아주 비슷한 기
능을 하고 있음을 알게 된다. 그러나 중국어와는 달리 인구어의 동사
와 형용사는 기능적으로 명확한 차이를 보인다. 동사는 주로 서술어
로 쓰이며 일련의 형태표지가 없다. 반면 형용사는 주로 수식어로 쓰
이며 단독으로 서술어가 될 수 없고, 나름의 형태표지가 있어 양자간
의 경계가 뚜렷하다고 말할 수 있다. 그러나 중국어는 동사와 형용사
가 모두 서술어가 될 수 있고 모두 부사와 결합하며, 다수가 "X不X"
의 형태로 의문문을 만들 수도 있고, 모두 수식어가 될 수 있다. 그리
고 어떤 형용사는 "了", "着", "过"를 수반할 수 있고, 일정한 조건이
충족되면 빈어도 수반할 수 있다. 그래서 어떤 중국학자들은 형용사
를 동사에 귀속시키자고 주장하기도 하였다. 왜냐하면 명사와 비교했
을 때, 형용사의 주요기능이 동사와 기본적으로 같으며, 형용사와 동
사는 비록 다른 점이 있기는 하나 많지 않으며, 구(句)구조와 문형을
설명하는데 편리할 뿐만 아니라 "동사 혹은 형용사"라는 번거로운 용
어를 피할 수도 있기 때문이다. 그래서 동사와 형용사를 두 개의 독립
된 품사로 나누기보다는 동일한 품사 속의 두 개의 하위범주로 보는
것이 더 낫다고 주장하기도 한다.
   동사와 형용사의 공통점과 차이점을 들어보면 다음과 같다.

동사와 형용사의 공통점

   ⑴ 모두 술어[12]로 쓰인다
      小王去, 我们学习 / 北京冷, 飞机快

   ⑵ 부사어(狀語)의 수식을 받을 수 있다
      都同意, 才看 / 很红, 完全正确

(3) 보어를 가질 수 있다

看清楚, 洗得干干净净 / 小极了, 红得很

(4) 부정부사 "不"의 수식을 받을 수 있다

不看, 不休息 / 不小, 不清楚

(5) 일반적으로 동태조사(動態助詞) "了"를 가질 수 있다

看了一本书, 洗了一件衣服 / 小了一点儿, 清楚了一些

동사와 형용사의 차이점

(1) 일반적으로 동사는 빈어를 갖는데, 형용사는 그렇지 못하다

喂马, 看书

(2) 형용사는 정도부사 "很"의 수식을 받을 수 있지만 동사는 그렇지 못하다

＊很喂, ＊很洗[13] / 很小, 很圆

(3) 형용사는 직접 관형어(定語)로 쓰일 수 있지만 동사는 그렇지 못하다

小桌子, 干净衣服

하지만 "游行, 咳嗽, 休息" 등의 동사는 뒤에 빈어를 가질 수 없다. 그러나 이들 역시 "很"의 수식을 받을 수 없기 때문에 역시 동사, 즉 자동사로 본다.

그리고 아주 극소수의 심리활동을 표시하는 동사도 "很"의 수식을 받을 수 있다.[14] 그러나 동시에 빈어를 가질 수 있기 때문에 역시 동사로 본다.

또한 동사와 형용사는 중첩방식이 다르다. 일음절일 경우 모두 AA식[15]으로 중첩되지만, 이음절일 경우, 동사는 ABAB식[16]으로, 형용사는 AABB식[17]으로 중첩된다. 그러나 동사는 중첩된 후에도 여전히 동사로 남지만,[18] 형용사는 중첩된 후에는 더 이상 형용사의 성질을 갖지 않게 된다.[19]

4 동사와 개사介詞의 비교

현대중국어의 개사(介詞)는 대부분 동사가 변해서 된 것이다. 동사의 어법기능을 이미 상실한 개사도 있고, 동사의 특징을 일부 갖고 있는 개사도 있다. 또 어떤 단어들은 상황에 따라 개사의 어법특징과 동시에 동사의 어법특징을 갖기도 한다. 이런 복잡한 상황들 때문에 동사와 개사의 경계를 구분 짓기가 쉽지 않다.

동사와 개사의 경계를 구분 지으려면 우선 경계를 구분하는 표준부터 해결해야 한다. 표준이 일정치 않으면 개사의 범위·수량 및 동사와 개사를 동시에 겸하는 현상 등 많은 문제에 영향을 미치게 된다.

지금 대다수의 어법서에서는 동사가 서술어가 될 수 있고, 부사와 결합할 수 있으며, "X不X"의 형식으로 의문문을 만들 수 있으나, 개사는 이런 기능이 없다고 되어 있다. 또한 개사의 어법특징은 주로 단독으로 서술어가 될 수 없고, 설사 명사를 수반했다 하더라도 서술어가 될 수 없으며 개사는 주로 명사나 대사 앞에 오고 개사구(介詞句)[20]를 이루어 부사어로 쓰인다. 개사는 단독으로 문장성분이 될 수 없는 허사라고 적고 있다.

동사와 개사의 기능상의 차이로 인해 논쟁의 여지가 없는 단어들로는 "从", "自", "自从", "於", "以", "把", "被", "对於", "至於", "矣於" 등이 있는데, 이런 단어들은 일반적으로 개사로 간주된다. 그러나 "往", "朝", "向", "到", "用", "拿", "靠", "替", "像", "望", "冲", "在", "叫", "让", "给", "比", "跟" 등은 아직도 의견이 분분한 상태이다.

이러한 단어들이 개사구를 이루어 부사어로 쓰일 때는 개사로 간주하고, 단독으로 서술어로 쓰였을 경우에는 동사로 간주해야 한다는 견해가 있다. "在"를 예로 들어보면, "他在北京。"에서 "在"는 동사이지만, "他在北京工作"에서 "在"는 개사이다. 상술한 단어를 모두 동사와 개사를 겸하는 품사로 간주할 수 있다고 한다면 비교적 간단하다. 그러나 순수한 개사는 매우 적고, 동사와 개사를 겸할 수 있는 것은 매우 많기 때문에 이렇게 처리하는 것도 완전한 방법은 아니다. 또한 동사인지 개사인지를 확정하는 것은 모두 문장에 따라 품사를 구분해야 하므로 단어의 품사를 정하지 못하는 상황이 초래될 수도 있다. 그리고 일부 개사로 여겨지는 것이 부사어 위치에 오면서도 "X不X"로 의문문[21]을 만들 수 있다든지, 동태조사를 수반[22]하는 등등 동사의 특징을 갖고 있다면 이는 또 어떻게 처리해야 하나?

서로 다른 인식과 각기 다른 처리 방법은 개사의 범위문제에 영향을 미친다. 중국어에는 개사가 몇 개 안 된다고 여기는 사람도 있으나 그 수가 상당하다고 여기는 사람도 있다. 따라서 동사와 개사의 경계구분 문제는 아직도 완전히 해결되지 못한 문제 중의 하나로 남겨져 있다.

동사와 개사의 어법상의 차이점

(1) 개사는 동사와 달리 단독으로 쓰이지 않고, 반드시 뒤에 빈어를 수반한다.

看, 去 / 从今天(起), 把衣服(洗干净)

(2) 개사는 동사처럼 중첩할 수 없다.

看看, 去去 / * 从从, * 把把

(3) 개사는 동사와 같이 동태조사 "了, 着, 过"를 가질 수 없다.

看了, 听着, 去过 / * 从了, * 从着, * 从过

A	B
叫了一声	叫他打破了
不在家	在哪儿住
给我一本	给他打电话
跟着他	跟谁说话

A의 경우 모두 동사에 귀납되며, B의 경우는 개사로 귀속된다. 그 이유
는 다음과 같다.

① 의미가 다르다. → "叫了一声"의 "叫"는 "喊"의 뜻이고, "叫他打
破了"의 "叫"는 "被"의 뜻이다.
② "叫他打破了"의 "打破了"는 없앨 수 없는 성분이다. 만약 없애버
린다면 "叫他"는 "喊他"의 의미로 바뀐다.
③ "叫了一声"의 "叫"는 중첩하여 "叫叫看"과 같이 쓸 수도 있고,
"了, 着, 过"를 붙일 수도 있다. 하지만 "叫他打破了"의 "叫"는
중첩할 수도 없고 "了, 着, 过"를 붙일 수도 없다.

주석

[1] '文法(grammar)'이란 글자 그대로 '글의 법칙' 또는 '말의 법칙'을 일컫는 용
어로서, 이것은 근본적으로 인간에게 주어진 고유한 '언어 능력' 또는 인간의
'언어적 특성'에 대한 연구라고 할 수 있다. 'grammar'는 그리스어의 'gramma
(쓰여진 것, 글자)', 혹은 'grammatikos(글자를 알다)'에서 유래하였다. 따라서
원래 문법이란 문자 또는 글에 대한 학문을 뜻하였음을 알 수 있다. 그리스와
로마 시대의 문법은 물론, 그 이후 대부분의 전통문법은 주로 글에 대한 법칙
또는 규범을 논하고 있으며, 예문도 과거 유명 문인들의 글에서 인용하고 있
다. 이런 식의 문법은 글을 읽거나 쓰는 데 유용한 내용을 다루었으며, 따라서
그 내용이 그 시대에 실제로 말해지는 입말[口語(spoken language)]에 부합되
지 않는 경우도 있었다. 따라서 중국에서도 일찍이 1960년 11월 陳望道, 吳文
祺, 鄧明이 『文匯報』에 〈"文法", "語法" 名義的演變和我們對文法學科定
名的建議〉라는 글을 발표하여 "文法"이라는 술어가 수사기능이 더욱 뛰어
나고 "語音"이나 "詞彙" 등과 쉽게 어울리며 역사적으로도 통상 "文法"이라
는 용어를 사용하였기 때문에 "文法"으로 통일하여 사용하자고 주장하였다.
그러나 이 문장이 발표된 후 중국어문학계에 큰 반향을 일으켰는데, 上海語
文學會에서는 여러 차례의 토론을 거쳐 반박하였다. "語法"이라는 용어를
찬성하는 쪽은 "語法"이라는 용어의 사용이 1949년 이후 중국언어학계에 이

미 約定俗成화된 용어라고 주장하였다. 또한 陳炳超는 1961년『學術月刊』
제 12기에서 "語法"이라는 말은 일차적으로 口語(입말)에 대한 술어이며, 이
차적으로는 書面語(글말)에 대한 인식이 더욱 심화된 표현이라고 지적하였다.
또한 "文法"이라는 용어는 술어 자체의 치명적인 결함으로 인해 쇠퇴의 길을
걷게 되었다고 말하고, '定名'이라는 것은 결국 어떤 것이 널리 통용되느냐에
달렸다고 보았다. 그 후 대부분의 서적에서는 "語法"이라는 용어를 더 많이
쓰게 되었고, 일부 文言文의 경우 "文法"이라는 용어를 쓰기도 하였다.

[2] 어법적 카테고리라고도 한다. 성(性), 수(數), 격(格), 법(法), 시제(時制) 등,
각 언어에 있어서 단어 등의 언어형식(일정한 의미에 대응되는 어형[語形])
은 그 용법상의 공통성에 기초를 둔 범주를 이루고 있다. 예를 들면 "보았다,
먹었고, 하였는데" 등을 "보다, 먹고, 하는데" 등과 비교해 보면 전자는 각각
형태 "-았-, -었-, -였-"을 가지고 과거의 뜻을 표시한다. 이 현상은 특
정한 단어뿐 아니라, 조건만 충족되면 모든 단어에서 일어나므로 그들 형태는
한 무리를 이룬다고 인정된다. 이 경우 그들은 하나의 범주를 이룬다고 하고,
범주의 명칭은 "과거"라고 한다. 어법범주 가운데 가장 전형적인 것은 단어의
범주(품사)이다. 한 언어에 어떠한 품사가 있느냐는 단어 용법상의 공통성 연
구에 따라 밝혀지겠지만, 품사의 구별은 우선 형태상의 공통성(어형변화 또는
불변 등)을 고려해야 하며, 아울러 의미적인 내용도 참고해야 한다. 흔히 품사
에는 그 내부에 하위범주를 포함한다. 어법범주에는 주어, 서술어, 목적어, 관
형어, 부사어와 같은 기능범주(functional category)와 단어, 문장 또는 명사, 대
명사, 수사, 동사, 형용사 등 품사상에 보이는 형태·기능범주까지도 포함된다.

[3] 마씨문통(馬氏文通)은 중국 최초의 어법서로서 1898년 청(淸)나라 말기의 양
무파(洋務派) 관료였던 마건충(馬建忠)이 지었다. 모두 10권으로 되어 있으
며 저자가 프랑스에서 배운 라틴어법을 기초로 중국어 문어체(文語體)를
연구한 것이다. 여기에서는 품사를 名詞, 代名詞, 動詞, 形容詞, 副詞, 介詞,
連詞, 助詞, 嘆詞 등 9가지로 나누어 놓았다.

[4] 원래 "백화(白話)"라는 것은 "명백한(알기 쉬운) 말"이나 "연극의 대사(臺
詞)"라는 뜻이다. 당대(唐代)까지 흔히 쓰이던 문어(文語)는 일종의 지식인
용 직업어로서, 입으로 말하는 일상어와 동떨어진 것이었는데, 송대(宋代)에
서 원대(元代)에 이를 무렵에는 언어에도 변화가 생기고, 공통어의 성격을
띤 새로운 말이 형성되었다. 이것이 백화이며, 명대(明代)에 들어와서는 이를
사용한 소설(백화소설)『수호지(水滸誌)』, 『금병매(金瓶梅)』 등이 등장하였
고, 청대(淸代)에도 『유림외사(儒林外史)』, 『홍루몽(紅樓夢)』 등이 저술되

어 차차 널리 애독되기에 이르렀다. 그러나 그 무렵에는 아직도 문어체의 시문이 문학의 주류를 이루고, 백화문학은 그늘진 존재였다. 청말(清末)에 구사회(舊社會)가 흔들리자 구어문을 중시하는 움직임도 두드러져 이를 사용한 잡지와 신문이 출판되었으나 그래도 여전히 2차적인 존재에 머물 수밖에 없었다. 이러한 사태를 전환시킨 것은 신해혁명(辛亥革命, 1911)에 따른 문학혁명이었다. 이 혁명으로 구어문의 제창이 유교비판·전통사상비판과 결합하여 문화의 양상을 크게 뒤흔들었으며, 구어문을 문장 본래의 모습으로 하는 견해를 정착시켰다. 또한 창작면에서도 노신(魯迅)의 『광인일기(狂人日記)』를 비롯한 여러 작품이 나옴으로써 구어에 의한 근대문학이 확립되었다.

[5] 사(詞)는 단어, 사조(詞組)는 구(句)로 이해하면 된다. 현대중국어에서 명사구만 사조로 전체적인 구는 단어(短語)로 부른다..

[6] IC(Immediate Constituent)분석법이라고도 하는데 구조주의 언어학에서 두 개 이상의 형태소가 어떤 의미를 나타내는 결합을 할 때, 이것을 구성(construction)이라고 하고, 어떤 구성을 직접 형성하고 있는 단어 내지 구성 성분을 그 구성의 직접구성성분(直接構成成分), 생략하여 IC라고 한다. 이 IC는 구조주의 언어학의 가장 강력한 무기 중의 하나였지만, 미국 구조조의 언어학이 언어의 표면적인 구조만을 대상으로 하여 직접구성성분의 분석을 문제삼으려고 하였기 때문에 항상 명확한 결과를 얻지는 못했다. 후에 변환생성어법이 출현함에 따라 직접구성성분의 개념은 기층부(基層部 : Base component)에서 생성되는 구조에 한하여 사용되었을 때 가장 적합하다고 여겨졌다.

[7] 일반적인 서적과 신문, 교과서, 공문서 등에서 언어 재료를 취하여 실제 용례를 분석하였다.

[8] 이분법(二分法)이라고도 하며 직접성분분석법(直接成分分析法)을 말한다.

[9] "잠의한어교학어법계통(暫擬漢語教學語法系統)"의 줄임 말로 중국 최초로 통일된 어법교학계통(語法教學系統)이다. 즉 1950년대에 어법에 관해 집단토론을 벌이던 중 잠시 임의로 정해 놓은 중학어법교학계통(中學語法教學系統)이다. 인민교육출판사(人民敎育出版社)가 주관하여 제정하였으며 1954년 초고가 완성된 후 수정 보완을 거쳐 1956년 최종본이 나왔다. 여기서는 품사를 크게 명사(방위사 포함), 동사(능원동사[能願動詞], 추향동사[趨向動詞], 판단사[判斷詞] '是' 포함), 형용사, 수사, 양사, 대사 등의 실사(實詞)와 부사, 개사, 연사, 조사, 탄사의 허사(虛詞) 등 모두 11개로 나누고 있다.

[10] 1980년 여름 청도(青島)에서 개최된 황백영(黃伯榮)·료동서(廖序東) 주편(主編)의 『현대한어(現代漢語)』원고 심사회에서 『잠의(暫擬)』의 수정에 대

한 의견이 제기되었고, 그 해 10월 무한(武漢)에서 열린 "중국어언학회(中國語言學會)" 창립대회에서는 『잠의(暫擬)』 수정에 관한 회의를 1981년 여름 하얼삔(哈爾濱)에서 개최하기로 결정하였다. 1981년 7월 2일부터 12일까지 하얼삔시 우의궁(友誼宮)에서 개최된 전국어법화어법교학토론회(全國語法和語法教學討論會)에서는 〈"暫擬漢語教學語法系統"修訂說明和修訂要點〉이 통과되었으며, 인민교육출판사(人民敎育出版社) 중학어문편집실(中學語文編輯室)은 1981년 겨울부터 1984년 봄까지 네 차례의 수정안을 만들어 하얼삔 회의에 참가했던 대표들과 각 대학의 중문과에 보내 의견을 구하여, 『중학교학어법계통제요(中學教學語法系統提要:試用)』가 완성되었다. 『제요(提要)』는 『중국어문교학(中國語文教學)』과 『어문학습(語文學習)』 두 잡지의 1984년 제2기에 동시에 발표되었으며, 나중에 인민교육출판사에 의해 단행본으로도 출판되었다.

[11] 이밖에도 『제요(提要)』의 내용이 중국인에게는 잘 맞지만 외국인들이 중국어를 배울 때에는 조금 문제가 있다고 보고, 다시 대외한어교학(對外漢語教學) 문제가 등장하기 시작했다. 1988년 중국대외한어교학학회(中國對外漢語教學學會)가 만든 『한어수평등급표준화등급대강(漢語水平等級標準和等級大綱:試 行)』이 출판된 후, 국가대외한어교학령도소조판공실(國家對外漢語教學領導小組辦公室)에서는 1992년 『한어수평사회여한자등급대강(漢語水平詞匯與漢字等級大綱)』을 만들어냈고, 이 두 자료를 기초로 하여 1995년 『한어수평등급표준어법등급대강(漢語水平等級標準與語法等級大綱)』을 완성하게 된다. 여기에서는 명사, 대사, 동사, 형용사, 수사, 양사, 부사, 개사, 연사, 조사, 탄사와 의성사 대신 상성사(象聲詞) 등 12품사로 나누었다.

[12] 이렇기 때문에 두 품사를 한데 모아 광의의 동사로 명명하거나 서술어(述詞)로 부르자고 주장한 사람도 있는데, 만일 광의의 동사설을 취한다면 원래 형용사로 쓰였던 "비술어형용사"는 따로 품사를 만들어 주거나 다른 품사로 귀속시켜야 한다. 그리고 이러한 형용사를 동사 내부에 "性質動詞" 혹은 "描寫動詞" 등의 이름으로 하위분류하면 된다고 주장하기도 한다.

[13] ' * '표시는 어법적으로 맞지 않는 문장, 즉 비문(非文)을 가리킨다.

[14] 예를 들면 "很想家, 很喜欢孩子, 很同意他的意见" 등과 같다.

[15] 예를 들면 "走走, 看看 / 慢慢(儿), 好好(儿)"와 같다. 그리고 우리가 9주 강의에서 살펴본 바와 같이 일음절 형용사가 중첩되었을 경우, 보통 두 번째 음절은 본래의 성조를 잃어버리고 "[màn mānr]/[hǎo hāor]"과 같이 1성으로 발음된다.

[16] 예를 들면 "讨论讨论, 商量商量"과 같다.

[17] 예를 들면 "干干净净, 明明白白"와 같다.

[18] "为什么不讨论讨论"과 같이 부정부사 "不"의 수식을 받으며, 술어로 쓰인다.

[19] 예를 들면 "＊不慢慢儿, ＊不干干净净, ＊很慢慢儿, ＊很干干净净"과 같이 부정부사 "不"와 정도부사 "很"의 수식을 받을 수 없게 된다.

[20] 개사구는 일반적으로 단독으로 쓰이지 않는다. 그렇지 않을 경우 "您从哪儿来? - 从北京。"과 같이 반드시 대화 중에 있어야 한다. 하지만 모든 개사구가 대화 중에 단독으로 쓰일 수 있는 것은 아니다. 또한 개사구는 "我从北京来。/ 你把自己的衣服洗了。/他在黑板上写了个'大'字。" 등과 같이 부사어로 쓰일 수도 있다. 한편 몇몇 개사구는 관형어(定語)와 보어로도 쓰이는데, 예를 들면 "对这次考试的意见就提这些。/这是我关于工厂扩建的一些设想。(관형어로 쓰인 경우)와 他来自黄土高原。/别站在椅子上。(보어로 쓰인 경우)" 등과 같다.

[21] 예를 들면 "他在不在北京工作"

[22] 예를 들면 "拿着毛笔写字"와 같다.

제10장
동사를 알면 중국어가 쉬워진다

　전통적으로 어법학에서는 동사를 동작이나 상태를 나타내는 언어 단위로 정의하였다. 하지만 형용사 역시 이런 의미를 나타낼 수 있기 때문에 의미론적으로 보았을 때 이런 정의는 문제가 있다. 또한 동사를 시제(時制), 상(相) 등의 어법형태소를 취할 수 있는 술어(述語)의 역할을 하는 어휘소로 정의하기도 하였지만, 동사만이 술어로 기능하는 것도 역시 아니다.

　한편, 앞에서 살펴 본 품사의 범주라는 것은 객관적 세계에서 사물과 현상이 언어와 연관되어 반영된 것이다. 즉 객관적 세계를 구성하는 것은 물질과 운동이며, 물질은 명사의 범주를 통해, 운동은 동사의 범주를 통해 반영된다. 각종 언어에는 다양한 품사 분류가 존재하지만, 그 중에서 명사와 동사는 필수 불가결한 요소이다. 또한 명사와 동사는 상호 의존, 상호 제약의 관계에 있으며, 언어를 통한 의사소통과 어법 분석의 각도에서 볼 때 동사의 작용이 더욱 중요하다고 할 수 있다.

　그렇다면 왜 중국어에서 동사가 중요한가? 아래 몇 가지로 그 이유를 적어본다.

(1) 통사구조에서 동사는 중심이 된다.

동사는 문장의 핵심이며 다른 성분은 그와 연관된다. 또한 문장이 만들어질 때 동사의 유형이 먼저 결정된 후, 이에 따라 명사의 작용이 명확하게 결정된다. 그리고 격 이론(Case Theory)[1]에서도 동사의 작용이 중요하다.

(2) 실제 언어소통에서 동사가 중심 역할을 한다.

사람들이 문장을 사용하는 목적은 의사소통을 위해서이며, 의사소통의 핵심은 표현하고자 하는 대상에 대한 진술과 설명이다. 이 때 핵심 작용을 하는 것은 서술어로 쓰인 동사이다. 그러므로 동사는 일반적으로 기술성(記述性)을 지니며, 기타 단어도 일단 동사로 쓰인 경우 기술(記述)의 기능을 가질 수 있다.

서술어로 쓰인 동사가 문장에서 어떻게 핵심 작용을 할까? 영어에서는 동사가 굴절(inflection) 변화를 통해 주어에 격을 부여함으로써 주어와 일치관계를 이룬다. 반면 중국어에서는 동사의 문장 출현 빈도가 명사보다 높으며, 문장에서의 행위자(Agent, 施事者)[2]는 앞뒤 문장에 따라 생략이 가능하나 동사에 의해 표현되는 사건은 문장의 핵심으로 생략이 불가능하다. 다시 말해 문장의 통사 관계는 동사의 작용과 동사가 기타 성분을 지배하는 방식에 의해 결정된다고 볼 수 있으며, 동사를 문장의 중심 구성단위로 볼 수 있다.

1 중국어 동사의 특징

동사의 어법특징은 위에서 말한 종류의 단어가 어법기능에서 나타내는 특징을 말한다. 현대 중국어 동사의 어법특징에 대한 견해는 다양하지만, 이를 종합해보면 다음과 같다.

⑴ **부사와 결합할 수 있다.**[3] 특히 부정부사 '不'나 '没(没有)'와 결합할 수 있고, '不'나 '没'가 동사 앞에 놓여 부사어가 된다. 예를 들면 아래와 같다.

吃	→	不吃(먹지 않는다)
去	→	不去(가지 않는다)
休息	→	不休息(쉬지 않는다)
喜欢	→	不喜欢(좋아하지 않는다)

동사와 부정부사가 결합할 수 없는 경우도 있다. 예를 들어 '是(~이다)', '像(~와 같다)', '应该(마땅히 ~해야 한다)' 등은 '没'와 결합할 수 없다. 그러나 '不是, 不应该'와 같이 '不'와는 결합할 수 있다. 또한 '有(있다)', '剩余(남다)', '听见(들리다)' 등은 '不'와 결합할 수 없지만, '没有, 没听见'과 같이 '没'와는 결합할 수 있다. '充满(가득 차다)', '公认(공인하다)', '活命(살아가다)', '来回(왕복하다)' 등은 '不', '没'와 결합할 수 없으나, '已充满, 都公认'과 같이 다른 부사와는 결합할 수 있다.

⑵ **서술어나 서술어중심어가 될 수 있다.** 예를 들면 다음과 같다.

小王笑(小王이 웃는다)
大家休息(모두들 쉰다)
他吃饭(그는 밥을 먹는다)
光荣属於祖国(영광은 조국의 것이다)

동사는 일반적으로 명사와 결합할 수 있고, 명사 뒤에 놓여서 서술어나 서술어중심어를 표시하는 주술구조(主述構造)를 구성한다. '休息'같은 일부 동사는 단독으로 서술어가 될 수 있고, '吃'같은 동사는 서술어와 서술어중심어 둘 다 된다.[4] 일부 동사는 보통 단독으로 서술어는 될 수 없으나, 서술어중심어는 될 수 있다.[5]

(3) 대부분의 동사는 빈어를 수반할 수 있다. 예를 들면 아래와 같다.

吃　　→　　吃饭(밥을 먹는다)
写　　→　　写信(편지를 쓴다)
看　　→　　看电视(TV를 본다)
喜欢　→　　喜欢动物(동물을 좋아한다)

동사가 수반한 빈어는 대부분이 명사성 빈어이지만, 비명사성 빈어를 수반하는 경우도 있다. 예를 들면 아래와 같다.

挨　　→　　挨打(매맞다)
爱　　→　　爱唱歌(노래부르기를 좋아하다)
遭受　→　　遭受打击(타격을 입다)
进行　→　　进行研究(연구를 하다)

그러나 빈어를 수반하지 못하는 동사들도 있다.[6] 예를 들면 '游行(시위하다)', '咳嗽(기침하다)', '休息(휴식하다)', '睡觉(잠자다)' 등이 그러하다.

(4) 대다수의 동사는 보어, 특히 동량보어(動量補語)를 수반할 수 있다. 예를 들면 아래와 같다.

看	→	看一次(한 차례 보다)
跑	→	跑一趟(한 번 달리다)
打	→	打一顿(한 번 때리다)
等	→	等一下(조금 기다리다)

그러나 '是(~이다)', '属於(속하다)', '像(~와 같다)', '希望(바라다)', '觉得(~라고 여기다)', '企图(의도하다)'와 같은 동사는 동량보어를 수반할 수 없다.[7]

(5) 일반적으로 'X不X'와 같이 긍정과 부정의 형식으로 의문문을 만든다. 예를 들면 아래와 같다.

看	→	看不看?(보니 안 보니?)
去	→	去不去?(가니 안 가니?)
喜欢	→	喜欢不喜欢?(좋아하니 안 좋아하니?)
休息	→	休息不休息?(쉬니 안 쉬니?)

어떤 동사는 'X不X'형식으로 의문문을 만드는 대신 'X没X'의 형식으로 만든다. 예를 들어보면 아래와 같다.

有	→	*有不有 / 有没有(있니 없니?)

또 어떤 동사들은 습관적으로 'X不X'의 형식이나 'X没X'의 형식을 쓰지 않고, 변화된 긍정부정형식인 'X了没有'로 의문문을 만든다. 예를 들면 다음과 같다.

崩溃	→	*崩溃不崩溃	?[8]崩溃没崩溃	崩溃了没有?
沸腾	→	*沸腾不沸腾	?沸腾没沸腾	沸腾了没有?

또 '显得(드러나다)', '奔驰(질주하다)', '加以(~을 가하다)'와 같은 일부 동사들은 위의 몇 가지 의문형식이 없는 것 같다.

⑥ 동사 뒤에는 종종 '了', '着', '过', '起来', '下去' 등을 붙일 수 있으며, 중첩형식으로 어떤 '태(態)', 즉 상(相)[9]을 나타낼 수도 있다. 이들은 모두 동사의 형태로 볼 수 있다. 그 중 '了'는 완성태(完成態), '过'는 경험태(經驗態), '着'는 진행태(進行態), '起来'는 개시태(開始態), '下去'는 지속태(持續態)를 나타내며, 중첩형식은 시험태(試驗態)[10]를 나타낸다. 예를 들면 아래와 같다.

说了(这话) | 研究了(这问题) | 休息了(一会儿) → ~했다(완성)
说过(这话) | 研究过(这问题) | 休息过(一天) → ~한 적이 있다(경험)
说着(这话) | 研究着(这问题) | (正)休息着 → ~하고 있다(진행)
(又)说起来 | (又)研究起来 | (又)休息起来 → ~시작했다(개시)
(快)说下去 | (要)研究下去 | (要)休息下去 → ~계속하다(지속)
(你)说说 | (要)研究研究 | (要)休息休息 → ~좀 하다(시험)

대다수의 동사들은 뒤에 '了', '着', '过'를 붙여 '태(態)'를 나타내지만, '是(~이다)', '在(있다)', '像(~와 같다)', '類似(비슷하다)', '等於(~와 같다)', '企图(의도하다)', '希望(바라다)' 등의 동사는 뒤에 '了', '着', '过'를 붙일 수 없다. 또한 '参加(참가하다)', '发现(발견하다)', '成立(설치하다)', '批准(비준하다)', '看见(보이다)', '听见(들리다)' 등의 동사는 뒤에 '了'나 '过'는 붙일 수 있지만, '着'는 붙일 수 없다. '开幕(개막하다)', '闭幕(폐막하다)', '拼命(목숨을 다하다)', '开始(시작하다)', '逝世(죽다)' 등의 동사 뒤에 '了'는 올 수 있으나, '过'나 '着'는 올 수 없다. '盼望(간절히 바라다)', '奔驰(질주하다)', '飞翔(비상하다)' 등의 동사 뒤에는 '着'만이 올 수 있고, '了'와 '过'는 올 수 없다. 그러므로 '了'를 수반할 수 있는 동사가 '过'나 '着'를 수반할 수 있는 동사보다 많다.

많은 동사들은 중첩형식으로 쓰일 수 있지만, '是', '有', '活', '害怕', '希望', '企图', '开始' 등과 같은 상당수의 동사들은 이런 형태를 갖고 있지 않다.

이상의 분석결과 다음과 같은 결론을 얻어낼 수 있다.

첫째, 모든 동사는 부사와 결합할 수 있고, 서술어 또는 서술어중심어가 될 수 있다.

둘째, 첫 번째 기능을 갖춘 동시에 다른 특징, 즉 빈어나 보어를 수반할 수 있거나, 긍정과 부정을 병렬하는 형식으로 의문문을 만들 수 있거나, '了', '着', '过', '起来', '下去'를 붙여서 혹은 중첩형식으로 동태를 나타낼 수 있는 특징을 갖춘 단어는 모두 동사로 볼 수 있다.

셋째, 이와 같은 어법특징이 없는 단어들은 동사로 간주할 수 없다.

2 중국어 동사의 시제時制와 상相

일반언어학에서 말하는 시제(時制 : tence)라는 것은 언어로 표현되는 상황의 시간과 발화시의 관계를 나타내는 동사의 형태를 말한다. 즉 어떤 동작행위가 있을 때, 이것은 말하는 시점보다 미리 일어나거나 아니면 말하는 바로 그 시간에 일어난다는 것이다. 그러므로 보통 과거와 현재의 시제가 있다고 여긴다. 영어[11]와 달리 시제표지(marker of tence)가 없는 중국어에서는 어떻게 과거와 현재시제를 나타낼 수 있을까? 다시 말해 사건발생 시점과 발화 시점사이의 관계를 표시하는 -ed와 같은 접사(affix)가 발달되지 못한 중국어에서는 무엇으로 시제표지를 대신할 수 있을까?

현대중국어의 시간구조에서는 서양언어의 시제라는 말 대신 시상(時相), 상(相), 시태(時態)라는 말이 중요한 역할을 한다.

여기서 '시상'이라는 것은 동사에 관한 어법범주의 하나로서, 시간 영역 내의 동작 과정을 구분하고, 그 구분에 따른 동작의 양태, 성질 등의 차이를 파악해 나타내는 형식을 말한다.

또한 상(相, aspect)이란 시제와 달리 발화시점을 기준으로 어떤 사건발생시의 위치를 나타내는 것이 아니라, 어떤 사건을 바라보는 방법, 즉 상황을 파악하는 방법과 관계를 말한다. 사건을 전체적으로 보느냐 아니면 부분적으로 보느냐에 따라 상(相)이 달라진다. 다시 말해 상이라는 것은 내재적인 시간특징이며, 동사가 갖는 상 유형에 따라 표현되는 어법특징 역시 달라진다. 그러므로 현대중국어에서는 시제는 없고, 다만 시상이나 상으로 동작발생 시간의 전후를 표시한다고 할 수 있다.

일반적으로 현대중국어 동사에서 등장할 수 있는 상으로는 완성상(完成相, perfective)과 지속상(持續相, durative), 경험상(經驗相, experiential) 등이 포함된다. 그리고 이러한 상의 표지로는 동사 바로 뒤에 완성을 표시하는 '了'와 지속을 나타내는 '着', 그리고 경험을 나타내는 '过' 등을 덧붙여 표현한다. 예를 들면 다음과 같다.

① 他睡了两个钟头。(그는 두 시간을 잤다.) → 동작의 완성을 표시[12]
② 我正写着信呢, 等一会儿再玩儿.(지금 편지를 쓰고 있으니까, 조금 있다가 다시 놀자.) → 동작의 진행을 표시[13]
③ 我吃过上海菜。(나는 상해요리를 먹어 본 적이 있다.) → 동작의 경험을 표시[14]

3 의미자질에 따른 동사 분류

보통 통사론적으로는 빈어를 수반할 수 있는가에 따라 동사를 유빈어동사(有賓語動詞), 즉 빈어수반동사[15]와 무빈어동사(無賓語動詞), 즉 빈어를 수반할 수 없는 동사[16]로 나눌 수 있다.

한편, 동사의 형식적인 특징과는 달리 의미적 특징에 중점을 두고 의미자질(semantic feature)에 따라 분류된 동사의 예를 몇 가지만 들어보면 다음과 같다.

1) 지속동사持續動詞와 비지속동사非持續動詞

동사가 갖는 시간성의 의미특징, 즉 상(相)에 따라 동사를 지속동사와 비지속동사로 나눌 수 있다. 이는 형태가 발달된 서양언어의 연구에서 자주 사용되는 방법이다. 중국어는 일반적으로 형태변화가 거의 없는 언어이기 때문에 엄밀히 말하면 동사의 시간성을 따지지 힘들다. 그러나 중국에서는 동사의 중첩형식과 시태(時態)에 관한 논문이 나오면서 '지속'과 '비지속'이라는 용어가 사용되었다

동사가 시량빈어(時量賓語)를 수반했을 때 나타나는 세 가지 의미특징, 즉 [±지속], [±완성], [±상태]를 기준으로 동사를 '지속'과 '비지속'으로 나눌 수 있다. 또한 동사 뒤에 '着'가 올 수 있느냐의 여부에 따라 두 가지로 분류하기도 한다. '着'가 올 수 없는 동사는 비지속성 동사라 하고, '着'가 올 수 있으면 지속성 동사라고 하는데, 예를 들면 아래와 같다.

(1) 지속동사持續動詞

看(보다), 买(사다), 说(말하다), 问(묻다), 洗(씻다), 挂(걸다), 写(쓰다)

이런 동사는 단독으로 사용할 수 있으며, 뒤에 시량빈어가 왔을 경우, 동사의 동작행위가 지속되는 시간을 표시하는데, 예를 들면 다음과 같다.

看。(보다)
看了两天。(이틀간 보았다)[17]

(2) 비지속동사非持續動詞

死(죽다), 完(완성하다), 来(오다), 去(가다), 到(도착하다), 懂(알다), 没(없다), 明白(이해하다), 出现(출현하다)
看见(보이다), 听见(들리다), 离开(떠나다), 分开(헤어지다), 提出(제출하다), 上来(올라오다), 进去(들어가다)

이러한 비지속동사는 단독으로 사용되지 못하며, 이런 동사 다음에 시량빈어가 오면 동사의 동작이 완성된 후 경과된 시간을 나타낸다. 예를 들면 아래와 같다.

＊死 / 死了
＊看见 / 看见了
死了两天了。(죽은 지 이틀이 되었다.)

2) 의지동사自主動詞와 비의지동사非自主動詞

동작을 직접 행하는 행위자가 동사와 결합할 때 수행하는 역할과 행위에 참여하는 방식에 근거하여 현대중국어 동사를 동작동사·상태동사·과정동사 등으로 나눌 수 있다. 이러한 분류는 동작과 상태라는 명확하게 대립되는 두 가지 범주 속에서 지속성동사와 비지속성동사의 구분과 밀접한 관련이 있다.

또한 동사와 그것이 수반하는 명사성 성분의 격 관계에 따라 혹은 행위자가 행하는 행동의 적극성과 주동성에 따라 동사를 동작동사, 상태동사, 과정동사로 나누기도 한다.

이러한 동작동사는 행위자가 동작을 제어할 수 있느냐의 여부에 따라 의지동사(유심동사[有心動詞]라고도 한다)와 비의지동사(무심동사[無心動詞]라고도 한다)로 나눈다.

(1) 의지동사自主動詞[18]

의지동사는 동작을 행하는 주체가 의식적으로 동작행위를 하는 것을 나타내는 동사를 말한다. 즉 동작행위의 행위자가 주관적으로 결정하고, 스스로 지배가 가능한 것을 말한다. 그리고 단독으로 명령문을 만들 수 있으며, 동사 앞뒤에 '来/去'를 수반하여 명령문을 만들 수 있는 어법특징을 지닌다. 또한 [+의지], [+동작]의 의미특징을 지닌다. 예를 들면 다음과 같다.

① 看! (봐!)
② 看书! (책을 봐!)
③ 看来! (보러 와!)
④ 看电影来! (영화 보러 와!)
⑤ 来看来! (와서 봐!) /
⑥ 来看电影来! (와서 영화 봐!)
⑦ (你)来看! (와서 봐!)
⑧ (快)来看电影! (와서 영화 봐!)

위의 예문에서 알 수 있듯이 ⑦과 ⑧은 그냥 쓰는 것보다 앞에 행위의 주체자나 부사어를 덧붙여 주는 것이 더 자연스럽다.

(2) 비의지동사非自主動詞[19]

비의지동사는 무의식적인 변화나 속성을 표시하는 동사를 말한다. 즉 동작행위를 하는 행위자가 스스로 동작행위를 지배할 수 없는 것을 말한다. 그러므로 이러한 무의식적인 동작행위가 바로 변화와 속성을 나타내는 말로 쓰인 것이다. 비의지동사는 단독으로 명령문을 만들 수도 없고, 앞뒤에 '来/去'를 수반하여 명령문을 만들 수 없는 어법특징을 지닌다. 그러므로 [−의지], [+변화][+속성]의 의미특징을 지닌다. 예를 들면 아래와 같다.

① *看见!
② *看见书!
③ *看见来!
④ *看见电影来!
⑤ *来看见来!
⑥ *来看见电影来!
⑦ *来看见!
⑧ *来看见电影!

4 이합동사離合動詞와 형식동사形式動詞

중국어 동사 중에 이합동사와 형식동사라는 특수한 동사가 있다. 그리고 흔히 우리 나라 사람들이 중국어 동사를 익힐 때, 주의를 요하는 단어들이다. 그 이유는 아래 예문을 통해서 알 수 있다.

나는 북경대학을 졸업했다. → *我毕业北京大学了。
我北京大学毕业了。

이 문제를 토론하다.　　　→　*进行讨论这个问题。
　　　　　　　　　　　　　　　对这个问题进行讨论。

　초급 수준의 중국어를 배운 사람이라면 분명히 앞의 틀린 문장과 같이 작문을 할 수도 있을 것이다. 하지만 왜 그렇게 문장을 만들면 안 되는지, 또한 어떤 규칙 때문에 그러한 지 등을 지금부터 자세하게 알아보겠다.

1) 이합동사離合動詞

　현대 중국어의 동사 중에는 '분리가 가능한 것'들이 일부분 있다. 예를 들어 '洗澡'는 '洗了一个澡'로 분리될 수 있다. 이러한 종류의 조합은 주로 술빈식(동사＋빈어)과 술보식(동사＋보어) 구성의 합성어를 말한다. 이러한 단어를 '이합동사'라고 한다.

　이들 이합동사는 일반적인 동사의 특징을 가지면서 자기만의 독특한 어법특징을 지닌다. 예를 들면 다음과 같다.

　첫째, 다른 성분이 첨가되지 않았을 경우, 한 단어처럼 쓰여 일반 동사의 역할을 수행하지만, 그 뒤에 빈어를 수반할 수는 없다. 그렇기 때문에 위의 예문과 같이 '나는 북경대학을 졸업했다.'라는 문장은 '我北京大学毕业了。'와 같이 표현된다. 왜냐하면 이합동사 '毕业'는 다시 분석해 보면 '毕(동사)+业(빈어)'의 동빈구조로 이루어져 있기 때문이다. 또한 '见面(만나다)'과 같은 이합동사들도 우리말 해석에서 빈어 수반이 요구되더라도, 바로 뒤에 빈어를 쓰면 안된다. 예를 들면 아래와 같다.

　나는 친구를 만났다.
　→　*我见面朋友了。/ 我见朋友面了。/ 我跟朋友见面了。

이와 같이 이합동사는 붙여 쓸 수도 있고, 때로는 나누어 쓸 수도 있기 때문에 이렇게 이름 붙여진 것이다.

둘째, 이합동사 사이에 '得'나 '不'를 넣을 수 있다. 예를 들어 '看见(보이다)', '听见(들리다)'과 같은 이합동사는 일반 동사 '看(보다)'이나 '听(듣다)' 보다 동작의 결과를 중시하기 때문에 중간에 '得'나 '不'를 삽입하여 '가능', '불가능'을 표시할 수 있다. 예를 들면 다음과 같다.

너는 안경을 안 쓰고 저 건물이 보이니?
→ 你不戴眼镜能看得见那座楼吗? (가능을 표시)

여기에서 그들 기숙사는 안 보인다.
→ 从这儿看不见他们宿舍。(불가능을 표시)

다시 이러한 이합동사의 예를 틀린 문장을 통해 분석해 보자.

그녀는 나에게 편지를 써서 나와 결혼하겠다고 했다.
* 她写信告诉我, 她就结婚我。
☞ 她写信告诉我, 她就跟我结婚。

저는 당신들의 도움에 충심으로 감사를 표합니다.
* 我衷心地道谢你们的帮助。
☞ 对你们给予的帮助, 我衷心地向你们道谢。

나는 다시 친구를 만날 수 있기를 고대한다.
* 我盼望再见面朋友。
☞ 我盼望再跟朋友见面。

그녀와 막 헤어지려고 하자, 그녀는 갑자기 울기 시작했다.
  * 快要分手她的时候, 她突然哭起来了。
  ☞ 快要跟她分手的时候, 她突然哭起来了。

꼬마들이 모두 우리에게 손을 흔들며 '안녕히 계셔요!'라고 말했다.
  * 小朋友都招手我们说: '再见!'
  ☞ 小朋友都向我们招着手说: '再见!'

그는 즉시 달려와 우리와 악수했다.
  * 他立刻跑过来握手我们。
  ☞ 他立刻跑过来跟我们握手。

매일 저녁을 먹고 나서, 나는 늘 여자친구와 함께 교정을 산보한다.
  * 每天吃完晚饭, 我都跟女朋友一起散步校园。
  ☞ 每天吃完晚饭, 我都跟女朋友一起在校园散步。

나는 대학을 졸업한 후 바로 상해로 왔다.
  * 我毕业大学以后, 就到上海来了。
  ☞ 我(在)大学毕业以后, 就到上海来了。

위의 틀린 문장 중에서 '结婚, 道谢, 见面, 分手, 招手, 握手, 散步, 毕业'는 모두 동빈형식으로 된 이합동사들이다. 그러므로 이중으로 빈어를 취하지 않는다. 그 대상이나 장소 등은 일반적으로 개사와 더불어 개사구를 이루어 부사어 역할을 하게 만든다.

2) 형식동사形式動詞

현대중국어에는 형식만 동사라는 의미의 형식동사(形式動詞)[20]라는 것이 있는데, 이는 '허의동사(虛義動詞)', '허화동사(虛化動詞)', '선도동사(先導動詞)', '무색동사(無色動詞)', '괴뢰동사(傀儡動詞)' 혹은 대동사(代動詞)라고도 부르며, 이 밖에도 여러 어법 학자들은 '비명사 이음절 빈어를 갖는 동사'라고도 부른다. 이것은 현대중국어 동사 중 비교적 특수한 부류이며, 일반적으로 형식동사는 동빈구조를 구성한다. 또한 그 자체는 구체적인 동작행위의 의미를 나타내지 않으며, 주요한 의미는 뒤쪽 동사 빈어에 의해 결정되는 것이 특징이다.

이들은 동사이면서도 일반 동사와는 다른 어법특징을 지니는데, 예를 들면 다음과 같다.

첫째, 동태조사 '了', '着', '过'와 제한적으로 결합하며, 둘째, '시험삼아 해보다(嘗試)'를 표시하는 중첩형식을 가지지 못하고, 셋째, 단독으로 사용할 수 없다.

그리고 이러한 형식동사는 공문서, 정치논평, 신문용어 등에서 광범위하게 쓰이고 있다. 그러므로 이러한 실용문의 사용에 있어 형식동사의 활용은 더욱 중요하다. 이러한 형식동사의 예를 틀린 문장을 통해 분석해 보면 아래와 같다.

> 매번 그날이 될 때마다 우리는 늘 경축대회를 연다.
> * 每到那一天我们都进行庆祝大会。
> ☞ 每到那一天我们都开大会进行庆祝。
> / 每到那一天我们都举行庆祝大会。
>
> 어제 저녁 강당에서 경축 만찬회가 열렸다.
> * 昨晚上在禮堂进行了一个庆祝节日的晚会。
> ☞ 昨晚上在禮堂举行了一个庆祝节日的晚会。

형식동사 '进行'의 빈어로는 일반적으로 '进行研究', '进行协商',

'进行庆祝' 등과 같은 이음절 동사가 쓰인다. 위의 틀린 문장 속의 '会'는 모두 명사이기 때문에 '进行'의 빈어가 될 수 없다. 여기에서 '会'와 어울릴 수 있는 동사로는 '举行'이나 '开'가 있다.

그들이 저 산을 봉쇄했다.
* 他们进行了封锁那座山。
☞ 他们把那座山进行了封锁。

한 달간 배우고 난 후 나는 나의 학습계획을 고쳤다.
* 学习了一个月以后, 我进行了修改我的学习计划。
☞ 学习了一个月以后, 我对我的学习计划进行了修改。

위의 틀린 문장에서는 이음절 동사가 이미 형식동사 '进行'의 빈어로 쓰였기 때문에, 다시 명사 빈어를 가질 수 없다. 진술대상을 개사 '把'나 '对'를 사용하여 끌어내어 개사구를 만들어 형식동사 '进行' 앞에 놓아 부사어로 써야 한다.

나는 두 장의 사진을 비교하여 王府井에서 찍은 그 사진을 남겨두었다.
* 我把两张照片进行了比, 留下了在王府井照的那张。
☞ 我把两张照片进行了比较, 留下了在王府井照的那张。

형식동사 '进行'은 보통 이음절 동사 빈어를 갖는다. 일음절 단어는 형식동사 '进行'의 빈어가 될 수 없다.

• 몇 명의 박사반 학생이 이 문제에 대해 연구할 것이다.
* 几个博士研究生要进行研究这个问题。
☞ 几个博士研究生要对这个问题进行研究。

형식 동사 '进行'은 이음절 동사 빈어를 갖는데, 뒤에 다시 빈어를 또 가질 수는 없다.

    나와 룸메이트는 자주 같이 잡담을 나눈다.
      * 我和同屋常常在一起进行聊天儿。
      ☞ 我和同屋常常在一起聊天儿。

형식동사 '进行'은 지속적이거나 정식적인 혹은 정중한 활동에만 쓰인다. 그러므로 일시적이거나 비정식적인, 혹은 일상생활 중의 활동을 나타내는 경우에는 사용되지 않는다.

    노동자의 주거 문제는 제때에 해결해야 한다.
      * 工人的住房问题要及时加解决。
      ☞ 工人的住房问题要及时加以解决。

일반동사 '加'는 '特加注意(특히 주의하다)', '大加赞扬(크게 찬양하다)' 등과 같이 일음절 형용사나 일음절 부사의 수식을 받는 경우에만 사용할 수 있고, 이음절 부사의 수식을 받는 경우에는 형식동사 '加以'를 써야 한다. 물론 '加以' 뒤에는 이음절 동사 빈어 '解决'가 쓰였다.

    우리는 네가 제출한 건의에 따라 일을 진행시킬 것이다.
      * 我们要按照你提的建议加以工作。
      ☞ 我们要按照你提的建议进行工作。

'工作', '同意' 등의 동사는 형식동사 '加以'와 함께 쓰일 수 없다. 위 문장에서는 '加以'가 잘못 쓰였다.

小王의 의견은 반드시 고려해 봐야 한다.
　＊ 一定加以考虑小王的意见。
　☞ 小王的意见一定加以考虑。

　형식동사 '加以'는 이음절 동사 빈어를 갖는데, 뒤에 다시 빈어를
또 가질 수는 없다.

　결론적으로 형식동사는 그 자체가 실재의 의미를 갖지 못하고, 동
사가 명사화되는 형식으로 빈어를 가지는 동사를 말한다. '进行', '加
以''作' 등이 여기에 속하는데, 이러한 동사는 원래의 어휘의미가 이
미 많이 약화되었으며, 그 어법기능도 명사성성분을 술어성성분(~하
다)으로 전환하는데 쓰인다. 예를 들면 다음과 같다.

　　＊ 把这些小商贩组织(이러한 소상인을 조직)
　→ 把这些小商贩加以组织(이러한 소상인을 조직하다)

　　＊ 对这种不正之风抵制(이런 부정행위에 대한 저지)
　→ 对这种不正之风进行抵制(이런 부정행위를 저지하다)

　또한 이러한 형식동사의 작용은 어떤 단어의 앞에 부가되어 형식상
동빈구조를 구성할 뿐만 아니라, 원래단어의 의미를 변화시키기도 한다.
　이는 문장구조에서 술어의 진술기능을 독립적으로 완성할 수 없으
며, 실제동작의미의 동사를 이끌어내어 술어의 진술기능을 완성한다
는 의미에서 선도동사(先導動詞)라고도 부르는 것이다.

[1] ‘格’이란 문장 성분의 동사와 관련된 의미적 작용을 말하는 것으로, 행위자 (施事), 도구, 대상자(受事) 등의 격이 있다.

[2] 행위자는 시사(施事), 즉 주동자(主動者)를 말하는데, 직접 동작을 행하는 주체를 가리킨다.

[3] 동사와 부사의 결합은 심도 있게 연구해 볼만하다. 예를 들어 어떤 류의 동사들이 ‘不’와 결합할 수 있는지, 그리고 어떤 류의 동사가 ‘没’와 결합할 수 없는지, 어떤 동사들이 ‘没’와는 결합할 수 있으나, ‘不’와는 결합할 수 없으며, 어떤 동사들이 부정부사와 전혀 결합할 수 없는지? 여기에 무슨 규칙이 있는지? 또 어떤 부사가 어떤 동사와 결합할 수 있으며, 부사의 하위부류와 동사의 하위부류와는 무슨 관계가 있는지 등등이다.

[4] ‘他吃。’에서는 단독으로 서술어로 쓰였고, ‘他吃饭。’에서는 서술어중심어로 쓰였다.

[5] 예를 들면 ‘属於’, ‘姓’ 등이 그러하다. 즉 ‘光荣属於祖国’, ‘他姓金。’이라고는 할 수 있지만, ‘光荣属於’, ‘他姓。’이라고는 할 수 없다.

[6] 동사가 빈어를 수반하는 상황을 좀 더 깊이 있게 연구한다면 동사의 특징과 동사를 하위분류하는데 도움이 될 것이다. 즉 어떤 동사들이 빈어를 수반하고, 어떤 동사들이 수반할 수 없는지, 수반하는 동사들은 각기 어떤 빈어를 수반하며 어떤 상황하에서는 빈어를 반드시 수반해야 하고, 어떤 상황하에서는 그렇지 않은 지 등등에 관심을 갖고 연구해 볼 필요가 있다.

[7] 어떤 동사들이 동량보어를 수반하고, 어떤 동사들이 수반할 수 없는지, 수반하는 동사들은 각기 어떤 동량보어를 수반하는지 등등을 좀 더 깊이 있게 연구한다면 동사의 특징과 동사를 하위분류하는데 도움이 될 것이다.

[8] 예문 앞의 ‘?’ 표시는 어법적으로 타당한 가 하는 문제가 여전히 남아있음을 나타낸다.

[9] 여기서 말하는 태(態)는 능동태·수동태의 의미가 아니라 상(相:aspect)을 말한다. 상(相)이란 동사에 관한 어법범주의 하나로서, 시간 영역내의 동작과정을 구분하고, 그 구분에 따른 동작의 양태·성질 등의 차이를 파악해 나타내는 어법형식이다. 구체적인 상(相) 의미(aspectual meaning)로는 ‘지속’(duration) ·‘반복’(iteration)·‘순간’(momentariness)·‘기동’(inception)·‘완료’(completion) ·‘결과’(result)등이 있다. 시제는 직시적(deictic)인데 반해, 상(相)은 비직시적

(nondeictic)이다.

[10] 상시태(嘗試態)라고도 하며, '시험삼아 좀 해보다'라는 의미를 나타낸다.

[11] 영어에서는 현재형을 동사의 원형(speak)이나 원형에 -s가 붙은 형태(speaks)로 표현하며, 과거형은 규칙적인 형태의 경우, 원형에 -ed를 덧붙이고(walked), 불규칙적인 형태의 경우 해당 과거 형태(spoke)를 따라 쓴다.

[12] 그러나 '了'는 어떤 일정한 사건임을 나태 내지 못하는 동사와는 같이 쓰일 수 없는데, 예를 들면 '＊我喜欢了水果。', '＊我姓了金。', '＊我是了你们的老师。' 등과 같다. 또한 '了'의 쓰임으로 과거시제를 표시하는 것이 일반적이지만, 그렇지 않은 경우도 있다. 이런 경우 과거가 아닌 완료를 나타내는 명령문에 쓰이는데, 예를 들면 '喝了它！(그것을 마셔라!)', '別打破了杯子(잔을 깨뜨리지 마라!)'와 같다. 뿐만 아니라 '了'가 미래 혹은 조건을 표시하는 문장에서도 쓰일 수 있는데, '我看了電視再吃。(TV를 보고 나서 다시 먹겠다.)'와 같다.

[13] 이밖에도 지속상의 표지로 '在'가 쓰이는데, '在'는 동작성 동사가 지속상을 표시할 경우에만 쓰인다. 예를 들면 '我们在打足球。(우리는 지금 축구를 하고 있다.'와 같다. 그러므로 '＊我在知道那件事。'와 같이 동작성 동사가 아닌 경우에는 쓸 수가 없다.

[14] 경험이라는 것은 어떤 동작이 완료되었다는 것을 나타낸다. 그러므로 '＊他死过。'와 같이 동작행위를 반복할 수 없는 동사와는 쓰이지 않는다. 또한 '＊喝过茶！'와 같이 명령문에서도 쓸 수가 없다.

[15] 吃饭 | 读书 | 踢足球 | 爱护公物 | 姓李 | 当教师 | 完成任务 | 扩大队伍 | 开始工作 | 致以敬礼 | 值得研究

[16] 你别生气！| 一天晚上，輪着高屯儿站岗。| 老爷子大概又在气喘呢！| 鸡叫了。| 这一年没有完毕，我已经到东京了。| 病人还未苏醒。

[17] 이 문장을 '看了兩天了。'로 바꾸면 의미가 복잡해진다. 하나는 '본 지 이틀이 지났지만, (아직 다 보지 못했다.)'는 뜻으로 동작의 지속을 표시하며, 또 다른 하나는 '본 지 이틀이 지났지만, (아직도 기억난다)'는 의미로 동작이 이미 완성되었음을 나타낸다.

[18] 의지동사를 예로 들면 '安(설치하다)', '扮(분장하다)', '幇(돕다)', '说(말하다)', '处理(처리하다)', '表扬(칭찬하다)', '修理(수리하다)', '创造(창조하다)' 등이 있는데, 비의지동사에 비해 그 수량이 많다.

[19] 비의지동사를 예로 들면 이음절의 경우 '取得(취득하다)', '失败(실패하다)'와 같이 '得'이나 '失'자를 포함한 글자와 '遇到(만나다)', '着急(조급해하다)',

'損害(해치다)', '衰落(쇠락하다)', '犯法(법을 어기다)'와 같이 이음절 동사의 앞 글자가 '遇', '着', '損', '衰', '犯'자인 것, 그리고 '碰见(우연히 만나다)', '出生(태어나다)', '属于(~에 속해 있다)'와 같이 이음절 동사의 뒷 글자가 '见', '生', '于'자인 것은 모두 비의지동사에 속한다.

[20] 형식동사(dummy verb)란 그 자체의 고유한 의미가 없고, 동사로서의 형식적 기능만 보이는 것을 말한다. 'dummy'라는 말은 원래 벙어리(dumb)라는 말에서 온 것으로, 그 자체의 고유한 '말(표현 또는 의미)'을 지니지 못하고 형식적인 자리만 차지함을 뜻한다. 일어에서는 대역동사(代役動詞)라고 한다.

제11장
빈어賓語와 보어補語 알아보기

　　우리는 앞에서 일반적으로 동사는 빈어를 수반할 수 있고, 보어, 특히 동량보어(動量補語)를 수반할 수 있는 특징을 지니고 있음을 살펴보았다. 다시 말해 현대중국어 문장을 분석해 보면, 빈어[1]와 보어[2]는 모두 동사 뒤에 오는 성분[3]이다. 여기에서는 술어동사 뒤의 성분인, 빈어와 보어를 중심으로 두 성분 간의 경계와 각각의 성분이 다시 어떻게 나누어지는 가를 살펴보도록 하겠다.

1 중국어에서 술어 뒤에 오는 성분 문제

　　전통적인 중국어법에서 빈어는 동사서술어문의 수사(受事), 즉 동작을 받는 대상으로 인식되었다. 그리고 빈어는 어순상 항상 술어동사 뒤에 오는 것으로 인식되었다. 그러나 '住人。(사람이 살다.)', '淋雨。(비에 젖다.)'에서와 같이 '人'과 '雨'가 동작을 받는 대상이 아니라, 직접 사는(住) 동작과 젖는(淋) 동작을 행하는 주체가 되기도 한다. 다시 말해 동작의 수혜자가 아니라 행위자로서 빈어로 쓰인 경우이다. 또한 '他是老师。' 라는 문장의 '老师'는 현대중국어에서 동사 '是'의

빈어로 분류된다.[4]

보어라는 것은 서양언어나 우리말이 주어와 관계된 것과는 달리, 말 그대로 동사를 보충 설명하는 것이다. 그러므로 늘 동사술어 뒤에서 사용된다. 예를 들어 '抱起来(안아 올리다)', '等一下(조금 기다리다)'와 같이 '起来', '一下'가 동사 뒤에 쓰여 동작을 보충 설명하는 작용을 한다.

그렇다면 이러한 빈어와 보어의 어법적인 기능은 무엇이며, 또한 어떤 성격의 빈어와 보어로 분석될 수 있는가?

2 빈어와 보어의 구분 경계

빈어가 동사의 후치성분(後置成分)[5]으로 쓰였다면 과연 동사 뒤에 오는 모든 성분이 빈어라고 볼 수 있는가? 이 질문에 대한 해답을 찾기 위해 빈어를 주어 및 보어와의 비교를 통해 더욱 명확하게 알아보고자 한다.

우선 주어와 빈어가 가리키는 것은 무엇일까? 주어와 빈어 둘 다 '누가'와 '무엇'의 개념이라고 볼 수 있다. 단지 주어는 술어가 말하는 것(누가, 무엇)을 가리키며, 빈어는 동사와 관련(지배)된 것(누가, 무엇)을 가리킨다.

어순은 중요한 어법 수단의 하나로 그 나름대로의 고정적인 어순을 갖고 있는 일정한 언어 규칙에서 언어를 분석하고 이해하는 데 중요한 열쇠가 된다. 현대중국어에서 주어는 앞에, 술어는 뒤에, 그리고 술어는 앞에, 빈어는 뒤에 온다. 그래서 문장을 분석할 때 바로 이 어순을 염두에 두지 않을 수 없는 것이다. 예를 들어 설명해 보면 다음과 같다.

① 我 ‖ [6]听不懂**你的话**。(나는 너의 말을 알아듣지 못하겠다.)
② 教室里 ‖ 坐着**一个人**。(교실에 한 사람이 앉아 있다.)

위 예문에서 굵게 표시된 '你的话'와 '一个人'이 바로 빈어로 쓰인 것이다. 그러나 어순 문제를 떠나 다음과 같은 문제가 생길 수 있다. 주어가 술어 앞에 온다고 해서 술어 앞에 오는 모든 성분이 주어가 될 수 있는가, 또한 빈어가 동사 뒤에 위치한다고 해서 동사 뒤에 오는 것 역시 모두가 빈어로 볼 수 있는가 하는 질문이다. 대답은 '아니다'이다. 어순만 갖고는 이 문제를 해결할 수가 없다. 그러므로 어법적으로 어떤 의의를 지니고 있는지를 알아야만 이 문제가 해결된다. 주어는 술어에 대한 개념이고, 빈어는 술어동사에 대한 개념으로 이해하는 것이 좋다. 다시 말해 빈어는 술어동사의 지배를 받고 있으며 술어동사와 밀접한 관련이 있다. 다시 아래 예문을 보자.

③ 你的话 ‖ 我听不懂。(너의 말은 나는 알아듣지 못하겠다.)

위 예문에서 앞에 나온 '你的话'는 주어인가 아니면 빈어가 도치된 것인가? 술어 부분인 '我听不懂'의 진술 대상이 바로 '你的话'이다. '你的话'와 술어간에는 진술과 피진술의 관계가 존재하는 것이다. 그러므로 그것은 '무엇'의 질문에 답을 한 것으로 주어가 된다. 그러나 예문 ②의 '一个人'은 동사 '坐'의 지배를 받는 대상으로 그것은 바로 '누가'라는 질문에 답이 된다. 그러므로 '一个人'은 빈어가 되는 것이다.

현대중국어에서 보어는 술어 뒤에서 술어를 보충하고 설명하는 부분으로 동작의 결과나 성질의 정도 등을 보충 설명하는 데 쓰인다. 그러므로 '누가', '무엇'과 같은 류의 질문에 대한 답이 아니라 '어떻게', '얼마나', '얼마쯤' 등과 같은 문제에 답하는 것이다. 한국어나 영어와 달리 중국어에서 빈어와 보어의 구분은 명확하다. 다시 예를 들어보자.

④ 写什么? → 写字。(무엇을 쓰니? → 글씨를 써.)
⑤ 写得怎么样? → 写得好。(어떻게 썼어? → 잘 썼어.)

위 예문 ④의 '字'는 빈어이고, ⑤의 '好'는 보어이다. 둘 다 동사 뒤에 온 성분으로 위치상으로는 구분이 없다. 그러나 어법의의상으로 전자는 분명히 '무엇'을 쓰는가에 대한 대답으로 동사의 동작이 미치는 대상이 되며, 후자는 쓰는 동작을 보충 설명하는 것으로 쓴 것이 '어떠한가'를 나타내준다.

다시 말해 동사는 빈어와 보어를 모두 가질 수 있지만, 형용사는 주로 보어만을 가질 수 있는데, 형용사 '干净' 뒤에 보어 '很'이 온 '干净得很'과 같은 경우가 여기에 속한다.

⑥ 他一直躺在医院里。(그는 쭉 병원에 누워 있다.)

위 예문의 경우 '在医院里'는 동사 '躺'의 보어로 쓰인 것이지 빈어로 쓰인 것이 아니다. 즉 일반적으로 명사, 대사, 명사구 등이 빈어로 쓰이는 데 반해, 보어로는 예문 ⑥의 경우와 같이 개사구나 형용사가 주로 쓰인다. 또한 동사와 보어 사이에는 구조조사 '得'(de)가 필요하지만 동사와 빈어 사이에는 필요가 없다.

⑦ 他买三本。(그는 세 권을 산다.)
⑧ 他买两回。(그는 두 번 산다.)

위 예문에서 어느 것이 빈어로 쓰인 것이고 어느 것이 보어로 쓰인 것인가? 둘 다 동사 '买' 뒤에 따라온 수량구로 이루어진 문장이다.

그러나 분명히 예문 ⑦과 ⑧사이에는 차이가 있다. 예문 ⑦의 경우 '三本'은 아직 등장하지 않은 '书'나 '杂志'와 같은 명사를 대신하고 있는 것이며, 여기에서 '本'은 명량사(名量詞)로 쓰였다. 다시 말해 명량사가 빈어로 쓰일 때 모든 수량구는 아직 등장하지 않은 어떤 명사를 나타내준다. 그러므로 '三本'은 빈어가 된다. 그러나 예문 ⑧의 '两回'는 양상이 또 다르다. 동사 '买'의 횟수를 나타내고 있고, '回'는 여기에서 동량사(動量詞)로 쓰였다. 즉 '两回'는 동사 '买'를 보충설명하고 있는 것이다. 다시 말해 동량사가 보어로 쓰일 때, 모든 수량구는 동작의 횟수나 지속되는 시간을 표시한다.[7]

⑨ 他用了五个钟头。(그는 다섯 시간을 썼다.)
⑩ 他干了五个钟头。(그는 다섯 시간 동안 말렸다.)

위 예문에서는 어떤 것이 빈어로 쓰인 경우인가? 예문 ⑨와 ⑩의 '五个钟头'는 둘 다 시간을 표시하는 수량구가 동사 뒤에 쓰인 것이다. 그러나 예문 ⑨의 경우 동사 '用'과 수량사 뒤에 쓰인 시간 관련 단어인 '钟头'가 서로 잘 결합된다. 즉 시간을 나타내는 수량구가 빈어로 쓰일 때는 동사는 마땅히 수량구 뒤에 덧붙여진 시간사와 잘 결합되어야 한다. 그러나 예문 ⑩의 경우 '五个钟头'는 빈어가 아닌 시량(時量 : time duration)을 나타내는 보어로 쓰인 예[8]이다. 이 경우 '钟头'는 시간의 양을 표시하므로 동사 '干'과 의미상 잘 결합되지 않는다.

동사 뒤에 빈어와 보어가 동시에 출현할 수도 있는데, 이때 보통 보어가 앞에 오며, 빈어는 뒤에 위치한다. 예를 들면 다음과 같다.

⑪ 他打了三次球。(그는 세 번 공놀이를 했다.)

예문 ⑪의 경우 '三次'는 보어로 쓰인 경우이고 그 뒤의 '球'는 빈어가 된다.

한편, 방향보어와 수량보어는 빈어 뒤에 놓일 수도 있는데, 예를 들면 아래와 같다.

⑫ 我告诉过你三遍了。(나는 너에게 세 번 알려 준 적이 있다.)
⑬ 他拿十块钱出来。(그는 10원을 꺼낸다.)

예문 ⑫와 ⑬의 '三遍'과 '出来'는 모두 빈어인 '你'와 '十块钱' 뒤에 놓여 보어로 쓰였다.

지금까지 동사의 후치성분 중 어느 것이 빈어이고 또 어느 것이 빈어가 아닌가를 빈어와 보어의 어법특징과 어법의의를 통해 살펴보았다. 그리고 빈어의 경계를 분명히 하고자 주어와의 비교를 통해 보다 명확하게 구분할 수 있었다. 종합적으로 살펴본 결과를 다시 적어 보면 다음과 같다.

첫째, 일반적으로 주어는 앞에 오며, 빈어는 뒤에 위치한다. 빈어는 특히 동사나 형용사 뒤에서 술어의 진술 대상으로 쓰인다. 다시 말해 주어는 술어에 대한 개념이고, 빈어는 술어동사에 대한 개념이다. 즉 빈어는 술어동사의 지배를 받고 있으며 술어동사와 밀접한 관련이 있다는 어법의의를 가진다.

둘째, '누가', '무엇'과 같은 류와 '어떻게', '얼마나', '얼마쯤' 등과 같은 문제에 답하는 것이 바로 빈어와 보어를 구분할 수 있는 좋은 근거가 된다. 즉 어법의의상으로 빈어는 분명히 '무엇'에 대한 대답으로 동사의 동작이 미치는 대상이 되며, 보어는 동작을 보충 설명하는 것으로 그 동작이 '어떠한가'를 나타내준다.

한편, 일반적으로 명사, 대사, 명사구 등이 빈어로 쓰이는 데 반해

보어는 개사구나 형용사가 주로 쓰인다. 또한 동사와 보어 사이에는 구조조사 '得'가 필요하지만 동사와 빈어 사이에는 필요 없다는 것도 특징이다.

3 의미역할에 따른 각종 빈어 분류

어법의의라는 것은 어법형식에서 보여지고 나타나는 의의라고 말한다. 다시 말해 일정한 어법형식으로부터 유도해 낼 수 있는 의의로서 항상 구체적인 어떤 언어와 밀접한 관련이 있다고 본다. 그러므로 모든 종류의 언어에 적용되는 보편적인 개념은 아니지만 중국어에는 필요한 것으로 받아들여진다.

그리고 이러한 어법의의의 가장 근본적인 특징은 바로 어법형식과의 결합에 있다. 다시 말해 어떤 의의가 만약 어법형식을 통하지 않고 표출된다면 그것은 진정 어법의의가 아닌 것이다.

예를 들어 '잠시(잠깐)'라는 뜻을 중국어에서는 '我来试试。'와 같이 동사의 중첩을 통해 나타낼 수가 있다. 이런 뜻을 다른 어휘를 통해서도 나타낼 수가 있는데, '我来试一下。'와 같은 것이다. 그러나 전자의 경우만이 어법의의를 나타내고 있는 것이다. 또 한 가지 예를 들면 다음과 같다. '干净'과 '干干净净'을 비교해 보자. '干干净净'은 '干净'의 성질을 더욱 강화한 느낌이 든다. 다시 말해 '很干净(매우 깨끗하다)'의 뜻으로 중첩을 통해 어법의의를 나타내고 있는 것이다.

어법의의 등을 설명할 때 자주 등장하는 예문으로 다음과 같은 것이 있다.

① 咬死了猎人的狗。

위 예문은 아래와 같이 두 가지 다른 통사구조를 가진 두 가지 뜻으로 해석된다.

①′ ㉠ 咬死了猎人的狗。
    └─┘ └──┘
(사냥꾼의 개를 물어 죽였다.)

㉡ 咬死了猎人的狗
    └──────┘└┘
(사냥꾼을 물어 죽인 개)

㉠의 해석은 전체 문장을 술빈관계로 본 것으로 '咬死'가 '猎人的狗'를 지배하는 관계이며, ㉡의 해석은 '咬死了猎人的'가 '狗'를 한정하는 수식관계로 본 것이다. 이것은 동일한 어순 속에서 두 가지 다른 층차가 서로 대응되어 나타나는 통사구조를 보여주는 것으로, 이러한 다른 층차로 인해 생겨나는 의의가 바로 어법의의인 것이다.

한편, 어법형식은 어법의의의 표현형식을 말한다. 좁은 의미에서는 단어의 구성형태를 가리키는데, 부가성분·어음교체·중첩 등이 여기에 속한다. 넓은 의미로 보면 단어를 구성하는 형태를 말하는데, 접두어·접미어 등이 속한다. 다시 의미를 확대해 보면 어순, 허사, 어조 등과 같은 통사론적인 요소들도 포함된다.

여기서는 이러한 어법형식으로 표현되는 어법의의, 즉 의미역할에 따라 빈어가 어떻게 분류되어지는가를 살펴보겠다. 동사의 일반적인 기능 중 하나가 바로 명사성 빈어[9]를 가질 수 있다는 것이다. 그리고 그 명사성 빈어를 다시 다음과 같이 의미역할에 따라 15가지로 분류할 수 있다.

1) 시사빈어施事賓語

빈어가 동작이나 행위의 주체를 나타내기도 하는데, 이 경우의 빈어를 시사빈어라고 한다. 예를 들면 아래와 같다.

① 晒太阳。(햇볕을 쬐다.)
② 住人。(사람이 살다.)
③ 淋雨。(비에 젖다.)

위 예문 ①~③의 빈어인 '太阳', '人', '雨'는 모두 동작을 받는 대상이 아니라 직접 그 동작을 행하는 것이다. 즉 동작의 행위자[10]로서 빈어로 쓰인 경우이다. 즉 빈어 중 의미상으로 동작이나 행위의 주동(主動)이 되는 것을 시사빈어라고 한다.

2) 수사빈어受事賓語

현대중국어 술빈구조에서 술어는 보통 동작이나 행위를 나타내며, 빈어는 이러한 동작이나 행위와 관련된 사물을 가리킨다. 그리고 빈어는 일반적으로 동작이나 행위가 가해지는 대상을 말하는데, 이러한 빈어를 수사빈어라고 한다. 예를 들면 다음과 같다.

① 他又洗了衣服。(그는 또 옷을 빨았다.)
② 大师傅已经切白菜了。(요리사는 이미 배추를 잘랐다.)

예문 ①~②의 경우 빈어로 쓰인 '衣服'과 '白菜'는 모두 술어동사로 쓰인 '洗'와 '切'의 동작이나 행위를 받는 대상이 된다. 다시 말해 수사빈어는 동작이나 행위가 직접 사물에 미치는 것을 말한다.

3) 결과빈어結果賓語

결과빈어[11]는 동작이 일어난 결과를 나타내며, 성취빈어(成就賓語)라고도 하는데, 예를 들면 다음과 같다.

① 双方已经订了条约。(서로는 이미 협정을 맺었다.)
② 他们盖了一座大樓。(그들은 하나의 빌딩을 지었다.)
③ 我们打了一个眼儿。(우리는 구멍 하나를 뚫었다.)
④ 窗户纸上捅了一个大窟窿。(창호지에 찔러서 큰 구멍을 냈다.)

위 예문 ①~④의 '条约', '大楼', '眼儿', '窟窿' 등은 직접적인 행위의 대상으로 쓰인 것이 아니라 여러 가지 행동의 결과[12]로 나타난 것이다.

4) 대상빈어對象賓語

대상빈어는 아래와 같이 일반적인 동작이 아닌 어떤 행위가 어떤 대상을 향해 일어난 것을 말한다. 보통 개사 '对/向/与……相'을 사용하여 명사성 빈어를 동사 앞으로 옮길 수도 있다. 예를 들면 다음과 같다.

① 教育孩子。(아이를 교육시키다.)
→ [对孩子] 进行教育。

② 敬老师一杯茶。(선생님께 차 한 잔을 올리다.)
→ [向老师] 敬一杯茶。

③ 结合具体情况。(구체적인 상황과 결합시키다.)
→ [与具体情况] 相结合。

예문 ②에서와 같이 이중빈어 구문을 이루는 문장에서는 보통 사람을 가리키는 빈어가 대상빈어에 해당되며, '愛, 恨, 喜欢, 讨厌, 尊敬' 등과 같이 심리상태를 표시하는 동사와 결합하는 빈어들이 대부분 여기에 속한다. 또한 이들 대상빈어를 타동사의 직접 대상이 된다는 의미에서 수사빈어와 동일시하기도 하는데, 이들 두 빈어의 분명한 차이점은 대상빈어는 일반적으로 개사 '把'를 사용해서 빈어를 앞으로 옮길 수가 없고[13], 단지 '跟', '对', '比' 등을 통해 전치시킬 수가 있다는 것이다. 왜냐하면 '把'는 '跟', '对', '比' 등의 개사가 지시나 동작의 대상을 표시하는 기능을 갖고 있는 것에 비해 그 기능이 약하기 때문이다. 예를 들면 다음과 같다.

④ 团结同学。 → [跟同学] 团结。
 (학우들과 단결하다. : 对象宾语) / *把同学团结。[14]

⑤ 尊敬老师。 → [对老师] 尊敬。
 (선생님을 존경하다. : 对象宾语) / *把老师尊敬。

다시 말해 ④와 ⑤의 비문에서와 같이 동작의 대상을 나타내기보다는 처리를 표시하는 개사 '把'는 대상빈어를 갖는 동사 '团结', '尊敬', 특히 심리상태 혹은 감각을 표시하는 동사 '尊敬'과 어울려 사용될 수 없다.

5) 도구빈어道具賓語

도구빈어[15]는 동작이 의지한 도구나 혹은 사용한 재료를 말한다. 일반적으로 개사 '用'을 사용해서 명사성 빈어를 동사 앞으로 가져올 수도 있다. 예를 들면 아래와 같다.

① 糊纸。(종이로 바르다.)

　→ [用纸] 糊。(종이를 이용해서 바르다.)

② 吃大碗。(큰그릇으로 먹다.)

　→ [用大碗] 吃。(큰그릇을 이용해서 먹다.)

③ 救济了大量药品。(많은 약품으로 구제했다.)

　→ [用大量药品] 救济。(많은 약품을 이용해서 구제하다.)

6) 방식빈어方式賓語

방식빈어는 동작 행위의 방식을 나타내는 빈어를 가리킨다. 다시
말해 어떤 방식이나 방법에 따라 동작을 진행시키는 것을 말한다. 또
한 방식빈어는 일반적으로 개사 '用'을 사용해서 명사성 빈어를 동사
앞으로 가져올 수 있으며, 앞으로 나온 명사는 종종 관형어로 변하여
뒤에 '方式'이나 이와 비슷한 말을 덧붙일 수도 있다. 예를 들면 아래
와 같다.

① 拉A调。(A 장조로 연주하다.)

　→ [用A调] 拉。(A장조를 이용해서 연주하다.)

② 写仿宋体。(仿宋体로 쓰다.)

　→ [用仿宋体] 写。(仿宋体를 이용해서 쓰다.)

③ 存活期。(당좌로 예금하다.)

　→ [用活期的方式] 存。(당좌예금을 이용해서 예금하다.)

7) 장소빈어場所賓語

장소빈어는 동작이나 행위가 어떤 장소에까지 미치거나 어떤 장소
에서 일어나는 것을 말하며, 이들 장소빈어는 장소를 나타내는 단어

나 구로 구성된다. 그리고 몇몇 장소빈어와 동사 사이에 아래와 같이 개사 '到'를 더하여 변환시킬 수도 있다. 예를 들면 다음과 같다.

① 回南京。(남경으로 돌아가다.) → 回 [到南京]。
② 来北京。(북경에 오다.) → 来 [到北京]。
③ 递他手里。(그의 손에 넘겨주다.) → 递 [到他手里]。

8) 시간빈어時間賓語

시간빈어는 동작이나 행위가 빈어가 표시하는 시간 안에 발생한 것을 말하며, 보통 시간을 나타내는 단어나 구로 이루어진다. 이들 빈어는 보통 '在……里'나 '时'자 사이에 놓여 동사 앞으로 옮길 수도 있고, 또 어떤 것은 개사 '向' 을 사용하여 동사 앞으로 옮길 수도 있는데, 예를 들면 다음과 같다.

① 熬夜。(밤샘하다.) → [在夜里] 熬着。
② 起五更。(오경에 일어나다.) → [在五更里] 起床。
③ 接近国庆。(국경일이 다 되었다.) → [向国庆节] 那天接近了。

9) 목적빈어目的賓語

목적빈어는 어법의의상 동작이나 행위가 일어나게 된 목적을 나타낸다. 이러한 빈어는 목적이나 이유 등을 표시하는 개사 '为(wèi)'를 사용하여 동사 앞으로 옮길 수 있는데, 예를 들면 다음과 같다.

① 逼租。(임대료 때문에 사람을 핍박하다.)
→ [为租子] 而逼迫人。

② 筹备展览会。(전람회를 위해 사전에 기획 준비하다.)

→ [为展览会] 而筹备。

③ 接洽业务。(일 때문에 교섭하다.)

→ [为业务问题] 而接洽。

④ 考研究生。(대학원생이 되기 위해 시험보다.)

→ [为当研究生] 而考试。

⑤ 等朋友。(친구를 만나기 위해 기다리다.)

→ [为见到朋友] 而等候。

10) 원인빈어原因賓語

원인빈어는 동작이나 행위가 발생한 원인을 표시한다. 이들 원인빈어는 인과관계를 표시하는 접속사 '因为'를 사용하여 동사 앞으로 옮길 수 있는데, 예를 들면 다음과 같다.

① 避雨。(비가 와서 몸을 피했다.) → [因为下雨] 而躲避。
② 哭奶奶。(할머니 때문에 울다.) → [因为奶奶] 而哭。
③ 愁经费问题。(경비 문제로 걱정하다.) → [因为经费问题] 而发愁。

한편, 원인빈어의 동작은 목적빈어가 대개 자발적으로 발생하는 것에 비해 보통 강요에 의해 일어나거나 자연적으로 일어나기도 하는데, 예를 들면 다음과 같다.

④ 催货。(상품을 재촉하다 : [목적빈어])
⑤ 逃荒。(기근으로 다른 곳으로 피난하다 : [원인빈어 → 강요])
⑥ 抽水。(물에 오그라들다 : [원인빈어 → 자연발생])

11) 초래빈어招來賓語

초래빈어는 동작이 초래한 대상이 된다. 이 때 쓰이는 동사는 결과나 지속의 상태를 표시한다. 보통 초래빈어는 사역(使役)을 나타내는 개사 '使'자를 이용하여 동사 앞으로 가져올 수 있는데, 예를 들면 아래와 같다.

> ① 改变关係。(관계를 변경하다.) → [使关係] 改变。
> ② 开门。(문을 열다.) → [使门] 开。
> ③ 闭嘴。(입을 다물다.) → [使嘴] 闭上。
> ④ 热菜。(요리를 데우다.) → [使菜] 热。
> ⑤ 方便群众。(여러 사람을 편하게 하다.) → [使群众] 方便。

위의 예문 ④∼⑤의 '热, 方便'과 같은 형용사도 초래빈어를 가질 수 있다.[16]

12) 동원빈어同源賓語

빈어에 다른 새로운 의미를 더할 수 없고, 빈어가 반드시 동사와 함께 쓰여야 의미가 생기며, 동사 또한 반드시 빈어와 함께 하여야만 비로소 의미가 생기는 빈어를 동원빈어라고 한다.[17] 다시 말해 동사와 빈어는 고정형식을 취하는데, 예를 들면 다음과 같다.

> ① 唱 → 唱歌。(노래를 부르다.)
> ② 走 → 走路。(길을 걷다.)
> ③ 吹 → 吹气。(기적을 울리다.)
> ④ 畵 → 畵畵儿。(그림을 그리다)

13) 동격빈어同格賓語

빈어가 동사 앞의 주어와 의미상으로 같거나 동일한 관계를 가진 빈어를 동격빈어라고 한다. 이들 동사는 '是'로 바꾸어 쓸 수가 있는데, 예를 들면 다음과 같다.

> ① 他成为裁判员。(그는 심판이 되었다.) → 他是裁判员。
> ② 我踢中锋。(나는 센터 포워드이다.) → 我是中锋。
> ③ 他担任班长。(그는 반장이다.) → 他是班长。
> ④ 六乘四等于二十四。(6 곱하기 4는 24이다.) → 六乘四是二十四。

위 예문 오른쪽에 쓰인 빈어는 다시 판단빈어(判斷賓語)[18]로 분류할 수 있다. 그러나 이러한 판단빈어를 갖는 동사는 '是'에 국한되는 것에 비해, 앞의 동격빈어(판단빈어 포함)를 갖는 동사는 '是' 이외에도 여러 개가 있다.

14) 계사빈어係事賓語

계사빈어는 중성빈어(中性賓語)[19]라고도 하며, 시사 혹은 수사의 의미를 나타내지 않는 빈어를 말한다. 예를 들면 다음과 같다.

> ① 老金当过教员。(金씨는 교원을 지낸 적이 있다.)
> ② 这东西合九块钱。(이 물건은 9元에 상당한다.)
> ③ 他装了圣诞老人。(그는 산타클로스로 분장했다.)
> ④ 说一句算一句。(말을 했으면 책임을 져야지.)

이러한 계사빈어 앞에는 주로 비동작성 동사가 쓰이며, 주어를 설명하거나 판단하는 작용을 하기도 한다. 또한 '계사(係事)'라는 관계는 예를 들어 '考陆俭明'라는 술빈구조에서 동사 '考'와 빈어인 '陆俭明'이라는 명사 사이의 어법관계를 말하는 것으로, 이 문장은 '시험을 치른 결과 陆俭明 교수의 학생이 되기를 희망한다'는 뜻으로 볼 수 있다.

15) 기타빈어其他賓語

기타빈어는 이상의 14가지 분류에 속하지 않는 빈어로 편의상 기타빈어로 처리하였다. 예를 들면 다음과 같다.

① 闯红灯。(빨간 신호를 무시하고 차를 쏜살같이 몰다.)
② 上年纪。(나이를 먹다.)
③ 少五块钱。(5원이 부족하다.)
④ 多两个字。(두 글자가 많다.)
⑤ 吃父母。(부모에 의지하여 생활하다.)
⑥ 打官司。(소송을 걸다.)
⑦ 吵架。(말다툼하다.)
⑧ 醒酒。(술을 깨다.)

이들 기타빈어는 어법의의상으로 분류한 것은 아니지만 형태론적으로 볼 때, 수량빈어(數量賓語)와 겹치는 부분도 있다.

4 각종 보어 분류

보어라는 것은 동사나 형용사 뒤에서 동사나 형용사를 보충 설명하는 성분을 말한다. 의미상으로 볼 때, 어떤 보어는 확실히 술어동사를 보충설명하기도 하고, 또 어떤 보어는 술어동사가 아니라 그 동사의 동작을 행하는 주체를 설명하기도 하며, 또 어떤 것은 술어동사의 수사, 즉 행위동작의 대상을 설명하기도 하는데, 예를 들면 아래와 같다.

他写得很快。(그는 아주 빨리 쓴다.)
→ 보어 '快'가 동작 '写'를 보충 설명

我吃饱了。(나는 배가 부르다.)
→ 보어 '饱'가 동작 '吃'를 보충 설명하는 것이 아니라 행위의 주체인 '我'를 설명하고 있다.

衣服洗干净了。(옷은 깨끗하게 빨았다.)
→ 보어 '干净'은 동작 '洗'의 동작을 받는 대상인 '衣服'를 설명하고 있다.

여기서는 이들 보어 중에서 일반적으로 많이 쓰이는 것을 골라 아래와 같이 다섯 가지로 나누어 살펴보도록 하겠다.

1) 결과보어結果補語

결과보어는 술어의 결과를 나타내며, 구조 중간에 조사 '得'를 넣을 수 없다. 보어부분은 보통 형용사로 이루어지며, 일음절 동사가 올 때도 있다. 예를 들면 다음과 같다.

洗干净(깨끗하게 빨다) / 说清楚(분명하게 말하다)
→ 동사＋형용사(缩小, 走近, 养胖饿瘦, 记错, 猜对, 吃饱, 听准, 打听明白)

听懂(알아듣다) / 填完(다 써넣다)
→ 동사＋동사(记住, 拿走, 饿死, 学会, 打胜, 战败, 哭瞎)

한편, '早, 晚, 多, 少, 快, 慢' 등의 단어들이 습관적으로 부사어로 쓰일 때, 반드시 결과보어 형식을 취해야 하는데, 예를 들면 다음과 같다.

① * 我晚来了。
　　→ 我来晚了。
② * 现在我的生活比以前多好了。
　　→ 现在我的生活比以前好多了。
③ * 最近我不能做任何事，因为早上慢起来。
　　→ 最近我不能做任何事，因为早上起来晚了。

또한 결과보어의 쓰임에 따라 아래와 같이 문장이 지향하는 의미가 달라지게 된다.

④ 我们打胜了。(=我们胜了。)
⑤ 我们打败了。(=我们败了。)
⑥ 我们打胜了上海队。(=我们胜了。)
⑦ 我们打败了上海队。(=上海队败了。)

2) 방향보어方向補語

방향보어는 사물이 움직이는 방향을 표시하며, 중간에 '得'를 넣을 수 없다. 방향보어는 단순방향보어와 복합방향보어로 나눌 수 있는데, 전자는 '上, 下, 进, 出, 回, 过, 起'와 '来, 去' 등 9개의 방향동사와 일반동사 开가 보어가 이루어진 것을 말하며, 후자는 '来, 去'가 '上, 下, 进, 出, 回, 过, 起, 开'와 서로 조합하여 보어를 이루는 것을 말하는데, 예를 들면 다음과 같다.

上来	下来	进来	出来	回来	过来	开来	起来
上去	下去	进去	出去	回去	过去	开去	

走进(걸어 들어가다) / 跳出(뛰어 나가다)
→ 단순방향보어

伸过来一只手(한 손을 펴 보이다)
→ '동사+보어+빈어'의 형태로 된 복합방향보어

拿了一本书进来(책 한 권을 들고 들어오다)
→ '동사+빈어+보어'의 형태로 된 복합방향보어

走进一个人来(한 사람이 걸어 들어오다)
→ '동사+보어+빈어+보어'의 형태로 된 복합방향보어

이러한 방향보어의 특징은 다음과 같다.

(1) 일반적으로 방향보어는 경성으로 읽는다.

拿·来 / 拿出·来 / 拿·出一本书·来

(2) 대부분의 방향사가 보어로 쓰일 경우, 뒤에 장소를 나타내는 빈어를 가질 수 있다.

他走进教室。 / 他搬出宿舍。

그러나 '来/去'가 방향보어로 쓰일 경우, 뒤에 장소빈어를 가질 수 없다.

* 他走进来教室。
→ 他走进教室来。(동작 진행 중 : 동태표시)

* 他搬出去宿舍。

→ 他搬出宿舍去。(동작 진행 중: 동태표시)

3) 가능보어可能補語

가능보어는 동작행위의 가능성을 보충 설명하는 것을 나타내며, 동사 뒤에 '得'나 '不得'를 더하여 가능과 불가능을 표시하는 것과 '得了'와 '不了'를 더하여 표시하는 것이 있는데, 예를 들면 아래와 같다.

吃得(먹을 수 있다) / 来得(올 수 있다)
→ '得'가 쓰여 가능을 표시

吃不得(먹을 수 없다)[20] / 来不得(올 수 없다)
→ '不得'가 쓰여 불가능을 표시

走得了[liǎo](달릴 수 있다) / 做得了[liǎo](할 수 있다)
→ '得了'가 쓰여 가능을 표시

走不了(달릴 수 없다) / 做不了(할 수 없다)
→ '不了'가 쓰여 불가능을 표시

또한 결과보어나 방향보어를 갖는 술보구조는 대부분 가운데 '得'나 '不'를 넣어 아래와 같이 가능보어로 바꾸어 쓸 수 있다.

이럴 경우, 가운데 들어간 '得'와 '不'는 경성으로 읽어야 한다. 그리고 원래 경성으로 읽었던 결과보어와 방향보어는 다시 원래의 성조대로 읽어야 한다.

看·见   看·得见   看·不见
拿·来   拿·得来   拿·不来

한편, 가능보어 속의 '得'와 상태보어 앞의 '得'는 성질과 기능이 다른 조사이다. 전자는 '不'와 상대되는 개념으로 '가능'의 의미를 표시하지만, 후자는 '不'와 상관도 없고, 또한 '가능'의 의미도 없다. 또한 가능보어는 뒤에 빈어를 가질 수 있지만, 상태보어는 뒤에 빈어를 가질 수 없다.

① 他写得好这篇文章。(그는 이 문장을 잘 쓸 수 있다.)
② 他的这篇文章写得好。(그의 이 문장은 아주 잘 썼다.)

그리고 위 두 형식의 부정식도 다르다

가능보어 → 写得好 / 写不好
상태보어 → 写得好 / 写得不好

4) 정도보어程度補語

정도보어는 순수하게 정도만을 표시하는 보어를 말한다. '得'를 쓰지 않는 경우, '极, 透, 多, 死, 坏' 등 소수의 단어만이 해당된다. 그리고 반드시 뒤에 '了'를 첨가해야만 한다. 예를 들면 아래와 같다.

好极了(아주 좋다)　　坏透了(아주 나쁘다)
讨厌死了(미워 죽겠다)　　安静多了(많이 조용해졌다)

그리고 '透, 多, 死, 坏'는 정도뿐만 아니라 결과를 표시할 때도 있다.

① 他已经把道理讲透了。
　　(그는 이미 명백하게 이치를 설명했다.)(결과 : 투철함을 표시)

이렇게 결과를 나타내는 보어로 쓰였을 경우, '讲得透/讲不透'와 같이 긍정, 부정형식으로 쓸 수 있다.

한편, 정도보어는 다음과 같이 상응하는 부정형식이 없다.

　＊好不极了　　　＊坏不透了
　＊讨厌不死了　　＊安静不多了

'得'를 쓸 경우, '很, 多, 慌, 厉害, 要命, 要死, 不行, 不得了, 了不得' 등과 같은 단어들과 같이 쓰인다.

② 您别说了, 我心里乱得很。(말도 마, 마음이 아주 심란해.)
③ 天气热得厉害。(날씨가 너무 덥다.)
④ 身上痒得要命。(몸이 가려워 죽겠다.)
⑤ 敌人害怕得要死。(적은 매우 무서워했다.)
⑥ 我困得不行, 我要睡了。(졸려 죽겠어, 자야겠어.)
⑦ 忙啊, 忙得不得了, 所以老没能看你们来!
　　(너무너무 바빠서, 너희들이 오는 것을 볼 수 없었어.)
⑧ 他得了冠军, 喜得了不得。(그는 1등을 해서 매우 기뻐했다.)

한편, '很'은 유일하게 정도보어에 쓰일 수 있는 부사이다. 일반적으로 '很'이 부사어로 쓰여 표시하는 정도는 '很'이 정도보어로 쓰였을 때 보다 높지 못하다.

他很忙。(그는 바쁘다)　　/　他忙得很。(그는 아주 바쁘다)
他很聪明。(그는 똑똑하다.)　/　他聪明得很。(그는 매우 똑똑하다.)

5) 상태보어狀態補語

상태보어는 술어의 상태나 결과를 묘사하거나 설명하는 어법기능을 담당한다. 예를 들면 다음과 같다.

① 这本书写得好。(이 책은 잘 쓰여졌다.)
② 眼睛睁得挺大。(눈을 아주 크게 떴다.)
③ 屋里冷得受不了。(집이 너무 추워 죽겠다.)
④ 一句话把他逗得眉开眼笑。(한 마디로 그를 싱글벙글 웃게 만들었다.)
⑤ 他把烟袋抽得吧哒吧哒。(그는 담뱃대를 뻐끔뻐끔 빨았다.)

한편, '得'를 쓰게 되면 보통 句가 보어로 쓰이게 되고, '得'가 없는 경우 단어가 쓰인다.

⑥ 我去晚了, 他去得更晚。(내가 늦게 갔는데, 그는 더 늦었다.)
⑦ 屋子打扫干净了, 东西也放得整整齐齐。
　(방은 깨끗하게 청소되었고, 물건도 가지런하게 정리되었다.)

또한 '得'를 가진 상태보어는 다음과 같은 특징을 지닌다.

⑴ 술어는 대부분 단음절 동사나 형용사가 쓰인다. 특히 술보식의
복합동사는 일반적으로 쓸 수 없다.

　① 他跳得很高。(그는 아주 높이 뛰어올랐다.)
　　→ ? 他跳跃得很高。
　② 他考得很好。(그는 시험을 아주 잘 보았다.)
　　→ ? 他考试得很好。
　③ 她变得聪明了。(그는 아주 똑똑하게 변했다.)
　　→ * 她变成得聪明了。
　④ 我感到很失望。(그는 아주 실망했다.)
　　→ * 我感到得很失望。

⑵ 술어로 쓰인 동사나 형용사는 중첩할 수 없다. 또한 동태조사
'了'나 '着'를 쓸 수 없다.

　① 他收拾得又干净又整齐。
　　(그는 아주 깨끗하고 또한 가지런하게 정리했다.)
　　→ * 他收拾收拾得又干净又整齐。
　② 她说得很流利。
　　(그녀는 아주 유창하게 말을 한다.)
　　→ * 她说得了很流利。

⑶ 동사가 빈어를 갖고 있을 경우, 반드시 동사를 중복하고 '得'를
써야 한다.

　① 他喝酒喝得很多。(그는 술을 아주 많이 마셨다.)
　② 我认为你这次说话说得太多了。
　　(나는 이번에 네가 너무 말을 많이 했다고 생각한다.)

또한 상태보어는 동사와 보어 사이에 '个'를 넣을 수도 있는데, 예를 들면 다음과 같다.

下个不停(쉬지 않고 내리다)
说个没完没了[liǎo](끊임없이 말하다)

주석

[1] 한·중 양국어에서 정의하고 있는 목적어와 빈어(賓語)는 조금 차이가 있다. 단지 술어의 대상으로 쓰였다면 빈어를 우리말의 목적어로 바꾸어 써도 괜찮지만 그렇지 않은 경우가 있기 때문에 개념의 범주를 구분하기 위해 빈어라는 용어를 그냥 쓴다. 빈어는 대체로 술어동사의 대상으로서의 목적어와 동일시 할 수 있으나, '我是学生。'에서의 '学生'과 같이 판단동사 '是' 뒤의 판단빈어(判斷賓語)나 존재, 출현, 소실빈어의 경우 목적어의 범위를 벗어나는 내용이다. 판단빈어에 해당하는 성분은 우리말 어법에서는 보어라고 한다. 또한 존재, 출현, 소실의 의미를 가지는 빈어는 중국어의 언어적 특수성에 기인한 언어현상으로 이런 빈어는 동작이나 행위의 대상이 아니라 동작이나 행위의 주체가 된다. 다시 말해 술어동사가 나타내는 행위, 동작, 상태가 존재하거나 사라지는 주체를 말한다. 우리말에는 술어동사 뒤에 동작이나 행위의 주체가 오는 경우가 없으므로 이에 해당하는 성분 역시 존재하지 않는다. 이하의 목적어 역시 특별한 경우를 제외하고는 빈어로 쓰기로 한다.

[2] 우리말의 보어와의 혼동을 피하기 위해 보충어라는 용어를 쓰기도 하지만 여기서는 그냥 보어라고 쓴다. 물론 우리말의 보어와는 전혀 다른 개념이다.

[3] 중국어 문장의 구성 성분, 즉 문장성분은 문장 속에서 일정한 관계를 가지면서 통사론적인 기능을 담당하는 단어나 구(句)를 말한다. 이러한 성분은 대체로 「잠의한어교학어법계통(暫擬漢語敎學語法系統)」에 따라 기본적으로 6가지로 나뉘는데, 주어(主語)·위어(謂語[述語])·빈어(賓語)·정어(定語[冠形語])·상어(狀語[副詞語])·보어(補語)를 말한다.

[4] 한국어로 번역된 "그는 선생이다."라는 문장은 의미상으로는 동일하지만 어법상으로는 다른 성분과 구조로 이루어져 있다. '선생'은 주어인 '그'를 보충

설명하는 보어에 해당된다. 왜 '老师'와 '선생'은 두 언어 속에서 다른 문장성분으로 분류되는가? 다시 말해서 중국어를 배우는 한국 사람들이 착각하기 쉬운 문장성분 중의 하나가 중국어의 빈어와 한국어의 보어이기 때문이다. 물론 중국어에서도 빈어와 보어는 형식상 둘 다 주로 동사 뒤에 출현하기 때문에 혼동되기도 한다.

[5] 현대중국어 동사의 후치성분은 다음과 같이 7가지로 나누어 설명할 수 있다. ① 동사 바로 뒤에 연결되어 동사를 돕는 성분('来自北京') ② '得'로 연결된 성분('跑得快') ③ 동사 뒤에 직접 연결된 부사('爱极了') ④ 동사 뒤에 연결된 동사나 형용사('抹起来', '打扫干净') ⑤ 동사 뒤의 수량사('吃两杯') ⑥ 어떤 타동사 뒤의 실체사[實體詞]('他接受了我的批评') ⑦ 자동사 뒤의 실체사('后来又来了许多人') 여기에서 ①~④까지는 일반적으로 빈어로 볼 수 없는 성분들이다.

[6] '‖' 표시는 주어와 술어 부분의 경계를 나타낸다.

[7] ㉠ 饭吃了三碗。(밥은 세 그릇을 먹었다.) ㉡ 时间花了三个月。(시간은 3개월을 썼다.) ㉢ 丁力叫了一声。(丁力는 한 번 소리를 질렀다.) ㉣ 我拉了他一把。(나는 그를 한 번 말렸다.)
위와 같은 문장도 마찬가지이다. 예문 ㉠과 ㉡의 '三碗'과 '三个月'은 모두 명량사가 수량을 나타내는 빈어로 쓰인 경우이고, 예문 ㉢과 ㉣의 '一声', '一把'는 동량사가 수량을 나타내는 보어로 쓰인 예이다.

[8] 이와 비슷한 예문으로 다음과 같은 것들이 있다. ㉠ 他浪费了十个钟头。(그는 10시간을 낭비했다.) ㉡ 他连续乾了十个钟头。(그는 계속해서 10시간을 말렸다.) 이 두 예문에서 ㉡의 경우 '十个钟头'가 보어로 쓰인 예이다. 그러나 이 두 예문은 모두 언뜻 보아서는 구별이 되지 않는다. 반드시 구체적인 언어 환경이 수반되어야 한다. 다시 말해 ㉠의 예문은 '무엇'을 낭비한 것인가에 대한 대답으로 '十个钟头'가 쓰인 것이며, 예문 ㉡은 '얼마나' 했는가에 대한 답이다.

[9] 명사성 빈어에는 명사(장소명사, 시간명사), 대사 및 명사구가 포함된다.

[10] 행위자(Agent)는 하나의 명제(Proposition) 안에서 각 논항(Argument)이 갖는 의미적 역할(Semantic Role)인 의미역[Theta(θ)-Role]의 일종으로, 한 문장 안에서 그것의 전형적인 기능(Function)이 문장의 동사에 의해 표현되는 행위를 야기시키는 문장의 단위를 말한다.

[11] 영어의 결과목적어[Object of Result]와 같은 것으로 일정한 동작 후 구체적인

형상이 된 목적어를 말한다. 예를 들면 'dig *a grave*', 'make *a box*', 'produce *cars*', 'build *a dam*', 'create *a realistic characters*'와 같은 것들이다.

[12] 이밖에도 '煮饭(밥을 짓다)'의 경우, 역시 짓는 직접적인 대상은 쌀(米)이고, 밥(饭)은 쌀을 끓인 결과인 것이다.

[13] 그러나 "我把他没办法。(나는 그에게 대해서는 어찌할 방법이 없다.)"와 같이 '把' 다음에 오는 성분이 대사일 경우 동작의 对象을 나타내기도 한다.

[14] ' * ' 표시는 어법적으로 맞지 않는 문장, 즉 非文을 말한다.

[15] 영어의 도구목적어[Instrumental Object]와 같은 것이다. 도구목적어라는 말은 Jespersen이 쓴 용어로 일정한 동작의 수단으로 쓰이는 목적어를 말하는데, 예를 들면 'to clap *ones's hands*', 'smoke *one's pipe*', 'boil *the kettle*' 등과 같은 것들이다.

[16] 자동사나 형용사와 같이 빈어를 갖지 못하는 품사 뒤에 명사나 대사가 빈어로 쓰이는 경우, 이들 자동사와 형용사는 빈어를 '……하게 하다(/만들다)'라는 사역의 뜻을 나타내거나 '……로 여기다'라는 뜻을 갖게 된다.

[17] 영어의 동족목적어[Cognate Object]와 비슷한 것으로, 영어에서는 동사와 동일하거나 어원이 같은 또는 유사한 낱말이 목적어로 쓰인 경우를 말한다. 예를 들면 'fight a good *fight*', 'laugh a hearty *laugh*', 'live a happy *life*', 'dream a terrible *dream*', 'die a natural *death*', 'think dark *thought*' 등과 같은 것을 말한다.

[18] '是'의 명칭과 성격 규정이 그 동안 많은 논란이 되어왔지만 1981년 하얼삔(哈爾濱)에서 열린 전국어법토론회(全國語法討論會)의 어법체계수정안(語法體系修正案) 중에서 '是'를 '판단동사(判斷動詞)', 그리고 '是' 뒤에 오는 성분을 '판단빈어(判斷賓語)'라고 규정지었다.

[19] 설명빈어(說明賓語) 또는 관계빈어(關係賓語)라고도 한다.

[20] 이 경우, 시어서 먹을 수 없다든지, 아니면 몸에 나쁘기 때문에 먹을 수 없다는 뜻으로 쓰인다.

제**12**장
시사施事와 수사受事 관계란 무엇인가?

현대중국어 문장에서 의미관계상 동작을 일으키는 주체가 되는 사람이나 사물을 시사(施事)라고 하며, 반대로 동작의 지배대상이 되는 사람이나 사물을 수사(受事)[1]라고 부른다. 예를 들면 다음과 같다.

> 我看书。(나는 책을 본다.)
> / 麦苗长高了。(보리가 많이 자랐다.) → (시사)

> 我见到了我小学的老师。(나는 초등학교 때 선생님을 만났다.)
> / 他在喝啤酒。(그는 맥주를 마시고 있다.) → (수사)

다시 말해, 시사는 '我', '麦苗' 등과 같이 술어동사에 의해서 표현되는 행위를 야기시키는 것, 즉 행위자(agent, the actor[주동자])를 가리키며, 수사는 '老师', '啤酒' 등과 같이 그 동작행위를 받는 대상(patient, the acted upon[수동자])를 말한다.

1 전통어법에서의 주어와 빈어 문제

어떤 서양 언어에서는 주어와 빈어를 주로 형태에 의존하여 구별한

다. 그러나 영어의 명사에는 격변화가 없기 때문에 주로 아래 예문 ①
과 ②의 경우와 같이 어순에 따라 주어와 목적어를 구분한다.

> ① Tom helps John.(Tom이 주어, John이 목적어)
> ② John helps Tom.(John이 주어, Tom이 목적어)
> ③ I like her.(I가 주어, her이 목적어)
> ④ She likes me.(She가 주어, me가 목적어)

그렇지만 영어의 인칭대명사에는 격변화가 있다. 그래서 인칭대명
사가 쓰인 ③과 ④의 문장에서는 어순뿐만 아니라 대명사가 주격인가
아니면 목적격인가에 따라 주어와 목적어가 구분된다.

이와는 달리 중국어의 단어는 형태 변화가 없고, 명사와 대사의 경
우도 격변화가 없다. 그러므로 중국어에서 주어와 빈어를 구분할 때,
형태에 의존하는 것은 불가능하다.

1952년 7월『중국어문(中國語文)』창간호에 「어법강화(語法講話)」
(一)가 실린 이후 다른 어법 체계를 주장하는 학자들 사이에 1955년
7월부터 1956년 3월까지 주어와 빈어 문제에 관한 대토론이 있었다.
여기에서 학자들은 빈어를 구분하는 경계를 단지 수사나 결과, 장소
등의 의미 관계로만 확정지을 수도 없고, 또한 동사의 후치성분으로
만 빈어를 단정할 수도 없으며, 오로지 구조적인 면이나 의미 관계를
서로 결합하여 판단해야 한다고 결론지었다. 1956년 상반기에 나온『
잠의한어교학어법계통(暫擬漢語敎學語法系統)』에서도 일반적으로
빈어는 동사의 후치성분이라는데 의견을 같이 하였다.

이상의 논쟁 결과, 주어와 빈어의 구분 기준은 크게 두 가지로 나눌
수 있다. 첫째는 어순에 따른 것으로 주어는 술어동사 앞에, 그리고

빈어는 술어동사 뒤에 온다고 생각한 견해이고, 둘째는 시사와 수사 관계로 구분 지은 것으로, 즉 시사관계의 단어가 주어이고 수사관계의 단어가 빈어라는 주장이다. 예를 들면 다음과 같다.

⑤ 门口站着一个人。(문 입구에 한 사람이 서 있다.)
⑥ 自行车他骑走了。(자전거는 그가 타고 갔어.)
⑦ 我一个字也不认识。(나는 한 글자도 모른다.)

위 예문에서 어떤 것이 주어이고 어떤 것이 빈어인지 금방 구별해 내기가 쉽지는 않다. 그러나 위 예문 ⑤의 '门口'는 주어이고 '一个人'은 빈어이다. 또한 시사·수사 관계로 보면, 위 예문 ⑥과 ⑦의 '自行车'와 '一个字'가 빈어로 분류된다. 물론 이전의 이러한 분류는 정확하지 않은 것이다. 그러나 아래 예문을 보면 이 두 가지 기준도 절대적인 것은 아닌 것 같다.

⑧ 我的衣服被他弄脏了。(내 옷이 그에 의해서 더렵혀졌다.)

시사·수사 관계로 보면 예문 ⑧의 '他'는 시사로 주어이고, '我的 衣服'는 수사로 빈어이다. 그렇지만 어떠한 어법서에서도 위의 피동 문을 이렇게 분석하고 있지는 않다. 다시 말해 문장성분 개념으로 본 주어와 빈어를 의미 개념상의 시사·수사와 동일한 범주 속에서 취급해서는 안된다는 것이다.

예문 ⑦의 경우는 주서술어서술어문(主述述語文 : 주어+서술어[주어+서술어])이 아니라 단순하게 빈어가 전치 된 문장이다. 이것을 다시 '一个字'만 앞으로 옮겨 놓으면 다음과 같은 문장이 된다.

⑦' ? 一个字我也不认识。(? [어떤] 한 글자를 / 나도 모른다.)

예문 ⑦(나는 한 글자도 모른다.[我一个字也不认识。])과 ⑦′는 모두 빈어를 전치 시킨 두 가지의 다른 표현으로 보는 것이 무리가 없을 듯 싶다. 즉 ⑦′는 주제어(主題語)[2] 조건에도 맞지 않는 특수한 빈어의 전치 문형이다. 그러므로 여기서 '一个字'는 주어가 아닌 빈어[3]인 것이다. 다시 아래 문장을 분석해 보자.

⑨ 一间屋子住三个人。(한 방에 세 명이 산다.)

예문 ⑨의 문장에서는 어떤 것이 주어이고 어떤 것이 빈어인가? 시사·수사의 관계로 보면 '三个人'이 주어 같고, '一间屋子'가 빈어 같다. 그러나 이 문장에서는 앞에 나온 '一间屋子'가 주어이고, 뒤에 나온 '三个人'이 시사로 빈어이다. 다시 아래 문장과 비교해 보자.

⑨′ 一间屋子住人, 一间屋子放东西。
(한 방에 사람이 살고, 한 방에 물건을 놓는다.)

위 예문 ⑨′의 '人'과 '东西'는 빈어로 각각 시사와 수사 관계를 나타낸다. 층차분석법에 따르면 예문 ⑨와 ⑨′의 문장은 모두 '주어+서술어[술어+빈어]'로 분석할 수 있다. 그러나 시사·수사 관계로 보면 두 빈어의 의미 관계는 다른 것이다.[4] 다음 예문 ⑩의 경우, 이 문장을 어순에 따라 분석해 보면 역시 주서술어서술어문이 된다.

⑩ 这件事, 中国人民的经验太多了。
(이 일에 [대해] 중국 국민들의 경험은 아주 많다.)

위의 문장에서 앞에 나온 '这件事'가 전체 문장의 주어이고, 그 뒤가 주서술어 구조로 이루어진 서술어 부분이다. 그러나 이러한 분석은 단지 형식만을 가지고 분석한 것일 뿐, 의미는 고려하지 않은 것이다. 의미상으로 볼 때, '这件事'라는 명사구는 그 뒤에 나온 성분과 어떤 관계가 있음을 표시할 뿐만 아니라 진술의 대상, 즉 판단의 대상이 된다. 그러므로 예문 ⑩은 완전한 주서술어서술어문이다. 다시 아래 예문을 살펴보자

⑪ 这个问题十分重要。(이 문제는 매우 중요하다.)
⑫ 这个问题, 我有不同看法。
   (이 문제에 [대해] 나는 다르게 생각한다.)
   → 对这个问题, 我有不同看法。

위 예문 ⑪의 '这个问题' 역시 진술의 대상으로 앞에 어떠한 개사도 둘 수 없다. 그러나 예문 ⑫의 경우는 다르다. '这个问题' 앞에는 개사 '对'를 더하여 바꾸어 쓸 수도 있다. 그러므로 예문 ⑩도 아래와 같이 개사를 사용하여 바꿀 수 있다.

⑩´ 对这件事, 中国人民的经验太多了。
   (이 일에 대해 중국 국민들의 경험은 아주 많다.)

위의 '对这个问题'와 '对这件事'는 모두 부사어로 쓰여 평범한 진술문이 되지만, 개사 없이 쓰인 '这件事'와 '这个问题'는 모두 주서술어서술어문의 대주어(大主語), 즉 주제어로 쓰인 것이다. 다시 말해 ⑩과 ⑫의 문장은 판단성이 강한 주제어 문장이 된다.

빈어의 정의에 앞서 주어와 빈어를 구분해내는 문제가 우리에게는 더욱 어려운 논쟁으로 다가온다. 주어와 빈어간의 구분은 주로 '도치' 문제에서 드러난다. 인구어에서 사용되어 오던 주어와 주격, 목적어와 목적격은 시사와 수사의 관계가 아닌 피설명자인 주격과 설명자인 목

적격의 관계로 이해되어왔다. '我吃饭。(나는 밥을 먹는다.)'의 경우 일반적으로 타동사 '吃'가 술어동사로 쓰인 문장에서는 주어(주격)가 시사가 되고 빈어(목적격)가 수사의 역할을 수행한다. 그러나 시사가 곧 주어이고 수사가 빈어가 된다는 등식은 성립되지 않는다.[5]

어순의 고정화는 세계 모든 언어의 공통된 추세이다. 다시 말해 현대중국어에서의 기본 어순인 '주어+동사+빈어(SVO)'의 배열 순서가 바로 주어와 빈어를 구분하는 주요한 원칙인 셈이다.

현대중국어의 어순은 영어와 마찬가지로 'S(Subject : 주어) + V(Verb : 동사) + O(Object : 빈어)'의 형태를 취한다.

중국어는 역사 이래 줄곧 기본적으로 형태 변화가 없는 언어로 인식되어져 왔다. 또한 현대중국어에서도 주어나 빈어의 형태 표지는 존재하지 않는다. 즉 '주어+동사+빈어'의 형태가 핵심 문형으로 사용되고 있다. S/V/O 이 세 가지를 섞어 문장을 만들어 보면 다음과 같이 역시 비문(non-sentence)이 많음을 알 수 있다.

⑬ 我听音樂。(SVO)(나는 음악을 듣는다.)

⑭ ＊我音樂听。(＊SOV)

⑮ ＊音樂听我。(＊OVS)

⑯ ？音樂我听。(？OSV)(？음악 나는 듣는다.)

⑰ ＊听音樂我。(＊VOS)

⑱ ＊听我音樂。(＊VSO)

⑲ ＊我, 音樂听。(＊S-OV)[6]

⑳ 音樂, 我听。(O-SV)(음악, 나는 듣는다.)

㉑ 听音樂, 我。(VO-S)(음악을 듣는다, 나는)

㉒ 我, 听音樂。(S-VO)(나는, 음악을 듣는다.)

㉓ 我听, 音樂。(SV-O)(나는 듣는다, 음악을)

위 예문 중 어법에 맞는 문장은 ⑬, ⑳, ㉑, ㉒, ㉓밖에 없다. 물론 예문 ⑬과 나머지 것들은 어느 정도 차이가 있지만 위 다섯 개의 문장에서 찾아 볼 수 있는 공통점은 모두 'SV'와 'VO'의 형식을 지니고 있다는 것이다. 여기서 또한 현대중국어에 기본 어순 'SVO'라는 것이 존재하고 있음을 알 수 있다.[7]

　　㉔ 挂着一幅畵。(한 폭의 그림이 걸려 있다.)
　　㉕ 躺着一个人。(한 사람이 누워 있다.)

위 두 예문은 언뜻 보기에 비슷한 것 같지만 차이가 있다. 모두 'VO'의 형태를 취하고 있다. 예문 ㉔의 동사 '挂'는 타동사이며, 전체 문장은 '어떤 사람(시사)이 한 폭의 그림(수사)을 걸다.(某人挂一幅畵.)'라는 문장이 변한 것이다. 여기에서 '一幅畵'는 의심할 것 없이 빈어이다.

한편, 예문 ㉕의 경우, 이 문장이 주어가 도치된 문장으로 볼 수도 있다. 그러나 어법의의로 볼 때 이것이 주어인지 아닌지 구분해내기는 쉽지 않다. 만약 이 문장을 본래 'SV' 도식에서 변화되어온 '那个人躺着'라는 문장으로 보고, 또한 '人'이 동사 뒤에 쓰이면서 시사와 수사가 합치된 것으로 본다면, 이 역시 주어를 시사, 즉 행동의 주체라고 보는 틀을 크게 벗어나지 못한 견해로 현대중국어에서의 빈어를 구분하는데 별 도움이 되지 못한다. 그러므로 어순상 빈어는 동사 다음에 오는 성분으로 이해하는 것이 무리가 없을 것 같다. 다시 말해 빈어는 일반적으로 술어로 쓰인 동사 뒤에 위치한다.

2 어법의의語法意義와 어법형식語法形式

어법의의라는 것은 앞에서도 알아보았듯이 어법형식에서 보여지고 나타나는 의의라고 말한다. 즉 일정한 어법성분과 구조형식으로 나타내지는 어법의의는 사법의의(詞法意義)와 구법의의(句法意義)로 나눌 수 있다. 보통 사법의의라고 하면 단어[詞]가 형태변화하면서 보여지는 의의를 가리킨다. 예를 들어 '單數', '複數', '陰性', '陽性', '中性'[8] 등을 말한다. 또한 명사는 사물(사람, 때, 장소)을 표시하고 동사는 동작이나 변화를, 형용사는 성질 등을 표시한다는 각 품사의 정의도 이 사법의의에 속한다.

한편, 구법의의는 각각의 어법단위가 합쳐져 생겨나는 관계의의(關係意義)를 말하는 것으로, 예를 들면 주술구조 형식은 진술과 피진술의 관계를 나타내며, 병렬복문은 절과 절사이의 평행관계를 표시한다는 것 등이다. 그리고 이러한 어법의의의 가장 근본적인 특징은 바로 어법형식과의 결합에 있다. 다시 말해 어떤 의의가 만약 어법형식을 통하지 않고 표출된다면 그것은 진정한 어법의의가 아닌 것이다.

한편, 어법형식은 어법의의가 표현된 형식을 가리킨다. 예를 들면 다음과 같다.

> ①′ ⓐ 汽车他开走了。(자동차는 그가 타고 갔어.)
> ⓑ 他开走了汽车。(그는 자동차를 타고 갔어.)
> ⓒ 他开汽车走了。(그는 자동차로 갔어.)

위 세 문장의 의미는 기본적으로 같다고 볼 수 있다. 그러나 어법의의는 서로 다르다. 예문 ⓐ는 '자동차는 어떻게 되었니?'라는 질문에 답한 것으로 볼 수 있고, ⓑ는 '그는 어떻게 되었니?'라는 질문에 대답한 것이며, ⓒ는 '그는 무엇을 타고 갔니?'라는 물음에 답을 한 것이다. 그래서 이 세 문장은 서로 다른 의미를 표시하고 있는 것이며, 문장의 구조 또한 다르다. 이것은 바로 어순이 문장 구조에 중대한 영향을 미친다는 증거이다. 여기에서 ⓐ의 문장은 시사·수사 관계로 볼 때 '汽車'라는 빈어가 주어인 '他' 앞에 온 빈어도치문으로 생각할 수도 있지만 '汽車'는 그저 진술하는 대상일 뿐이다. 그리고 이 문장은 방금 살펴보았듯이 '자동차는 어떻게 되었니?'라는 질문에 답한 것이지 '그가 어떻게 되었니?'라는 물음에 답을 한 것이 아니다. 그러므로 여기서 '汽車'는 주어인 것이다. 그리고 이 문장은 주서술어서술어문이 된다.

또한 어법특징이라는 것이 있는데, 이것은 어떤 어법단위가 다른 어법단위와 구별되는 어법적인 특성을 말한다. 예를 들어 동사와 형용사는 술어로 쓰일 수 있고, 주어와 빈어로도 쓰일 수 있으며, 또한 관형어로도 쓰일 수 있다. 뿐만 아니라 관형어와 부사의 수식을 받을 수도 있고, '了, 着'를 가질 수도 있다는 성질을 지닌다. 그러나 명사와 구별되는 점은 오로지 술어로 쓰이고, 부사의 수식을 받을 수 있으며 '了, 着'를 가질 수 있다는 것뿐이다. 바로 이 몇 가지가 동사와 형용사의 어법특징이라고 할 수 있다. 용언성(謂詞性) 단어들이 빈어로 쓰일 수 있는 것이 현대중국어 어법특징 중의 하나이다. 또한 빈어가 피동[수사]의 어법의의를 지니는 데 반해, 주동이 되는 시사빈어가 빈어로 쓰일 수 있다는 것이 중국어 어법특징 중의 하나이다.

3 어법의의에 따른 시사·수사 빈어 분류 문제

현대중국어에 있어 주어가 반드시 시사가 되는 것은 아니며, 빈어라고 해서 꼭 수사가 되는 것은 아니다. 이렇게 볼 때, 주어와 빈어의 차이가 단지 시사와 수사의 대립으로 이해되어서는 안 되는데, 아래 예문을 살펴보면 명확해진다.

① 玻璃擦了。(유리를 닦았다.)
② 来客人了。(손님이 왔다.)

위 예문에서 '玻璃'와 '客人'의 문장성분은 무엇일까? 술어동사를 중심으로 놓고 보았을 때, 앞에 온 '玻璃'는 주어이고, 뒤에 온 '客人'은 빈어로 분류하는 것이 일반적이다. 그리고 주어는 술어동사가 진술하는 대상[9]이 되기 때문에 '누구' 또는 '어떤 사물'을 가리킨다. 그러므로 주어로는 명사나 대사가 사용된다. 그런데 술빈구조인 '来客人了'에서 '客人'이 시사적인 의미를 지닌다고 해서 그리고 우리말의 주격조사인 (-이)가 왔다고 해서 주어가 술어동사 뒤로 이동했다고 볼 수는 없다.[10] 마찬가지로 주술구조인 '玻璃擦了'에서 수사적으로 쓰인 '玻璃'를 빈어가 앞으로 전치 된 것이라고도 할 수 없다. 다시 다음 예문을 살펴보자.

③ 这间屋子住三个人。(이 방에는 세 사람이 산다.)

이 문장에서 대화의 중심인 '这间屋子'가 바로 이 문장의 주제가 된다. 그러므로 이것을 뒤로 이동할 수는 없다. 위치주의가 아닌 시사와 수사관계에 따라 주어와 빈어를 정의한다면 예문 ③의 문장에서 시사주어인 '三个人'이 뒤로, 그리고 수사빈어인 '这间屋子'가 앞으로 이동했다고 말해야 한다. 하지만 이것은 문장의 주제라는 측면에서 볼 때 불합리한 것이다. 다시 말해 어법개념인 주어나 빈어와 의미

개념인 시사 혹은 수사 등을 동일한 개념으로 인식해서는 안 될 것이다. 따라서 우리는 어법개념이 아닌 어법의의인 의미개념에 따라 시사·수사빈어 구문의 주요 유형과 어법적인 특징을 살펴보아야 한다.

1) 시사빈어

시사빈어는 존현빈어(存現賓語)라고 불리기도 하는데, 존현빈어라는 것은 사람이나 사물의 존재, 출현, 소실을 나타내는 빈어를 말한다. 이런 시사빈어 구문은 아래 네 가지로 분류할 수 있다.

(1) 존재를 나타낸다

④ 房间里坐着五个人。(방에 다섯 명이 앉아 있다.)
   → 五个人坐在房间里。
⑤ 门口站着许多人。(문 앞에 여러 사람이 서 있다.)
⑥ 台着主席团。(단상에 주석단이 앉아 있다.)
⑦ 床上躺着一个孩子。(침대에 한 아이가 누워 있다.)
   → 一个孩子躺在床上。
⑧ 这屋住过五个人。(이 집에는 다섯 명이 산 적이 있다.)

(2) 출현을 표시한다

⑨ 前面走来一个老太太。(앞에 한 노부인이 걸어온다.)
⑩ 树洞里飞出一个貓头鹰。
   (나무 구멍에서 한 마리 부엉이가 날아 나온다.)
⑪ a. 来了人了。(사람이 왔다.)
   b. 来了客人。(손님이 왔다.)

(3) 소실을 나타낸다

⑫ 他们家走了两位客人。(두 분의 손님이 그들 집을 떠났다.)
⑬ 他们家飞了一只鸽子。(한 마리 비둘기가 그들 집을 날아갔다.)

(4) 수용량을 표시한다

⑭ 一锅饭吃十个人。(한솥밥을 열 명이 먹는다.)
⑮ 一辆车上了五十人。(차 한 대에 50명이 탔다.)
⑯ 这锅饭可以(能)吃十个人。(이 밥솥의 밥은 10명이 먹을 수 있다.)
⑰ 这瓶酒喝不了三个人。(이 병의 술은 세 명이 마실 수 없다.)

위와 같은 문장들은 몇 가지 주의할 만한 특징을 지닌다. 첫째, 여기에 쓰일 수 있는 동사가 매우 제한되어 있다는 것이다. 시사빈어를 가질 수 있는 주요 동사는 다음과 같다.

飞 跑 走 跳 爬 钻 站 坐 立 躺 住 睡 躲 藏
来 去 上 下 进去 上来 下来 上去 下去 出来 出去

위 동사들은 대부분이 신체의 움직임과 관계가 있는 것들로서 신체의 운동을 표시한다. 둘째, 이러한 빈어가 가리키는 사물이나 사람이 불확정적이라는 점이다. 다시 말해서 말하는 사람이나 듣는 사람이 미리 알지 못한 어떤 사람이나 사물을 나타낸다. 그래서 '来了一个人'이라고는 할 수 있지만 '来了这个人'이라고는 하지 않는다. 만일 동사 다음에 전문명사가 쓰였다면 그 역시 '走了个张飞, 来了个李逵'와 같이 앞에 '一个'를 붙여 형식상 불확정적인 것으로 바꾼다. 셋째, 예문 ④~⑧·⑪과 같이 동사 다음에 종종 '了·着·过'와 같은 부가성분이나 예문 ⑯와 같이 동사 앞에 능원동사 '可以(能)' 같은 것을 쓸 수 있다는 것이다. 넷째, 예문④~⑬의 문장들의 주어는 장소명사이거나 장소를 나타내는 구가 된다. 그리고 ④~⑦의 문장에서 주어와 빈어를 서로 자리바꿈 할 수 있다. 다시 말해 원래의 존현빈어를 주어의 위치로 옮기고 원래의 장소주어를 장소빈어로 바꿀 수 있다는 것이다. 다만, 이때 동사 뒤의 '着'와 같은 성분들이 '在'와 같은 것들로 변환될 뿐이다.

한편, 위의 네 가지 분류 중 첫 번째인 존재를 표시하는 것을 제외하고 나머지 세 가지 시사빈어는 일반적으로 '수사+양사+명사'의 구조를 가진다. 또한 네 번째 수용량을 표시하는 시사빈어 구문에서 수량사를 떼어버리면 근본적으로 문장이 성립되지 못하는데, 예를 들면 다음과 같다.

⑭´ * 一锅饭吃人。
⑮´ * 一辆车上了人。
⑯´ * 这锅饭可以(能)吃人。
⑰´ * 这瓶酒喝不了人。

하지만 꼭 그렇지 않은 것도 있는데, 예를 들면 아래와 같다.

⑱ 这辆车还上得了人吗？ / 上不了人了。
  (이 차에 또 사람을 태울 수 있을까? / 태울 수가 없어.)

위 예문은 수량사 없이도 시사빈어 구문이 성립되는 것을 보여주고 있지만, 특수한 경우의 입말[口語]에서만 가능한 표현들이며, 앞 뒤 문맥에 맞는 또 다른 언어 환경이 있어야만 된다는 전제가 필요하다. 예를 들어 ⑱의 예문이 나오기 전에 반드시 ⑮의 '一辆车上了五十人。'과 같은 말이 출현해야만 된다는 것이다. 또한 자동사가 갖는 빈어가 시사빈어일 가능성이 있는데, 동사 '长'과 '报废'는 아래와 같이 원래 자동사로 쓰인다.

⑲ 杨树长得快。(버드나무는 매우 빨리 자란다.)
⑳ 这架机器太旧, 快报废了。
　(이 기기는 너무 낡아서 곧 폐기 처분될 것이다.)

하지만 이러한 동사들이 빈어를 가지면 그 빈어는 모두 다음과 같이 '비의지 행위자'가 된다.

㉑ 这孩子又长个儿了。(이 아이는 또 성장했다.)
㉒ 又报废了这架机器。(또한 이 기기를 폐기 처분했다.)

그러나 이러한 시사빈어를 갖는 자동사는 수적인 면에서 그리 많지는 않은 것 같다.

위의 시사빈어는 사람이 일으킨 동작이나 자연적으로 발생한 어떤 활동의 시발점이거나 바로 당사자가 되는 것을 말한다. 그러므로 동사와 빈어의 위치를 바꾸어 놓을 수도 있고 빈어를 주어로 바꿀 수도 있는데, 이때 문장의 의미는 크게 변하지 않는다. 예를 들면 다음과 같다.

㉓ 出去了一个人。→ 一个人出去了。(한 사람이 나갔다.)
㉔ 三楼搬了三户人家。→ 三楼的三户人家搬了。
　(3동의 세 세대가 이사갔다.)
㉕ 开了两壶水。→ 两壶水开了。(두 주전자의 물을 끓였다.)
㉖ 出麻疹了。→ 麻疹出来了。(홍역이 출현했다.)
㉗ 下雨了。→ 雨下了。(비가 내렸다.)
㉘ 开始了新的一年。→ 新的一年开始了。(새해가 시작되었다.)

시사빈어를 가질 수 있는 동사는 또한 다른 주어를 갖기도 하는데, 예를 들면 아래와 같다.

     ㉙ 孩子出疯疹了。(아이가 홍역을 앓다.)
     ㉚ 我伤了胳膊了。(나는 팔을 다쳤다.)

하지만 '遗失钱包(돈지갑을 잃어버리다)'와 같은 류의 문장을 '钱包遗失了'로 바꿀 수 있는데, 이 때 '钱包'는 시사빈어가 아니라 수사빈어로 쓰인 것이며, '钱包遗失了'는 피동문으로 쓰인 것이다.

2) 수사빈어

수사빈어는 동작이나 행위가 직접 사물에 미치는 것을 말한다. 아래 예문을 들어 구체적으로 살펴보면 다음과 같다.

    ⑴ 취득의 의미 : 钓鱼。(고기를 낚다.)
    ⑵ 당함의 의미 : 负担生活费用。(생활비를 부담하다.)
    ⑶ 발생의 의미 : 打电报。(전보를 치다.)
    ⑷ 구비의 의미 : 有钱。(돈이 있다.)
    ⑸ 파괴의 의미 : 砸玻璃。(유리를 부수다.)
    ⑹ 변화의 의미 : 叠被子。(이불을 개다.)

이러한 수사빈어는 또한 일반적으로 개사 '把'자를 이용하여 명사를 앞으로 옮길 수 있는 형식상의 특징을 지니는데, 예를 들면 다음과 같다.

    ① 喝水。 → ㉠ 把水喝了。(물을 마시다.)
                   ㉡ * 把水喝。

② 砍缆绳。 → ㉠ 把缆绳砍了。(밧줄을 끊다.)
㉡ *把缆绳砍。

위 예문 ①, ②의 ㉡에서와 같이 일반적으로 개사 '把' 다음에 동사 단독으로는 올 수 없다. ㉠의 '了'와 같이 반드시 다른 성분이 동사 뒤에 있어야 한다. 하지만 어떤 빈어는 '把'로 전치 시킬 수 없는 것이 있는데, 예를 들면 다음과 같다.

③ 受风。(바람을 쐬다.) → * 把风受了。

주석

[1] 시사는 행위자[the actor]를 말하며, 수사는 수동자[the acted upon]를 말하기도 하지만 여기에서는 시사, 수사 그대로 쓰기로 한다.

[2] 앞에서 우리는 현대중국어 특징 중의 하나로 주제어라는 것을 간략하게 살펴 보았다. 물론 여기에서는 주어와 빈어를 통사론적인 개념으로 간주하고, 이와 는 달리 주제어라는 것을 화용론적인 개념으로 보아 마땅히 다른 층위에서 다루어야 한다고 생각한다. 그러나 한국어의 경우, 주제를 문장 차원이 아닌 순수한 담화 차원의 개념으로 보아야 한다고 주장하기도 하며, 한국어의 주제 가 담화(발화조직) 층위에만 한정되는 개념이 아니고 어법구조 층위에서도 상정될 수 있는 것임을 인정하고 어법구조 층위에서도 상정될 수 있는 주제, 즉 문장 주제는 담화 차원에서의 주제, 즉 담화 주제와 구별하기 위하여 주제 어로 부르기도 한다.

[3] 여기에서 주의할 것은 주서술어서술어문의 주어로 쓰인 명사는 반드시 확정 지칭이어야 한다는 것이다. 만약 '一个字他也不认识。'의 불확정지칭 '一个 字'와 같은 보편적인 혹은 개괄적인 성분은 주어로 분석할 수 없고 빈어로 분석하여야 한다.

[4] 예문 ⑨('一间屋子住三个人。')와 같은 문장을 '공동문(供動文)' 혹은 '공동 형가역문(供動型可逆文)'이라고 부르는데, 여기에서 동사와 그 뒤에 오는 명

사의 관계를 살펴보면, 겉으로 보기에는 논리에 맞지 않는 것 같지만, 사실 일종의 '동작의 공급(供動)' 관계를 표시하고 있다. 그리고 이러한 문형의 특징으로 계산 작용이 있다고 보았는데, 예를 들면 다음과 같다. '一锅饭吃三十个人'이라는 문장은 다시 말해 '一锅饭供三十个人吃'과 같은 뜻이다. 또한 '一锅饭吃三十个人，两锅饭吃六十个人。', '一锅饭吃三十个人，六十个人需要两锅饭。'과 같이 바꾸어 볼 수 있는데, 이와 같은 문장은 예문 ⑨′의 문장과는 달리 계산 작용을 갖고 있다고 볼 수 있다.

[5] 주어와 빈어를 시사나 수사와 혼동해서는 안 되며, 사실상 주어가 반드시 시사가 되거나 또는 빈어가 꼭 수사가 되는 것은 아니다. 예를 들면 '速度很快。(속도가 매우 빠르다.)'나 '屋里没人。(방안에 사람이 없다.)'에서와 같이 주어인 '速度'나 빈어인 '人'이 반드시 시사나 수사인 것은 아니기 때문이다.

[6] '‑' 표시는 강제적으로 쉼(休止)을 둔 것을 나타낸다.

[7] 물론 ⑳~㉓까지 예문의 어순 형식은 변형생성어법의 이동 변형을 통한 형태를 말한다. 예문 ⑳의 주제화 변형(topicalization)에서 '音樂'가 빈어 위치에서 문장 맨 앞으로 이동하여 주제화 되면서 원래의 위치에 어떤 흔적도 남겨 놓지 않았는데, 이것은 절단변형(chopping transformation)이라고 부른다.

[8] 영어의 경우 명사 뒤에 語素 [-s]를 붙여 복수를 나타내는 것도 일종의 어법의의이다. 그러나 현대중국어에서 陽性, 陰性, 中性의 개념은 어법의의로 잘 받아들여지지 않고 있는 실정이다. 예를 들어 '哥哥', '舅舅', '叔叔'과 같은 단어들을 陽性의 개념으로 말할 수 있고, 또한 '姐姐', '舅母', '婶母' 같은 단어를 陰性으로 분류할 수는 있지만 이러한 陽性, 陰性의 뜻은 완전히 단어 자체적으로 표시되는 것이다. 다시 말해 단어 속에 남녀의 구별과 같은 의미를 지닌 글자가 있고 없고의 차이인 것이지 결코 어떤 어법형식과 상응되어 표현되어지는 것은 아니다. 그러므로 性의 구분은 단지 어휘의 문제에 국한될 뿐이지 어법문제는 아니다.

[9] '진술의 대상'이라는 개념은 주어를 술어와 대립해서 볼 때 생길 수 있는 개념으로 영어에서의 'what is talked about' 혹은 'the person or thing about which something is said'와 같은 것이다.

[10] 우리말의 주어는 통사적으로 중국어와는 조금 다르다. 즉 주어는 문장의 첫머리에 오는 것이 정상적이다. 주어가 문장 첫머리의 위치를 벗어날 수도 있으나 그것은 변화 있는 표현을 위한 도치법에 의한 것이다. 우리말에서는 격을 표시하는 조사가 있기 때문에 주어나 목적어 같은 문장성분이 정상적인 위치를 벗어날 수가 있다. 예를 들면 다음과 같다.

① 나뭇잎이 하나 둘씩 떨어진다.
①′ 하나 둘씩 떨어진다, 나뭇잎이.

위 예문 ①′는 주어를 본래의 위치인 문장의 첫머리에서 다른 자리로 옮긴 것이다. 정상적인 주어의 위치가 문장의 첫머리라는 것은 다음과 같이 격조사가 쓰이지 않은 문장을 보면 알 수 있다.

② 저 사람 영희 안 만날 거야.

이 문장의 주어는 '저 사람'으로 해석된다. 문장 첫머리에 주어가 오는 것이 원칙이기 때문이다.

제13장
중국어 문장 바로쓰기

1 자주 보이는 틀린 문장의 분석

아래에 나온 틀린 문장의 분석은 중국어를 6개월 정도 배웠고, 계속 해서 배우고 있는 학습자들이 틀리기 쉬운 말들을 골라 품사별로 나누어 보았다. 정답과 설명의 내용을 미리 보지 말고 자신의 힘만으로 풀어보기 바란다.

1) 명사名詞의 쓰임

① 조금 있다가 내가 너에게 전화할게.

     * 等一会儿我电话你吧。

     ☞ 等一会儿我给你打电话吧。

> **설명** 명사는 문장 속에서 주어, 빈어, 관형어로 쓰인다. 또 어떤 명사는 술어, 부사어로 쓰일 수도 있다. 하지만 명사는 일반적으로 빈어를 갖지 않는다. 위 예문 중 잘못된 문장 속의 '电话' 명사로서 문장 속에서 술어로 쓰일 수가 없다. 더욱이 빈어를 가질 수도 없다. 그러므로 빈어 '电话'를 갖는 동사를 써야 한다.

② 우리는 오전 9시에 일을 시작한다.

  * 我们上午九小时开始工作。

  ☞ 我们上午九点开始工作。

   (설명) '小时'는 시간의 정도를 나타내는 단위로서 부사어로 쓰일 때 일
      정한 시간 내의 상황을 표시한다. 위 문장에서는 동작이 언제 발생
      했는 지를 표시하기 위해 '小时' 대신 시점(時點)을 표시하는 시
      간단위인 '点'을 써서 부사어가 되게 하여야 한다.

③ 우리는 2시간 동안 토론했다.

  * 我们讨论了两(个)点钟 。

  ☞ 我们讨论了两(个)小时。

   (설명) '点(钟)'은 시점을 나타내는 시간단위로서 문장에서 항상 부사어
      로 쓰여 동작이 언제 일어 났는 지를 표시한다. 위의 잘못된 문장
      에서 동작이 지속되는 시간을 표시하려면 시간단위를 '点(钟)' 대
      신 '小时'나 '钟头'를 써야 한다.

④ 그들은 5월 3일에 북경에 왔다.

  * 他们是三日五月到北京来的。

  ☞ 他们是五月三日到北京来的。

   (설명) 날짜를 표시하는 방법은 年, 月, 日(号) 순서로 한다. '日(号)'를
      '月' 앞에 놓을 수는 없다.

2) 대사代詞의 쓰임

① 겨울 방학에 우리는 곤명 여행을 하려 하는데, 너희들은 어디로
   가니?

＊ 寒假咱们要去昆明旅游，你们去哪儿？

☞ 寒假我们要去昆明旅游，你们去哪儿？

설명 '咱们'은 자신과 상대방을 다 지칭하는 인칭대사이다. 대화 중의
상대방을 포함시킬 때는 '咱们'을 써도 되고 '我们'을 써도 된다.
대화 중의 상대방을 포함시키지 않을 때는 '我们'만 써야 한다.

② 그때 그녀는 매우 어렸지만, 지금은 커서 이미 결혼했다.

　＊ 这时候，她很小，现在她大了，已经结了婚了。

☞ 那时候，她很小，现在她大了，已经结了婚了。

설명 지시대사 '这'는 비교적 가까운 사람이나 사물을 가리키며, '那'는
비교적 먼 사람이나 사물을 가리킨다.

3) 수사數詞의 쓰임

① 이 건물은 60~70개의 방이 있다.

　＊ 这座楼有六十、七十个房间。

☞ 这座楼有六、七十个房间。

설명 어림수를 표시하는 방법 중의 하나는 두 개의 근접한 숫자를 나란히
나열하는 것으로, 수량이 작은 것을 앞에, 큰 것을 뒤에 놓는다. 예를
들면 '五、六十个'와 같은 것들이 그러하다. 두 자릿수는 단지 단단
위나 십단위로 나열할 수 있는데, '十一、二个'나 '二、三十个'와
같이 적어야 하며, 동시에 일단위나 십단위를 나열할 수는 없다.

② 내 여자친구는 한국에서 3년 이상 살았다.

　＊ 我的女朋友在韩国住了三多年了。

☞ 我的女朋友在韩国住了三年多了。

설명 어림수를 표시하는 방법 중의 하나로 숫자 뒤에 '多'자를 써서 표시할 때, 1만 이하의 숫자에서 어림수가 整數 뒤의 끝수(나머지)가 되면, '多'는 양사 혹은 양사를 갖지 않은 명사 뒤에 놓인다. 예를 들면, '三个多月', '一个多星期', '二十一斤多', '五年多', '两天多' 등과 같다.

③ 나는 영어를 1년 반 동안 배운 적이 있다.

　* 我学过一半年英文。

　☞ 我学过一年半英文。

설명 '半'이 양사와 함께 쓰일 때 두 가지 방식이 있다. 첫째, 다른 수사와 같이 쓰이지 않을 때, '半'은 양사 앞에 놓인다. 예를 들면 '半年', '半个月' 등과 같다. 둘째, 다른 수사와 함께 쓰일 때 整數를 표시하는 수사는 양사 앞에 놓이며, '半'은 양사 뒤에 놓이는데, 예를 들면 '一个半小时', '一年半', '两个半月' 등과 같다.

④ 이 영화를 나는 이미 두 번이나 보았다.

　* 这个电影我已经看过二次了。

　☞ 这个电影我已经看过两次了。

설명 양사 앞에서는 보통 '二' 대신 '两'을 사용한다.

⑤ 우리 반에는 20명의 학생이 있다.

　* 我们班有两十个学生。

　☞ 我们班有二十个学生。

설명 십단위 수에서는 '两' 대신 '二'을 사용한다.

4) 양사量詞의 쓰임

① 나는 두 통의 편지를 썼다.
  * 我写了两张信。
  ☞ 我写了两封信。

  설명 사물을 나타내는 명사의 경우, 일반적으로 명사마다 특정한 양사
  를 사용한다. 편지를 세는 양사로는 '封'이 쓰인다.

② 나는 여섯 권의 노트를 샀다.
  * 我买了六本子。
  ☞ 我买了六个(本)本子。

  설명 소수의 일음절 명사인 '年, 天, 季, 国, 省' 등이 양사의 도움 없이
  직접 수사의 수식을 받는 경우를 제외하고, 사람이나 사물을 나타
  내는 명사 앞에 수사가 있을 때, 반드시 수사와 명사 사이에 양사
  를 써야 한다.

③ 그 날 아이들은 매우 재미있게 놀았다.
  * 那个天小孩儿们玩得很高兴。
  ☞ 那天小孩儿们玩得很高兴。

  설명 '年, 天, 季, 国, 省, 夜, 层, 户'와 같은 명사들은 자체적으로 양사
  의 역할을 지닌다. 즉 수사나 지시대사와 직접 연결될 수 있어 양
  사 없이 쓰인다.

④ 선생님, 조금은 알겠습니다.
  * 老师, 我一些懂了。
  ☞ 老师, 我懂一些了。/ 老师, 我有一些懂了。

설명 일정한 수량을 표시하는 '一些'는 단지 명사 앞에서만 관형어로 쓰이며, 동사나 형용사 앞에서는 부사어로 쓰일 수 없다. 또한 '有一些'는 수량이 많지 않음을 나타낼 때, 술어로 쓰일 수 있으며, 동사와 형용사 앞에서도 부사어로 쓰일 수 있는데, 이 때 '대략, 약간'의 의미를 나타낸다.

⑤ 나는 중국어를 조금 할 줄 안다.
　＊ 我会说汉语一点儿。
　☞ 我会说一点儿汉语。

⑥ 오늘 나는 좀 불편하다.
　＊ 今天我一点儿不舒服。
　☞ 今天我有一点儿不舒服。

설명 '一点儿'은 정해지지 않은 수량을 표시하며, 어감상 '一些' 보다 적은 양을 나타낸다. 주로 명사 앞에서 관형어로 쓰이고, 동사와 형용사 앞에서는 부사어로 쓰일 수 없다.

5) 형용사形容詞의 쓰임

① 그들은 매우 기뻐하며 돌아갔다.
　＊ 他们很高高兴兴地回去了。
　☞ 他们高高兴兴地回去了。 / 他们很高兴地回去了。

설명 형용사가 중첩된 후에는 정도부사로 수식할 수 없다.

② 그의 생일선물을 사기 위해 나는 많은 돈을 썼다.
　＊ 为了买他的生日礼物，我花了多钱。
　☞ 为了买他的生日礼物，我花了很多钱。

설명 형용사 '多'는 단독으로 문장 속에서 관형어로 쓰일 수 없다. 그래서 관형어로 쓰일 때는 반드시 정도부사 '很'의 수식을 받아야 한다.

6) 동사動詞의 쓰임

① 지금 우리는 시험을 보고 있는 중이다
   * 现在我们正在考试考试。
   ☞ 现在我们正在考试。

   설명 지금 진행 중인 동작을 표시하는 동사는 중첩할 수 없다.

② 너는 그 편지를 좀 써야겠다.
   * 你应该写写一封信。
   ☞ 你应该写写那封信。

   설명 동사가 중첩된 후, 빈어 앞에 수량사가 와서 관형어로 쓰일 때, 수량사는 반드시 확정적이어야 한다.

③ 이틀이 지났지만 어머니의 병은 아직 좋아지지 않았다.
   * 两天过来了, 妈妈的病还没有好。
   ☞ 两天过去了, 妈妈的病还没有好。

   설명 틀린 문장에서는 이미 지나버린 시간을 표시한다. 이 때 동작은 모두 말하는 사람의 반대쪽, 즉 먼 쪽을 향하여 일어난 것이기 때문에 마땅히 '來' 대신 '去'를 써야 한다.

④ 나는 北京大学을 참관하고 싶다.
   * 我想想去参观北京大学。
   ☞ 我想去参观北京大学。

동사 앞의 능원동사는 중첩할 수 없다.

⑤ 너는 중국어를 할 줄 아니?

    * 你说能汉语吗？

    ☞ 你会说汉语吗？

     배워서 할 수 있는 것을 표시할 때는 '会'를 써야한다. 그리고 능원
       동사는 주어 뒤, 동사 앞에 와야 한다.

⑥ 이런 한자를 그는 모두 맞게 쓸 수 있게 되었다.

    * 这些汉字他都会写对了。

    ☞ 这些汉字他都能写对了。

     능원동사 '能'과 '会'는 모두 어떤 능력을 갖추고 있음을 표시한
       다. 하지만 어떤 정도나 수준, 효율에 도달했음을 나타낼 때는 '会'
       대신 '能'을 사용해야 한다.

⑦ 방학만 하면 우리들은 중국으로 여행갈 수 있다.

    * 放了假 我们就会去中国旅行了。

    ☞ 放了假, 我们就可以去中国旅行了。

     객관적인 환경하에서 허가를 표시할 때는, 능원동사 '可以'를 써
       야 한다.

7) 부사副詞의 쓰임

① 나는 펜과 종이가 없다.

    * 我不有笔和纸。

    ☞ 我没有笔和纸。

설명 소유나 존재를 표시하는 동사 '有'를 부정할 때는, '不' 대신 '没'를 쓴다.

② 나는 지금까지 젓가락을 써 본 적이 없다.
 * 我从来不用过筷子。
 ☞ 我从来没用过筷子。

설명 이미 동작이 발생하여 완성되었거나 또는 지속되는 동작이나 행위를 부정할 때, 그리고 과거의 경험을 부정할 때는, '不' 대신 '没(有)'를 쓴다.·

③ 이전에 나는 上海에 이렇게 사람이 많은 줄 몰랐다.
 * 从前我没知道上海有这么多人。
 ☞ 从前我不知道上海有这么多人。

설명 상태를 표시하는 비동작 동사를 부정할 때는 '没(有)' 대신 '不'를 쓴다.

④ 나는 어떠한 중국 요리도 즐겨 먹는다.
 * 什么中国菜我爱吃。
 ☞ 什么中国菜我都爱吃。

설명 위 틀린 문장의 '什么'는 의문대사로 쓰여 임의 지칭을 표시하다. 그러므로 뒤쪽에 '都'를 써서 호응시켜야 예외가 없음을 나타낸다.

⑤ 우리는 아주 기쁘다.
 * 我们非常很高兴。
 ☞ 我们非常高兴。 / 我们很高兴。

설명 정도부사 '非常'은 정도가 대단히 높음을 나타내고 '很'은 일반 수준보다 약간 높음을 나타낸다. 또한 '非常'과 '很'은 동일한 중심어를 수식할 수 없다.

⑥ 나는 막 중국어학입문 수업이 끝났지만 집으로 돌아가지 않았다.

 ＊ 我刚才下了中国语学入门课, 还没回家呢。

 ☞ 我刚下了中国语学入门课, 还没回家呢。

설명 '刚才'는 시간을 나타내는 명사로 '刚才你去哪儿了?(방금 너는 어디 갔었니?)'와 같이 말하기 얼마 전의 시간을 가리킨다. 위의 틀린 문장이 나타내려 하는 것은 동작의 발생이나 완성의 시간이 오래 되지 않았음을 설명하는 것이지 말하기 얼마 전의 시간을 가리키는 것이 아니므로, '刚才' 대신 부사 '刚'을 써야 한다.

⑦ 그 때 이후로 나는 경극을 다시 볼 기회가 없었다.

 ＊ 从那以后, 我没有机会还看京剧。

 ☞ 从那以后, 我没有机会再看京剧了。

설명 부사인 '还'와 '再'는 모두 동작이 중복되어 나타날 것임을 표시한다. 일반적으로 '还'는 '想, 要, 会' 등 능원동사 앞에 쓰이며, 부정의 의미를 나타낼 때에는 부정의 의미를 나타내는 말을 '还' 앞에 둘 수 없지만, '再'는 이러한 제한이 없다.

⑧ 나는 그 뮤지컬을 보고 싶다.

 ＊ 我很要看那个音乐歌剧。

 ☞ 我要看那个音乐歌剧。

설명 능원동사 '要, 得(děi)' 등은 정도부사 '很'의 수식을 받지 않는다.

⑨ 그녀는 겨우 세 살 때 부모를 잃었다.

　　＊ 她只有三岁的时侯，失去了父母。

　　☞ 她只有三岁的时侯，就失去了父母。

　　설명 '快, 무'의 뜻을 나타낼 때에는 부사 '就'를 부사어로 사용해야 한다.

⑩ 그는 우리들에게 중국어와 역사를 가르친다.

　　＊ 他教我们汉语和也历史。

　　☞ 他教我们汉语和历史。／他教我们中文，也教我们歷史。

　　설명 부사 '也'는 문장 속에서 부사어로 쓰이며, 명사 술어뿐만 아니라 명사도 수식할 수 없다. 같은 동작이나 행위를 나타낼 때는, '也'를 동일한 행위를 나타내는 동사 앞에 놓아야 한다.

⑪ 그는 무슨 일이든 모두 **빠르고 훌륭하게** 한다.

　　＊ 他什么工作都做得也快也好。

　　☞ 他什么工作都做得又快又好。

　　설명 두 개의 '也'가 동시에 사용될 때는, 두 가지 동작 행위나 상황이 동시에 존재함을 나타내며, 일반적으로 "也跑也跳"와 같이 두 개의 병렬 술어 사이, 즉 동사 앞에만 놓는다. 하지만 술어가 형용사이고 정도보어를 써서 성질과 형상이 동시에 존재함을 나타낼 때에는 '又……又……'를 사용해야 한다.

⑫ 그는 두통뿐만 아니라, 열도 난다.

　　＊ 他除了头痛以外，又发烧。

　　☞ 他除了头痛以外，还发烧。

　　설명 같은 상황이나 동작의 중복일 경우에만 '又'를 사용하며, 의미에 따라 보충된 바가 있음을 나타낼 때는, '还'를 사용해야 한다.

⑬ 오늘 나는 도서관에 가서 책을 빌렸는데, 내일 또 가려고 한다.

    ＊ 今天我去图书馆借书了，明天我又去。

    ☞ 今天我去图书馆借书了，明天我还要去。

    설명 부사 '又'는 동작의 중복을 나타내며, 일반적으로 이미 일어난 상황에 사용된다. 아직 일어나지 않았으며 개인의 바람을 나타낼 때는 '还'를 사용해야만 한다.

⑭ 그는 그 소설을 아주 좋아해서, 또 한 번 보았다.

    ＊ 那本小说他很喜欢，他再看了一遍。

    ☞ 那本小说他很喜欢，他又看了一遍。

    설명 부사 '再'와 '又'는 모두 동작의 중복을 표시하지만 그 쓰임이 다르다. '再'는 아직 일어나지 않은 것에 쓰이는데 반해, '又'는 이미 일어난 상황에 쓰인다. 즉 이미 중복된 동작을 표시할 때는 '又'를 사용하고, 아직 중복되지 않은 동작을 표현할 때에는 '再'를 사용한다.

8) 개사介詞의 쓰임

① 그는 도서관에서 많은 책을 빌렸다.

    ＊ 他图书馆借来了很多书。

    ☞ 他从图书馆借来了很多书。

    설명 장소나 방위를 표시하는 명사가 문장 중에서 부사어로 쓰여, 기점이나 근원 또는 지나는 곳을 나타낼 때에는 반드시 개사 '从'으로 표현해야 한다.

② 너는 어느 나라에서 왔지?

    * 你哪个国家来的?

    ☞ 你从哪个国家来的?

> 설명 기점을 물어볼 때는, 기점을 표시하는 의문사 앞에 개사 '从'을 놓아 표현해야 한다.

③ 그는 축구에 대해 매우 흥미를 느낀다.

    * 他非常感兴趣足球。

    ☞ 他对足球非常感兴趣。

> 설명 '感兴趣'는 '동사+빈어'로 된 구조이므로, 또 다시 빈어를 가질 수 없다. 그러므로 개사 '对'를 이용하여 앞으로 옮겨야 한다.

④ 그는 내 의견에 동의하지 않는다.

    * 他对我的意见不同意。

    ☞ 他不同意我的意见。

> 설명 '意见'은 직접적으로 '同意'의 빈어가 될 수 있으므로, 개사 '对'를 쓸 필요가 없다.

⑤ 이 과목에서 우리는 현대중국의 상황에 대하여 배운다.

    * 这课我们学习对于现代中国的情况。

    ☞ 这课我们学习关于现代中国的情况。

> 설명 개사 '关于'와 '对于'는 보통 같은 의미를 나타내지만, 같은 곳에 쓰이지는 않는다. '对于'는 주로 대하는 대상을 지명하는 데에 쓰이고, '关于'는 주로 관련된 범위 혹은 포함하는 내용을 표시하는 데 쓰인다.

⑥ 저에게 편지를 자주 써 주세요.

* 请你常给写信我。

☞ 请你常给我写信。

설명 봉사의 대상 혹은 사물의 대상자인 '我' 앞에 개사 '给'을 써서 동사 앞에 오게 해야 한다.

⑦ 선생님께서는 항상 우리를 지도해 주신다.

* 老师经常辅导给我们。

☞ 老师经常给我们辅导。

설명 개사 '给'와 그 빈어로 이루어진 개사구는 중심어 앞에서 부사어로 쓰인다.

⑧ 한 여자 선생님께서 그들에게 불어를 가르친다.

* 一位女老师给他们教法语。

☞ 一位女老师教他们法语。

⑨ 내가 너희에게 좋은 소식 하나를 알려줄게.

* 我给你们告诉一个好消息。

☞ 我告诉你们一个好消息。

설명 동사 '教', '告诉'는 두 개의 빈어를 가질 수 있는데, 그 대상이 직접빈어 바로 뒤에서 간접빈어가 될 수 있으므로, 개사 '给'를 쓸 필요가 없다.

⑩ 자기 이름을 이 종이에 써 주세요.

* 请把自己的名字写在这张纸。

☞ 请把自己的名字写在这张纸上。

설명 개사 '在'는 그 빈어와 개사구를 이루어 활동의 장소·시간·범위를 나타낸다. 장소나 범위를 나타낼 때 그 빈어는 반드시 장소나 방위를 표시하는 명사가 쓰인다. 그러므로 반드시 '在'와 어울리는 방위명사 '上'을 더해야만 한다.

9) 접속사連詞의 쓰임

① 너 맥주 마실래, 아니면 콜라 마실래?

　　* 你喝啤酒或者喝可口可乐?

　　☞ 你喝啤酒还是喝可口可乐?

　　설명 접속사 '或者'와 '还是'는 모두 선택을 나타내는데, 의문문에서는 '还是'를 써야 한다.

② 우리가 중국어를 잘 배우려면 매일 수업을 열심히 들어야 한다.

　　* 以便学好汉语, 我们每天一定要认真听课。

　　☞ 我们每天一定要认真听课, 以便学好汉语。

　　설명 접속사 '以便'은 뒷문장의 첫머리에 와서 뒷문장의 목적을 실현하기 쉽게 만드는 것을 나타낸다. 앞 문장은 이 목적을 쉽게 실현시키기 위한 방법이 된다. 그러므로 순서를 바꾸어야 한다.

10) 조사助詞의 쓰임

① 너희들은 모두 몇 명이니?

　　* 你们一共有几个人吗?

　　☞ 你们一共有几个人呢?

　　설명 어기조사 '吗'와 '呢'는 모두 의문을 나타내지만 용법은 다르다. 의문사가 쓰인 문장에는 다시 '吗'를 쓸 수 없다.

② 도대체 갈거니, 안 갈거니? 빨리 결정해!

　　＊ 到底去不去, 快决定呢!

　　☞ 到底去不去, 快决定吧!

　　설명 청원문에서 의논, 명령, 재촉의 어기를 나타낼 때는 문장 끝에 '呢'
　　　를 쓰지 않는다.

③ 그 꼬마는 한자를 정말 예쁘게 쓴다.

　　＊ 那个孩子的汉字写得可漂亮!

　　☞ 那个孩子的汉字写得可漂亮了!

　　설명 형용사술어나 보어 앞에서 과장을 나타내거나 정도가 큼을 강조
　　　하는 부사 '可'가 부사어로 쓰일 때, 형용사 뒤에 긍정을 나타내는
　　　어기조사 '了'(또는 '呢'나 '啦' 등)를 써야 한다.

④ 보아하니 곧 비가 내릴 것 같다.

　　＊ 看样子, 快要下雨。

　　☞ 看样子, 快要下雨了。

　　설명 '要……了(就要……了, 快要……了)'는 동작이나 상황이 곧 발
　　　생할 것을 나타내는 관용구인데, '快要'의 '要'는 생략할 수 있으
　　　나 '了'는 생략할 수 없다.

⑤ 너희는 영원히 나의 좋은 친구이다.

　　＊ 你们永远是我的好朋友们。

　　☞ 你们永远是我的好朋友。

　　설명 '是'자문의 주어가 인칭대사의 복수형이므로 빈어 또한 반드시 복수
　　　가 되어야 하지만, 이런 경우 뒤에 다시 접미사 '们'을 쓰지 않는다.

| 지은이 소개 |

김현철金鉉哲
중국어법학 전공
연세대학교 중어중문학과 교수
연세대학교 중국연구원 원장

김시연金始衍
중국문자학 전공
상해상학원(上海商学院) 한국어과 교수
연세대학교 중국연구원 전문연구원

김태은金兌垠
중국음운학 전공
연세대학교 중어중문학과 교수
연세대학교 중국연구원 운영위원

중국어학입문

초판 1쇄 인쇄 2019년 9월 3일
초판 2쇄 발행 2022년 8월 16일

지 은 이 | 김현철·김시연·김태은
펴 낸 이 | 하운근
펴 낸 곳 | 學古房

주   소 | 경기도 고양시 덕양구 통일로 140 삼송테크노밸리 A동 B224
전   화 | (02)353-9908   편집부(02)356-9903
팩   스 | (02)6959-8234
홈페이지 | http://hakgobang.co.kr
전자우편 | hakgobang@naver.com, hakgobang@chol.com
등록번호 | 제311-1994-000001호

ISBN 978-89-6071-898-2 93720

값 : 14,000원